Jan Philipp Burgard
MENSCH, AMERIKA!

JAN PHILIPP BURGARD

MENSCH, AMERIKA!

Unterwegs in einem Land im
emotionalen Ausnahmezustand

Mit 12 farbigen Abbildungen

PIPER

Mehr über unsere Autorinnen, Autoren und Bücher:
www.piper.de

ISBN 978-3-492-07105-5
© Piper Verlag GmbH, München 2021
Fotografien: [1] und [7]: Oliver Richardt; alle anderen: Archiv Autor
Satz: Fotosatz Amann, Memmingen
Gesetzt aus der Swift
Litho: Lorenz & Zeller, Inning am Ammersee
Druck und Bindung: GGP Media GmbH, Pößneck
Printed in Germany

Für Anna-Maria

Inhalt

Prolog

Amerika. Macht. Angst.

Wie im Wahn tanzen die Flammen auf dem Skelett einer Lagerhalle. Meterhoch klettern sie in den wolkenlosen Nachthimmel über Minneapolis, als wüssten sie, dass niemand sie einfangen kann. Schnell und gierig erobert das Feuer ein Gebäude nach dem anderen. Andächtig betrachtet ein schlaksiger junger Mann sein Werk, wie der Maler Botticelli seine Interpretation von Dantes Inferno. Der Brandstifter zieht seelenruhig sein Handy aus der Tasche, wählt den passenden Bildausschnitt und lädt sein Foto in den sozialen Netzwerken hoch. Amerika und der Rest der Welt sollen seine unbändige Wut sehen, die der gewaltsame Tod von George Floyd aus ihm herausbrechen lässt. Noch nie hat er sich gehört gefühlt. Das ändert sich heute.

Das Knistern des Feuers wird von einem heiseren Schrei durchbrochen: »Die Cops rücken vor!« Gummigeschosse und Tränengas kündigen die Ankunft der Einsatzkräfte an. Hunderte vermummte Gestalten rennen davon. Eine junge Frau wird getroffen. Der Lichtschein eines brennenden Hauses gibt den Blick auf ihren Hinterkopf frei. Blut bahnt sich den Weg über ihr pechschwarzes Haar. Ein Teenager läuft an mir vorbei, in der Hand trägt er eine Axt. Plötzlich holt er aus und beginnt, die Fensterscheiben von Geschäften einzuschlagen. Seine Freunde tragen kistenweise Waren heraus. Mich überrascht, dass Polizei und Nationalgarde bei diesen Plünderungen und Brandstiftungen lange scheinbar tatenlos zusehen. Man will wohl unbedingt vermeiden, dass es bei Zusammenstößen zwischen Einsatzkräften und Demonstranten Tote gibt. Dennoch setzt man auf Präsenz. Allein hier in Minneapolis im US-Bundesstaat Minnesota werden 13 000 Soldaten der Nationalgarde mobilisiert. Es ist der bis dahin größte Einsatz in der Geschichte der Reservistenarmee.

Plötzlich geraten mein Kamerateam und ich zwischen die »Frontlinien« von Einsatzkräften und Demonstranten. Wir geben uns als Presse zu erkennen und bitten die Polizei, uns einen Ausweg zu ermöglichen. Doch ein offensichtlich überforderter oder genervter Beamter brüllt uns nur barsch entgegen: »Verpisst euch!« Wir entkommen der Situation, indem wir den Demonstranten entgegenlaufen, und haben Glück, nicht von Steinen getroffen zu werden. Im Laufe der Nacht setzt die Polizei verstärkt Tränengas und Gummigeschosse ein. Doch auch davon lassen sich viele Demonstranten nicht abschrecken. Immer wieder gehen um uns herum Gebäude in Flammen auf.

»Diese Gewalt ist eine direkte Reaktion auf die Polizeigewalt. Wir reagieren mit Gewalt, weil wir es nur so kennen«, sagt mir Sarina Samentelli. Die junge Frau ist trotz einer Ausgangssperre mit einer Gruppe von Freunden auf der Straße. »Black Lives Matter!«, brüllt sie in ein Megafon. Ihre Stimme überschlägt sich. Immer wieder höre ich von den schwarzen Demonstranten, dass sie sich in vielen Lebensbereichen schon lange und systematisch diskriminiert fühlen. Viele halten Gewalt für das einzige Mittel, um sich endlich Gehör zu verschaffen. »Das hier ist Gerechtigkeit, auch wenn andere Leute die Proteste als rücksichtslos oder barbarisch betrachten«, sagt mir James Miller. Er trägt eine Skibrille, um seine Augen vor dem Tränengas der Polizei zu schützen. Die Gewalt, die James als »gerecht« empfindet, trifft allerdings andere Minderheiten und viele Unbeteiligte. Isa Pérez steht vor den Trümmern ihrer Existenz. Obwohl die aus Mexiko stammende Kleinunternehmerin die Schaufensterscheibe ihres Tattoostudios verbarrikadiert hatte, konnten die Aufständischen einbrechen. Sie rissen die Bretter weg und schlugen die Scheibe ein, überall liegen Scherben. All ihre teuren Geräte und wertvoller Körperschmuck wurden gestohlen. Eine Versicherung hat Isa nicht. Die hatte sie kürzlich erst gekündigt, um während der Corona-Krise Geld zu sparen. In der Eskalation der Proteste sieht sie ein Versagen des Staates. »Hierher kommt keine Polizei. Sie haben Angst, in diese Gegend zu kommen«, sagt sie und ist den Tränen nah. Isa versteht die Welt und ihre Stadt nicht mehr. »Ich hatte dieses Geschäft seit sechzehn Jahren und hatte nie Probleme mit irgendjemandem. Ich bin so unglaublich traurig.«

Einige Straßenblocks weiter löscht die Feuerwehr eine Tankstelle, die von Demonstranten in Brand gesetzt wurde. Soldaten der Nationalgarde sichern die Gefahrenstelle. Es herrscht Explosionsgefahr. Amerika macht mir Angst. Das spüre ich zum ersten Mal in dieser Nacht in Minneapolis. Denn die Bilder, die wir hier Ende Mai 2020 drehen, lassen mich unweigerlich an einen Bürgerkrieg denken. Wie unter einem Brennglas sehe ich, in welch schwerer Krise Amerika sich befindet. Hier entlädt sich mehr als nur die Wut über den Tod von George Floyd. Bei dessen Verhaftung hatte sich ein Polizist 9 Minuten und 29 Sekunden lang auf seinen Nacken gekniet. »Ich kann nicht atmen«, hatte Floyd immer wieder gesagt. So zeigt es das Video, das ein Passant mit dem Handy aufgenommen hat. Irgendwann ruft Floyd, ein Baum von einem Mann, verzweifelt nach seiner Mutter. Dann verliert er das Bewusstsein. Die Beamten hatten ihn wegen des Verdachts festgenommen, mit einem falschen 20-Dollar-Schein bezahlt zu haben.

Knapp ein Jahr später wird ein Gericht den weißen Polizisten Derek Chauvin des Mordes ohne Vorsatz für schuldig befinden und ihn zu einer Haftstrafe verurteilen. Ein Urteil mit Seltenheitswert. Denn in der Vergangenheit entgingen viele Polizeibeamte nach Fehlverhalten der Strafverfolgung, weil interne Untersuchungen ausblieben. Nach dem Tod von George Floyd ist die Debatte über eine Polizeireform neu entbrannt. »Es war ein Mord am helllichten Tag. Und er hat die Scheuklappen weggerissen, sodass die ganze Welt den systemischen Rassismus sehen konnte, der die Seele unserer Nation befleckt. Das Knie auf dem Hals der Gerechtigkeit für schwarze Amerikaner, die tiefe Angst und das Trauma, den Schmerz und die Erschöpfung, die schwarze Amerikaner jeden einzelnen Tag erleben.« Mit diesen Worten kommentiert Präsident Joe Biden das Urteil gegen Chauvin. »Der Mord an George Floyd hat einen Sommer des Protests ausgelöst, wie wir ihn seit der Ära der Bürgerrechte in den 1960er-Jahren nicht mehr gesehen haben – Proteste, die Menschen aller Rassen und Generationen in Frieden und mit dem Ziel vereinten, zu sagen: ›Genug. Genug. Genug der sinnlosen Morde.‹« Tatsächlich ist der Tod von Georg Floyd kein Einzelfall, sondern eines von vielen Beispielen für strukturelle Polizeigewalt gegen Schwarze. Afroamerikaner werden laut Erhebungen der vergangenen fünf Jahre doppelt so häufig von Polizisten getötet wie Weiße.

Doch Bidens Vorgänger Donald Trump hatte nach den Ereignissen von Minneapolis mit seiner Rhetorik sogar noch Öl ins Feuer gegossen, etwa mit seiner Aussage:»Wenn das Plündern beginnt, wird geschossen.« Diese Formulierung

(»When the looting starts, the shooting starts«) stammt von dem weißen Polizeichef von Miami und löste 1967 eine Kontroverse aus. Außerdem drohte Trump damit, das Militär gegen die eigene Bevölkerung einzusetzen, und sagte wörtlich, er werde mit »bösartigen Hunden« und »unheilbringenden Waffen« gegen Demonstranten vorgehen, wenn sie den Zaun des Weißen Hauses überwinden würden. Trumps Angst war nicht unbegründet. Die Proteste nach dem Tod von George Floyd breiteten sich von Minneapolis in viele Großstädte aus – auch nach Washington. Die Straßen rund um das Weiße Haus wurden mit Straßensperren abgeriegelt und von Panzerwagen überwacht, die Fenster von Bürogebäuden, Hotels und Restaurants in der Innenstadt verbarrikadiert. In unserer Nachbarschaft wurden ein Weingeschäft und eine Apotheke geplündert. Nachts kreiste ein Militärhubschrauber des Typs Blackhawk über den Dächern, so laut, dass die Kinder kaum schlafen konnten. Besonders bedauerlich aber war, dass die eskalierende Gewalt von den vielen friedlichen Protesten ablenkte, die nach dem Tod von George Floyd auf Rassismus und Polizeigewalt aufmerksam machen wollten.

Trump hatte gar nicht erst versucht, die Gesellschaft zu einen. Wie wohl kein Präsident vor ihm setzte er nicht auf Versöhnung, sondern auf Spaltung. Nicht nur bei mir persönlich, sondern bei vielen Deutschen lösten die Entwicklungen in den USA Angst aus. Forscher befragten 2400 Männer und Frauen ab vierzehn Jahren nach ihren größten politischen, wirtschaftlichen, persönlichen und ökologischen Ängsten. Das Ergebnis der Umfrage: Die größte Angst von mehr als zwei Dritteln der Bundesbürger war, dass Trump die Welt gefährlicher machte. Damit fürchtete die deutsche Bevölkerung Trump mehr als den Zuzug von Flüchtlingen, Terrorismus oder Naturkatastrophen.

Die Umfrage fand 2020 statt, vor der Wahl, doch trotz seiner Abwahl sind die Geister, die Trump rief, längst nicht verschwunden. Von seinem politischen Exil, dem Golfclub Mar-a-Lago, in Florida aus schürt er weiterhin die Ängste vieler Amerikaner vor schwarzen Demonstranten, Einwanderern aus Mexiko, Atombomben aus Nordkorea und Iran, Viren aus China und sogar Autos aus Deutschland. Trump macht seinen Unterstützern systematisch Angst vor dem Verlust von amerikanischen Arbeitsplätzen und nationaler Identität – um möglicherweise im Wahlkampf 2024 als Heilsbringer zu erscheinen. Mit dieser Strategie hatte er schließlich bei seinem ersten Anlauf auf das Weiße Haus schon einmal Erfolg: 70 Prozent der weißen Trump-Fans sagten, die Sorge um die amerikanische Identität sei 2016 der wichtigste Faktor für ihre Wahlentscheidung gewesen. Trump setzt auf die Macht der Angst, das hat er sogar freimütig eingeräumt.»Echte Macht ist, und ich will das Wort fast nicht gebrauchen: Angst.« Bei seinen Anhängern schürt er also weiter die Ängste vor Chaos und Anarchie, um sich selbst als»Law and Order«-Politiker inszenieren zu können, als Mann, der Recht und Ordnung schafft. So gewann schon Richard Nixon den Präsidentschaftswahlkampf 1968, als nach der Ermordung von Martin Luther King Unruhen das Land erschütterten.

Angst als Mittel zur Manipulation der Massen hat in den USA eine lange Tradition. Unter dem Eindruck der Oktoberrevolution in Russland und des Ersten Weltkriegs schürten US-Politiker Ängste vor einem kommunistischen Umschwung in den USA. Die kapitalistische Grundordnung und der liberale Lebensstil seien in akuter Gefahr. Damals wurde eine Reihe von Gesetzen beschlossen, die es zum Beispiel unter Strafe stellten, öffentliche Kritik an Regierung und Militär zu üben. Viele Unternehmen nutzen dies, um gewerkschaftliche Aktivitäten einzudämmen. Außerdem wurde anarchistisch gesinnten Ausländern die Einreise ins Land untersagt und die Deportation von illegal eingewanderten Anarchisten erlaubt. Amerika ist »der Schuttabladeplatz für den Abschaum aller Nationen«, bedroht von Bürgern, »die das Gift der Illoyalität direkt in die Blutbahnen unseres nationalen Lebens injiziert haben. (...) Diese von Leidenschaft, Untreue und Gesetzlosigkeit getriebenen Charaktere müssen durch und durch ausgeschaltet werden«, polterte 1915 der damalige US-Präsident Woodrow Wilson. Der Begriff »Rote Angst« war geboren.

Der Ku-Klux-Klan nutzte in den 1920er-Jahren nicht nur Rassismus zum Rekrutieren von Mitgliedern, sondern auch die Ängste der Menschen vor technologischen und wirtschaftlichen Entwicklungen. Ganz im Gegensatz dazu warnte Präsident Franklin D. Roosevelt seine Landsleute vor der Angst, als er 1933 mitten in der Großen Depression seine Amtseinführungsrede hielt: »Das Einzige, was wir zu fürchten haben, ist die Furcht selbst. Die namenlose, blinde, sinnlose Angst, die die Anstrengungen lähmt, deren es bedarf, um den Rückzug in einen Vormarsch umzuwandeln.« Roosevelt gelang es, die USA aus der Wirtschaftskrise und im Zweiten Weltkrieg auf die Siegerstraße zu führen. Doch selbst der Vorzeigeoptimist Roosevelt machte teilweise mit Angst Politik, indem er zwischen 1942 und 1946 rund 117 000 japanischstämmige Amerikaner internierte. Auch sein Nachfolger, Präsident Harry S. Truman, erhielt in den frühen Tagen des Kalten Krieges von einem befreundeten Senator einen wörtlich überlieferten Rat zum Umgang mit dem amerikanischen Volk: »Erschrecke sie höllisch, Harry!«

Später blies der berühmt-berüchtigte Senator Joseph McCarthy zur Jagd auf vermeintliche Kommunisten. Besonders die Machtübernahme der Kommunisten in China nährte in den USA die Angst, dass Staaten einer nach dem anderen wie Dominosteine »umkippen« könnten. In jüngerer Zeit nutzte Präsident George W. Bush nach den Terroranschlägen vom 11. September 2001 die Angst seiner Landsleute vor weiteren Anschlägen, um die Kriege in Afghanistan und im Irak zu rechtfertigen und ein schier übermächtiges Überwachungssystem zu etablieren. Seine Nachfolger Obama und Trump machten keine Anstalten, die weitreichende Überwachung auch unverdächtiger Bürger zu begrenzen. Dabei ist die Angst doch eigentlich ein Widerspruch zum Selbstverständnis der Weltmacht. Einerseits protzen die Amerikaner gerne mit ihrer wirtschaftlichen und militärischen Stärke, im Privatleben stellen sie gerne große Trucks und schwere Waffen zur Schau. Auf der anderen Seite ist das Land nachweislich ängstlicher als andere Nationen. Eine Studie machte die USA als das ängstlichste unter vierzehn untersuchten Ländern aus – mit einem klinisch signifikant höheren Angstniveau als etwa in Nigeria oder dem Libanon. Wie die *New York Times* berichtete, haben die Angststörungen die Volkskrankheit Depression inzwischen abgehängt. Insgesamt wird bei etwa vierzig Millionen Amerikanern pro Jahr eine Angststörung diagnostiziert. Laut National Institute of Mental Health leiden sogar schon Jugendliche unter Angststörungen: 38 Prozent aller Mädchen und 26 Prozent aller Jungen. Mit starken Beruhigungsmitteln wie Xanax oder Paxil werden in den USA jährlich Milliarden umgesetzt. Die Angst treibt nicht nur die Profite der Pharma-, sondern auch die der Fernsehindustrie in die Höhe. Die Berichterstattung über Kriminalität und Gewalt garantiert hohe Einschaltquoten und damit attraktive Werbeeinnahmen. »When it bleeds, it leads«, lautet ein altes Sprichwort unter TV- und Radiojournalisten in den USA. Wenn es blutig wird, gehen die Einschaltquoten in die Höhe. Durch diese

Medienlogik entstand bei vielen Amerikanern das Gefühl, dass ihre Städte unsicher sind. Das Magazin *Time* widmete dem »Zeitalter der Angst« im Januar 2020 sogar eine Sonderausgabe. Verschärft wurde der emotionale Notstand durch die Corona-Krise und die damit verbundenen Existenzängste, als über vierzig Millionen Amerikaner zwischenzeitlich ihren Job verloren.

In seiner wechselvollen Geschichte ist Amerika schon oft die Wiederauferstehung gelungen. Mit der Spanischen Grippe von 1918 haben die USA schon einmal eine verheerende Pandemie überstanden. Der Großen Depression in den 1930er-Jahren folgten Phasen großen Wohlstands. Landesweite, teilweise gewalttätige Proteste entbrannten nach der Ermordung Martin Luther Kings, doch die Bürgerrechtsbewegung erzielte auch große Erfolge. Vielleicht gelingt auch dieses Mal eine Wende. Doch bei allem Zweckoptimismus empfiehlt sich ein Blick auf die historische Einzigartigkeit der aktuellen Situation: Noch nie in der Geschichte der USA ereigneten sich eine Gesundheitskrise, eine Wirtschaftskrise und ein Kulturkampf zeitgleich. Die Corona-Krise wirkt sich wie ein Brandbeschleuniger auf die gesellschaftlichen Konflikte aus.

In der Seele Amerikas tobe seit jeher ein Kampf zwischen Angst und Hoffnung, schreibt der Historiker Jon Meacham. »Angst füttert Sorgen und produziert Wut. Hoffnung, besonders in einem politischen Sinne, nährt Optimismus und Wohlbefinden. Angst dreht sich um Grenzen, Hoffnung um Wachstum. (…) Angst spaltet, Hoffnung vereint.« Spätestens seitdem ich den Brandstiftern von Minneapolis begegnet bin, treibt mich immer wieder die Frage um, ob in Amerika die Hoffnung triumphieren wird oder die Angst. Der Sturm aufs Kapitol am 6. Januar 2021 hat meine Zweifel verstärkt. Besitzt die amerikanische Demokratie die Widerstandskraft, um die großen Herausforderungen unserer Zeit zu überleben? Ist Amerika immer noch das Land, in dem man seine Kinder aufwachsen lassen möchte? War Donald Trump nur ein »Unfall der Geschichte« oder die logische Konsequenz einer Entwicklung, die schon vor Jahrzehnten eingesetzt hat? Wird dem Angstmacher Trump ein politisches Comeback gelingen, oder kann Präsident Biden sein Versprechen einlösen, die »Seele Amerikas zu heilen«?

Um Antworten auf all diese Fragen zu finden, reise ich quer durch die USA. In Tulsa, Oklahoma versuche ich, den Wurzeln des Rassismus und den Ursachen für strukturelle Polizeigewalt gegen Schwarze auf den Grund zu gehen. Die »Black Wall Street« von Tulsa war 1921 Schauplatz eines Massakers durch einen weißen Mob an der schwarzen Bevölkerung. Und die Geschichte scheint sich zu wiederholen – wie ich von einem Geistlichen erfahre, der seinen Sohn durch eine Polizeikugel verloren hat.

Waffengewalt ist in Amerika allgegenwärtig – und auch sie offenbart Ängste, die tief in der amerikanischen Gesellschaft verwurzelt sind. Besonders das ländliche Amerika fühlt sich permanent bedroht und pocht auf das verfassungsmäßige Recht auf Waffenbesitz. In Texas erlebe ich, welch monströse Taten durch die laxen Gesetze ermöglicht werden. Ich lerne aber auch die mutigen Überlebenden des Amoklaufs an der Highschool von Parkland in Florida kennen, die sich gegen die mächtige Waffenlobby NRA auflehnen.

Wie groß der Einfluss von Lobbyisten auf die Politik in Washington ist, wird bei einem Blick hinter die Kulissen des Kapitols deutlich. Ein Lobbyist wird mir überraschend offen erklären, wie er davon lebt, Politiker im Sinne seiner Klienten zu beeinflussen. Kein Wunder, dass drei Viertel der Amerikaner laut einer Umfrage Angst vor Korruption von

Regierungsangehörigen äußern. Präsident Trump war mit dem Versprechen angetreten, den »Sumpf« auszutrocknen. Joe Biden zog mit ähnlichen Ankündigungen in den Wahlkampf. Ich will herausfinden, ob immer noch das große Geld entscheidet, wer in der Hauptstadt für wen Politik macht.

Nicht nur Geld, auch Gott spielt für die Mächtigen in Washington eine zentrale Rolle. Eine geheime Gruppe christlicher Fundamentalisten, die sich »die Familie« nennt, beeinflusst die amerikanische Politik. Mitglieder der »Familie« treffen sich regelmäßig im US-Kongress, im Verteidigungsministerium und anderen mächtigen Institutionen zu geheimen Gebetskreisen. Die geheimnisvolle Gemeinschaft kämpft zum Beispiel gegen die Homo-Ehe und gegen das Recht auf Abtreibung. All das berichtet mir ein Aussteiger. Um der Sache auf den Grund zu gehen, treffe ich das Oberhaupt der »Familie« zu einem höchst seltenen Interview.

Eine weitere besondere Begegnung erwartet mich mit dem Koch des Weißen Hauses. Andre Rush war für das leibliche Wohl aller Präsidenten von George W. Bush bis Donald Trump zuständig. Es war ausgerechnet die Angst, die ihn an den Herd getrieben hat. Das Kochen half dem Veteranen, mit seiner posttraumatischen Belastungsstörung umzugehen. Seine Geschichte verrät viel über den Krieg der USA in Afghanistan, der offiziell beendet ist, dessen Schrecken aber für Soldaten wie Andre Rush niemals endet.

Um *Über die Demokratie in Amerika* zu schreiben, nahm der französische Publizist, Historiker und Politiker Alexis de Tocqueville 1831 das amerikanische Gefängnissystem unter die Lupe. Das erscheint mir heute wieder als ein vielversprechender Ansatz, denn nirgendwo auf der Welt sitzen so viele Menschen im Gefängnis wie in den USA. Mehr als 2,1 Millionen sind inhaftiert. Meine nächste Reise führt mich deshalb hinter die Gitter des legendären San Quentin State Prison in Kalifornien, wo Johnny Cash 1969 sein erfolgreichstes Livealbum aufnahm.

In Kalifornien kann beziehungsweise muss ich auch die Auswirkungen des Klimawandels beobachten. Die verheerenden Waldbrände dort haben allein im Jahr 2020 eine Fläche in der Größe von Rheinland-Pfalz vernichtet und eine neue politische Diskussion entfacht. Weil Donald Trump schlechtes Forstmanagement für die Feuer verantwortlich machte, nannte Joe Biden ihn einen »Klima-Brandstifter«. Biden vollzog eine radikale Abkehr vom Kurs seines Vorgängers und will in den kommenden Jahren gigantische Summen in eine »saubere Energiewende« investieren. Um für sein grünes Programm zu werben, bedient sich Biden allerdings auch eines altbewährten Mittels – der Angst.

Doch selbst gegen die Angst vor dem Tod scheint das Silicon Valley eine Technik entwickelt zu haben. Ich lerne einen modernen »Dr. Frankenstein« kennen, der Tote einfriert – in der Hoffnung, deren unheilbare Krankheiten in Zukunft bekämpfen und sie dann einfach wieder auftauen zu können. Außerdem treffe ich Forscherinnen und Forscher, die Alterungsprozesse verlangsamen und Krankheiten bekämpfen wollen, bevor sie Schaden anrichten. Und wer reich genug ist, soll Ersatzorgane aus dem 3-D-Drucker bekommen.

Während das Silicon Valley an der Zukunftsvision vom Triumph über den Tod arbeitet, sehnt man sich andernorts nach der Simplizität der Industriegesellschaft der 1950er-Jahre zurück. Zum Beispiel in West Virginia, das zu den ärmsten US-Bundesstaaten gehört. Seitdem unzählige Kohleminen geschlossen wurden, ist die Arbeitslosigkeit hoch und die Angst vor dem Abstieg groß. Es gibt viele Schmerzmittel- und Drogenabhängige. Im Rest des Landes werden die Bewohner West Virginias oft als »Hillbillys« (Hinterwäldler) verspottet, doch einmal im Jahr bietet sich für die Männer dort die Gelegenheit, sich ihren Stolz zurückzuholen und im Boxring für ein besseres Leben zu kämpfen.

Die Fäuste fliegen auch bei den »Proud Boys«. Nach außen geben sie sich als harmlose Patrioten. Doch Bürgerrechtsorganisationen stufen die rechte Bruderschaft als hasserfüllt und rassistisch ein. Am Sturm auf das Kapitol am 6. Januar 2021 waren einige ihrer Mitglieder maßgeblich beteiligt. Noch kurz vor der Wahl statte ich ihnen in St. Louis einen Besuch ab, der seltene Einblicke ins Innenleben der gefährlichen Gruppe ermöglicht und das Phänomen des Rechtsextremismus in den USA konkret werden lässt.

Mit seinem Versprechen, die gesellschaftlichen Gräben zu überwinden, hat Joe Biden 2020 die Präsidentschaftswahl nur knapp gewonnen. Ein Besuch in seinem Heimatort Wilmington im US-Bundesstaat Delaware zeigt, warum ihm so viele Amerikaner tatsächlich zutrauen, das gespaltene Land zu einen. Ich treffe alte Weggefährten und überzeugte Anhänger wie den Kellner seines Lieblingsrestaurants. Aber selbst in Bidens Nachbarschaft gibt es kritische Stimmen, die Zweifel daran aufwerfen, ob Biden das tief gespaltene Land wirklich versöhnen kann.

Auf all meinen Stationen ist das Ringen zwischen Angst und Hoffnung allgegenwärtig – und das Ende offen. Vielen Deutschen ist das einstige Sehnsuchtsland Amerika, das wir so gut zu kennen glaubten, fremd geworden. Amerika macht vielen Deutschen manchmal sogar Angst. Um zu verstehen, warum, begleiten Sie mich auf dieser Reise durch ein Land im emotionalen Ausnahmezustand.

Die Anderen

Rassismus und Polizeigewalt im Alltag

Nur zögerlich nähere ich mich dem Geisterhaus in Tulsa, Oklahoma. Bedrohlich bäumen sich vier Säulen vor mir auf, die ein Dach aus verwitterndem Holz tragen. Die Fassade aus grauen Backsteinen ist so unsauber gemauert, als hätte ein ungeduldiges Kind sie errichtet. Gegen Blicke in ihr Innenleben wehrt sich die Südstaatenvilla mit geschlossenen Jalousien auf allen drei Stockwerken. Der Zierbrunnen vor dem Haupteingang hat schon lange kein Wasser mehr gesehen. Ich frage mich, ob der Anblick dieses Hauses schon immer Beklemmungen bei seinen Besuchern auslöste. Vielleicht hat der einstige Besitzer es sogar darauf angelegt, sein Haus nicht nur hochherrschaftlich anmuten, sondern auch Feindseligkeit ausstrahlen zu lassen. Vor dem großen Balkon im zweiten Stock hat sich eine schwarze Laterne dem Wind ergeben. Ich stelle mir vor, wie Wyatt Tate Brady in seinem Dreiteiler auf den Balkon tritt, den Scheitel wie immer streng gekämmt. Seine kalten Augen mustern den Besucher. Brady war einer der Gründerväter der Stadt Tulsa und ein leidenschaftliches Mitglied des Ku-Klux-Klans. Der rassistische Geheimbund schrieb maßgeblich an dem dunkelsten Kapitel der Geschichte Tulsas mit. Trotzdem ist noch heute das ganze Stadtviertel nach Brady benannt.

»Brady Heights Historic District«, steht auf einem Straßenschild.

»Hey, Kumpel, willst du nicht reinkommen?«, höre ich plötzlich eine Stimme rufen. Dort, wo ich gerade noch den Geist des Ku-Klux-Klan-Mitglieds Brady wähnte, steht jetzt ein junger, schwarzer Mann. Steph Simon trägt Baseballkappe, T-Shirt und Turnschuhe, die Arbeitskleidung eines Rappers. Im Nebenberuf ist er eine Art Geisterjäger. Denn es ist natürlich kein Zufall, dass Steph ausgerechnet in der Brady-Villa sein Tonstudio eingerichtet hat. Der Musiker, der Anfang dreißig ist, holt mich an der Eingangstür ab und führt mich mit gemächlichen Schritten durch einen riesigen, unmöblierten Salon eine Treppe hinauf in einen Raum im zweiten Stock. Die Wände sind in Zartrosa gehalten. In der Ecke stehen zwei schwere Ledersessel, an der Wand ein riesiges Mischpult, Lautsprecher und ein Computer. Bevor wir mit unserem Gespräch beginnen, bitte ich Steph um eine musikalische Kostprobe aus seinem Album »Born on Black Wall Street«. Mit leiser Stimme willigt er ein, fast schüchtern. Doch sobald er vor dem Mikrofon steht, schießen die Worte laut und entschlossen aus seinem Mund. Seine Reime erzählen lange verheimlichte Dramen über seine Heimatstadt, die viel über Amerika verraten.

»Ich bin Dicky Rowland«, rappt Steph Simon und schlüpft damit in sein Alter Ego. Es gab Dicky Rowland wirklich. Die Verhaftung des neunzehnjährigen Schuhputzers löste 1921 in Tulsa eine Kette von unheilvollen Ereignissen aus. Nach heutigem Kenntnisstand stolpert der schwarze Rowland beim Betreten eines Aufzugs und hält sich an einem siebzehnjährigen weißen Mädchen fest. Das Mädchen schreit vor Schreck, ein Passant hört dies und ruft die Polizei. Er gibt eine versuchte Belästigung zu Protokoll. Am nächsten Tag behauptet die Lokalzeitung *Tulsa Tribune* in einem Artikel, Rowland habe dem Mädchen die Kleidung vom Leib gerissen. Vor dem Gerichtsgebäude, in dem Rowland inhaftiert ist, versammelt sich eine Gruppe von wütenden Weißen. Gerüchte von Lynchjustiz machen die Runde. Teile der schwarzen Bevölkerung von Tulsa ziehen bewaffnet zum Gerichtsgebäude, um Rowland zu beschützen. Es fallen Schüsse, zehn Weiße und zwei Schwarze sterben. Daraufhin zieht ein weißer Mob in das vorwiegend von Schwarzen bewohnte Stadtviertel Greenwood. Die Hauptstraße dort wird im Volksmund »Black Wall Street« genannt, weil fast nirgendwo sonst in den USA so viele unternehmerisch erfolgreiche Schwarze leben. Der weiße Mob brennt große Teile des Viertels nieder, etwa 300 schwarze Bürger sterben. Mindestens 1256 Häuser werden zerstört. Laut Zeitzeugenberichten werfen sogar Flugzeuge Brandbomben ab, was eine Beteiligung von Polizei und Militär nahelegt. Auch der Ku-Klux-Klan von Wyatt Tate Brady war maßgeblich an dem Gewaltexzess beteiligt. Es ist eines der grausamsten Massaker, die in Amerika je an Schwarzen verübt wurden. Die schwarze Bevölkerung beantragt 1,8 Millionen Dollar bei der Gebäudehaftpflichtversicherung, was heute umgerechnet einer Summe von 26 Millionen Dollar entspricht. Doch die Versicherung zahlt nicht. Nur der weiße Besitzer eines Pfandhauses bekommt 3994,57 Dollar für Munition ersetzt, die während des Massakers entwendet worden war. Die Klage gegen Dicky Rowland wird abgewiesen. Das weiße Mädchen aus dem Aufzug erklärt schriftlich, dass es den Fall nicht verfolgt wissen will.

Als sein Album veröffentlicht wird, hat Steph Simon auf seiner Internetseite direkt unter seiner Biografie ein Foto von sich in einem Aufzug mit einer weißen jungen Frau platziert. »Wir werden die Black Wall Street wieder aufbauen«, rappt er. Der Wiederaufbau beginnt für ihn mit der

Erinnerung. Denn jahrzehntelang hat niemand in Tulsa über das Massaker gesprochen. Auch in der Schule hatte der 1987 geborene Rapper nie etwas über das Schicksal des Stadtviertels gehört, an dessen Rand er aufwuchs. Erst 2012 verfügte das Landesparlament von Oklahoma, dass alle Highschools das Massaker von Tulsa in den Lehrplan aufnehmen müssen. Steph führt mich auf den Balkon und zeigt mit dem Finger in die Ferne. »Dort hinter dem Hügel liegt Greenwood. Von hier aus konnte man sehen, wie die Black Wall Street in Flammen aufgeht. Und heute wiederholt sich die Geschichte.«

»Was genau meinst du?«

»Da draußen sterben wieder Menschen. All die Fälle von Polizeigewalt gegen Schwarze sind keine Ausnahmen, sondern Ausdruck der Natur Amerikas«, sagt Steph. »Amerika ist auf der Grundlage von Kriegen erbaut worden. Denk an den Unabhängigkeitskrieg, an den Bürgerkrieg, den Kampf zwischen Cowboys und amerikanischen Ureinwohnern. Alles, was ich in der Schule gelernt habe, drehte sich darum. Immer gab es einen Krieg, und aus dem Chaos resultierte Wandel. Ich habe das Gefühl, wir befinden uns gerade wieder in solch einem Krieg, und wenn wir noch nicht mittendrin sind, dann stehen wir wohl kurz davor.«

Steph sagt das völlig unaufgeregt, leise, sachlich. Er rückt sich seine Brille zurecht, ein Modell mit runden Gläsern und dünnen goldenen Bügeln, die auch ein Geschichtsprofessor tragen könnte. Es sind noch wenige Monate bis zur Präsidentschaftswahl. »Joe Biden, der Kandidat der Demokraten, hat versprochen, die Seele Amerikas zu heilen. Glaubst du, ihm kann das gelingen?«, frage ich.

»Ich lege es nicht in die Hände eines Präsidenten oder eines weißen Mannes, uns zu retten. Genau das ist doch seit Generationen das Problem. Uns wurde beigebracht, dass irgendwer unser Retter sein würde. Aber für mich ist das nicht der Fall.«

Nüchtern berichtet Steph von dem Alltagsrassismus, mit dem er konfrontiert wird, seitdem er denken kann. »Leute verriegeln zum Beispiel die Autotür, wenn du vorbeiläufst. Ich war schon an einem Punkt angekommen, wo ich nur noch in meiner Blase blieb, den Kontakt zu Weißen vermied. Ich brauchte auch nicht mehr das Gerede von Gleichheit oder das Mitleid.« Dann machten die Fälle von Polizeigewalt gegen Schwarze das Thema Rassismus in den Köpfen vieler Amerikaner präsent. Auch in Tulsa. »Es fühlt sich komisch an, dass mich plötzlich Weiße auf der Straße grüßen, mich fragen, wie es mir geht, oder meinen Kindern winken. Ich bin das einfach nicht gewohnt.«

Zwar findet Steph, das Versprechen von Joe Biden, »Amerikas Seele zu heilen«, sei lächerlich. Trotzdem wird er Biden seine Stimme geben. Denn der sei immerhin das kleinere Übel im Vergleich zu Trump, der rein gar nichts für Schwarze tue. Schließlich hätte er als Präsident die Debatte über Reparationszahlungen für die Nachfahren der Opfer des Massakers in der Black Wall Street neu eröffnen können. Eine entsprechende Klage vor dem Obersten Gerichtshof war 2005 abgewiesen worden, weil die Ansprüche verjährt seien. Als Provokation empfindet Steph Simon, dass Trump sich für seinen ersten Wahlkampfauftritt nach monatelanger coronabedingter Pause im Frühsommer 2020 ausgerechnet Tulsa ausgesucht hat. »Ich denke, dass dieser Präsident ein Rassist ist. Ich glaube zwar nicht, dass jeder seiner Anhänger ein Rassist ist. Aber Trump stachelt zu Rassismus an, und es ist ihm egal, dass er das tut.« Auch der Zeitpunkt für Trumps Besuch sei kein Zufall, sondern geradezu maliziös ausgewählt. Denn der Präsident wollte am sogenannten »Juneteenth« auftreten, jenem 19. Juni, an dem man in den USA der Proklamation der Sklavenbefreiung in Texas 1865 gedenkt. Die Kritik an Trumps Terminwahl fiel landesweit so heftig aus, dass er seine Wahlkampfveranstaltung um einen Tag verschob. Die Berater des Präsidenten befürchteten dem Vernehmen nach Ausschreitungen in Tulsa. Wir stehen noch immer auf dem Balkon. Steph lässt seinen Blick über die Skyline der Stadt wandern. Dann zeigt er mit dem Finger auf eine silbern in der Sonne glänzende Multifunktionsarena. »Sollte dieses Ding in Flammen aufgehen, werde ich mir das von hier oben aus ansehen.« Er meint das Gebäude, in dem Präsident Trump sprechen wird.

Dort unten vor der Arena erwartet mich ein völlig anderer Sound. Die Schwestern Camille und Haley Harris stehen am Haupteingang und singen zu Gitarrenklängen ihr selbst geschriebenes Lied »Keep America Great«. Gott, Waffen, Freiheit. All das bewahre Trump für sie. »Es ist Zeit zu wählen, Zeit zu beten«, fordern sie ihre Zuhörer im Refrain auf, untermalt mit einem charmanten Lächeln im Gesicht. Die beiden sind Ende zwanzig, unter ihren roten Baseballkappen mit weißem »Trump«-Schriftzug kommen weizenblonde Pferdeschwänze zum Vorschein.

Wie Steph Simon sind die Schwestern in Tulsa aufgewachsen. Die Kritik am Besuch des Präsidenten in ihrer Heimatstadt können sie nicht nachvollziehen. Schließlich versöhne Trump durch seine Politik doch die gespaltene Gesellschaft, erklärt mir Camille. »Präsident Trump möchte jedem sozialen Aufstieg ermöglichen. Und wenn Menschen hart arbeiten, wenn sie ohne Sozialhilfe klarkommen, empfinden sie Würde. Dann brauchen sie nicht die Regierung wie eine Mutter. Präsident Trump geht es um die Wirtschaft und um Gott. Er betet für unser Land und hält die Bibel hoch – auch wenn er dafür kritisiert wird. Aber wenn man sich fragt, wo die Seele Amerikas geblieben ist, müssen wir zu Gott zurückkehren. Sonst verlieren wir unsere Seelen.« Camille betont, dass sie aus Respekt vor Donald Trump seinen Namen nie ohne den Titel »Präsident« verwendet. Und ihre Schwester Haley ergänzt: »Eigentlich ist es die Aufgabe Gottes, die Seele Amerikas zu heilen. Aber wenn dies einem Menschen gelingen kann, dann ist das Präsident Trump.« Die teilweise gewalttätigen Proteste gegen schwarze Polizeigewalt wie etwa in Minneapolis verurteilt Haley scharf. »Wenn Menschen Gebäude niederbrennen, die ihnen nicht gehören, können sie nicht zwischen Richtig und Falsch unterscheiden. Und wenn sie das nicht können, fehlt ihnen wohl ein Herz für Gott.«

Der Vater der singenden Schwestern hat unser Gespräch aufmerksam verfolgt. Gemeinsam mit seiner Frau und drei weiteren Töchtern bildet er den Hintergrundchor. »Wir sind so stolz auf unsere Mädchen, denn sie leben, was sie glauben. Genau so, wie du sie hier erlebst, sind sie auch zu Hause. Sie leben ihr ganzes Leben für Gott.« Die Botschaft der Familie verbreitet sich rasend schnell im Internet. Mehr als sechzehn Millionen Mal wird ein Video mit ihrer Hymne auf Trump allein bei Twitter abgerufen.

Die Verehrung des Präsidenten kennt keine Grenzen. Einige seiner Anhänger kampieren schon drei Tage vor seinem Auftritt vor der Arena, um einen Platz in der ersten Reihe ergattern zu können. Sie haben Zelte aufgebaut und Campingstühle mitgebracht. Zwei Frauen von beeindruckender physischer Präsenz haben sogar Kühlbehälter herbeigerollt und scheinen sich schlürfend einen Wettbewerb im Colatrinken zu liefern. An vielen Zelten sind kleine amerikanische Flaggen befestigt. Besonders ins Auge sticht mir eine riesige Fahne, die Trump mit bombastischem Bizeps und Maschinengewehr in der Hand als Rambo zeigt. Kathy Gennington ist extra aus Kalifornien nach Oklahoma geflogen, um ihren Helden live auf der Bühne zu erleben. Sie trägt einen Cowboyhut mit dem Muster des Sternenbanners. Die hitzig geführte Debatte über Rassismus und Polizeigewalt gegen Schwarze empfindet sie wie viele hier als übertrieben.

»Es gab doch gar kein Problem, bis die Demokraten eines daraus gemacht haben. Sie benutzen Schwarze wie Bauern in einem Schachspiel – bei jeder Wahl. Die Demokraten haben nie etwas für Schwarze getan, Trump hingegen schon. Viele Schwarze wollen ihn wählen. Das macht die Demokraten verrückt«, meint Kathy. Unter Präsident Trump sei die Arbeitslosigkeit unter schwarzen Amerikanern im Jahr 2019 auf einen historischen Tiefstand gefallen. Auch innerhalb der hispanischen Bevölkerung sei die Arbeitslosenquote mit rund 4 Prozent so niedrig gewesen wie nie zuvor. »Trump war nur wenige Jahre im Amt und hat trotzdem mit seiner Wirtschaftspolitik wahnsinnig viel für die Minderheiten erreicht«, sagt Kathy. Ihre Stimme ist so rauchig, dass sie damit wunderbar Werbespots für Whiskey einsprechen könnte. »Und was hat Joe Biden, der seit mehr als vierzig Jahren in der Politik ist, für die Schwarzen getan? Einen Scheiß! Er wird auch in Zukunft nichts bewirken!«

Auch David Hanning hat sich einen Platz weit vorne in der Warteschlange vor der Arena gesichert. Der selbstständige Klempner hat seine vier erwachsenen Söhne dabei. Die landesweite Aufregung über das Thema Rassismus kann er nicht nachvollziehen. Bei Polizeigewalt gegen Schwarze handele es sich um bedauerliche Einzelfälle. Aber die USA seien keineswegs so gespalten, wie die Medien vermitteln würden. »Ich weiß nicht viel über die Spaltung zwischen Schwarzen und Weißen. Ich persönlich nehme das nicht wahr. Ich sage nicht, dass es das nicht gibt. Aber ich sehe am Arbeitsplatz und in der Gemeinde ein freundliches Miteinander. Ich sehe viele verschiedene Ethnien, die sich gegenseitig helfen. Ich glaube, Menschlichkeit ist stark ausgeprägt in Amerika. Hier in Tulsa kann man mit jeder Gruppe von Menschen in Kontakt treten.«

In der Theorie mag David recht haben. Doch in Wirklichkeit ist die Trennung zwischen schwarzen und weißen Bürgern fast nirgendwo sonst in den USA so sichtbar zementiert wie in Tulsa. Die Autobahn Interstate 244 teilt Tulsa in zwei Welten. Im Süden der Stadt leben vor allem weiße, wohlhabende Amerikaner. Im Norden wohnen vor allem schwarze Bürger, von denen mehr als jeder dritte in Armut lebt. Die durchschnittliche Lebenserwartung ist hier mit 70,7 Jahren um 5,8 Jahre niedriger als im weißen Teil der Stadt. Laut der Menschenrechtsorganisation Human Rights Watch ist die Wahrscheinlichkeit, im Laufe des Lebens einmal verhaftet zu werden, für schwarze Bürger 2,3-mal so hoch wie für Weiße. Wie Ironie wirkt da der offizielle Beiname der Interstate 244: Martin Luther King Jr. Memorial Expressway.

Als ich über die symbolträchtige Autobahn fahre, höre ich die Musik von Steph Simon. Mir wird klar, dass der Rapper nicht nur die verdrängte Geschichte seiner Stadt zum Leben erweckt. Seine Reime ringen auch mit der schmerzhaften Gegenwart. »Ruhe in Frieden, Terence Crutcher!«, heißt es in einem Song. »Niemand wird meine Mission stoppen. Keine Betty wird mich fangen« (»Ain't nobody gonna stop my mission. Ain't no Betty's gonna catch me slippin'«). Die Rede ist von Terence Crutcher und Betty Shelby, deren unheilvolles Aufeinandertreffen am 16. September 2016 noch heute die Seelen der Menschen in Tulsa in Aufruhr versetzt und die Stadt in zwei unversöhnliche Lager spaltet. Auf zwei Polizeivideos, die im Internet veröffentlicht wurden, sind die letzten Minuten im Leben des Terence Crutcher zu sehen. Das eine Video wurde von der Kamera eines Polizeiautos aufgenommen, einer sogenannten Dashcam. Wegen Crutchers mitten auf der Straße abgestellten Wagens waren die Beamten gerufen worden. Der vierzigjährige, schwarze Crutcher bewegt sich mit erhobenen Händen langsam auf sein stehendes Auto zu. Von hinten nähern sich ihm vier Polizisten mit gezogenen Waffen. Dann fällt Crutcher zu Boden. Der Polizeichef von Tulsa erklärt später, die Beamtin Betty Shelby habe ein Mal mit ihrer scharfen Waffe auf den Mann geschossen und ein weiterer Beamter mit einer Elektroschockpistole. Weder am Körper des Erschossenen noch in seinem Auto sei eine Waffe gefunden worden. Die Schützin habe angegeben, der Verdächtige habe nicht kooperiert. Das zweite Video wurde aus der Luft von einem Polizeihelikopter aufgenommen, in dem zwei Polizisten saßen. Einer davon war zufällig Shelbys Ehemann. »Dieser Kerl läuft immer noch«, kommentiert einer der beiden Beamten das Geschehen am Boden. Offensichtlich folgt Crutcher nicht der Aufforderung, stehen zu bleiben. »Der sieht auch wie ein böser Kerl aus«, sagt der andere Polizist. Crutcher ist groß, kräftig und schwarz. Mehr kann man vom Hubschrauber aus nicht erkennen. Dann fällt der Schuss. Crutcher bleibt etwa zwei Minuten allein auf dem Boden liegen, bevor einer der Beamten sich Handschuhe überzieht und ihn versorgt. Vergeblich.

Die Szenen sind unerträglich. Trotzdem sehe ich sie mir mehrfach an, auf der Suche nach einer Erklärung für den Schuss. Als Laie kann ich keinen Auslöser für Shelbys Handeln erkennen. Auch die Justiz scheint das zunächst so zu sehen. Wenige Tage nach dem Todesschuss auf den unbewaffneten Crutcher wird Shelby beurlaubt und wegen Totschlags angeklagt. Im Falle einer Verurteilung drohen ihr mindestens vier Jahre Haft. Außerdem leitet das US-Justizministerium wegen einer möglichen Verletzung von Bürgerrechten eigenständige Ermittlungen ein. Doch Shelbys Anwalt argumentiert, sie habe den Schuss abgegeben, als Crutcher sich zum Fenster seines Wagens gebeugt habe. Ein Geschworenengericht spricht die Polizistin frei. Heute arbeitet Betty Shelby immer noch für die Polizei von Tulsa. Sie lehrt in Seminaren, wie man Konfliktsituationen deeskaliert. Das ist kein Scherz.

Die Augen von Crutchers Vater können die ungezählten Tränen nicht verbergen, die sie vergossen haben. Joey Crutcher ist Pfarrer, doch in den vergangenen Jahren hat er oft an Gott gezweifelt. Von seinen vier Söhnen sitzt der jüngste im Gefängnis, weil er Crack verkaufte. Zwei Söhne hatte er schon durch Krankheiten verloren. Dann wurde Terence erschossen. Seine Stimme fehlt dem Vater jeden Sonntag im Gospelchor. »Er war mein Hauptsolist«, sagt Pfarrer Crutcher über Terence. »Er liebte es, zu singen.« Nicht nur, wenn der Pfarrer am Klavier sitzt, denkt er an seinen Sohn. »Jedes Mal, wenn ein schwarzer junger Mann von der Polizei getötet wird, kommen all die Erinnerungen zurück. Ich durchlebe alles noch einmal.«

Crutcher hat mich in den Garten seines Mietshauses in einem gutbürgerlichen Viertel auf der »schwarzen Seite« von Tulsa eingeladen. Zur Vorbereitung auf unser Gespräch habe ich mir Interviews angesehen, die der Pfarrer kurz nach dem Todesschuss auf seinen Sohn gegeben hatte. Damals wirkte er gefasst, sprach mit breiter Brust. Er verteidigte das christliche Prinzip der Vergebung. Seine Priesterweihe verpflichte ihn, selbst Betty Shelby zu lieben. Er vergebe der Polizistin, er bete für sie. Der Pfarrer musste damals an die Ermordung von Martin Luther King denken. »Ich diente meinem Land in Vietnam, als er erschossen wurde. Meine Großmutter und meine Mutter hatten ihn nicht gemocht. Sie sagten: Er ist ein Unruhestifter. Er sollte besser den Mund halten.«

Pfarrer Crutcher wollte kein Unruhestifter sein, als sein Sohn erschossen wurde. Viele junge Schwarze kamen zu ihm und fragten: Pfarrer, was sollen wir tun? Er rief die Jugend zur Besonnenheit auf. »Betet für Terence und für Tulsa. Macht nur um Gottes willen keinen Aufstand.« Aber Crutcher sagte damals auch diesen Satz: »Ich will Gerechtigkeit für meinen Sohn. Und die Polizistin hat ein Verbrechen begangen.« Dann kam der Freispruch.

Heute spricht Pfarrer Crutcher viel leiser als auf dem Video, sein Oberkörper hat die aufrechte Haltung aufgegeben. Vor mir sitzt ein gebrochener Mann.

»Gegen Betty Shelby lagen schon Beschwerden vor, noch bevor sie überhaupt Polizistin wurde. Wäre sie schwarz gewesen, wäre sie mit ihrer Akte niemals eingestellt worden.« Shelby sei freigesprochen worden, weil ihre Anwälte Terence als gefährlich dargestellt hätten. Er hatte Drogenprobleme, hatte auch zum Zeitpunkt seines Todes Substanzen im Blut. Das machte ihn in den Augen der Geschworenen zur Gefahr für Shelby, obwohl seine Hände auf dem Autodach lagen. »Ich hatte Terence sogar immer eingetrichtert, dass er die Hände auf das Dach legen soll, falls er mit der Polizei in Kontakt kommt«, sagt Pfarrer Crutcher. »Wahrscheinlich ist er deshalb auch einfach weiter zum Auto gelaufen, als die Polizei ihn aufforderte, stehen zu bleiben. Er tat, was ich ihm gesagt hatte, und wurde deshalb erschossen.« Betrachtet er die Fälle von Polizeigewalt gegen Schwarze als systemisches Problem? »Ich glaube nicht, dass die Polizisten morgens mit der Absicht aufwachen, einen schwarzen Mann zu töten. Ich glaube auch nicht, dass jeder Polizist ein Rassist ist. Und trotzdem gibt es ein systemisches Problem.«

Nun versucht Pfarrer Crutcher, seinen Enkel vor dem System zu beschützen. Auch ihm hat er gesagt, wie er sich verhalten soll, wenn er mit der Polizei in Berührung kommt. Dieses Gespräch führen Millionen schwarze Eltern in den USA mit ihren Kindern – es wird »The Talk« genannt. Terence Junior ist acht Jahre alt und dreht auf seinem Fahrrad Runden in der Garageneinfahrt. Der Junge sehe genauso aus wie sein Vater, sagt der Pfarrer. »Es ist, als ob ich ihn noch einmal großzöge. Irgendwann wird wohl diese Wut in ihm hochkommen. Davor versuche ich ihn zu bewahren.«

»Glauben Sie nicht, dass Ihr Enkel noch mehr von seiner Zukunft erwarten kann, als nicht von der Polizei erschossen zu werden? Glauben Sie, dass Joe Biden die Seele Amerikas heilen kann, so wie er es verspricht?«, frage ich.

»Ich glaube nicht mehr an dieses Land. Egal, wer der Präsident ist. Alles ist scheinheilig. Das ganze Gerede von der Unabhängigkeitserklärung. Wir sollen immer noch daran glauben, was alte weiße Männer vor so vielen Jahren geschrieben haben, unsere Gründerväter. Und noch immer haben wir Schwarzen keine richtige Macht. Es ist die Welt des weißen Mannes.«

In fast jeder Lebenssituation spüre er Rassismus. Sein weißer Vermieter weigere sich, Reparaturen am Haus vorzunehmen, die 1500 Dollar kosten würden. »Wenn ich auch weiß wäre, hätte der Vermieter die Dinge schon längst geregelt.« Für Schwarze sei es auch viel schwieriger, einen Kredit zu bekommen. An der Situation der Schwarzen habe sich im Kern nichts geändert, noch immer würden sie entmenschlicht. »Es begann damit, wie wir auf Sklavenschiffen von der Westküste Afrikas hierhergebracht wurden. Wenn jemand starb, wurde er einfach ins Wasser geschmissen. Schwarze Haut zählt nicht. Inzwischen haben die Menschen

Flugzeuge und Handys erfunden, aber die Menschlichkeit haben sie immer noch nicht entdeckt.«

Eine Weile sitzen wir da und schweigen. In Joey Crutchers Leben scheint die Zeit stehen geblieben zu sein. Es ist egal, ob es Montag ist oder Donnerstag, ob 2017 oder 2025. Es wird nie sein, wie es mal war. Es wird sich nie etwas ändern.

In seinen Predigten ruft Joey nicht mehr zur Versöhnung auf, sondern bereitet die Gemeinde auf Gewalt vor. »Im Matthäusevangelium heißt es: ›Ihr werdet von Kriegen hören, und Nachrichten über Kriege werden euch beunruhigen. Es wird Gewalt geben.‹ All das passiert jetzt.« Noch lange hallen die Worte aus dem Matthäusevangelium in meinem Kopf nach. Es macht mir Angst, dass selbst ein Pfarrer die Gewalt für unabwendbar hält.

Die Luft ist heiß und drückend, als ich mich auf den Weg zur Black Wall Street mache. Kleine Gedenktafeln im Boden erinnern an die Schicksale der Menschen, die hier ihre Leben und ihre Lebenswerke verloren. »In Gedenken an den Rechtsanwalt B. C. Franklin«, heißt es auf einem Stein. »In Erinnerung an das Stradford Hotel«, steht auf einem anderen. 600 Firmen, 30 Lebensmittelgeschäfte, 21 Kirchen, 21 Restaurants, zwei Kinos, ein Krankenhaus und eine Bank gab es in dem florierenden Viertel. Fast alles wurde bei dem Massaker 1921 zerstört, fast nichts davon wiederaufgebaut. Wie offene Wunden klaffen Lücken zwischen den Häusern. In den schmucklosen Backsteinbauten werden keine Millionen mehr umgesetzt wie damals. Auf den ersten Blick haben zwei Klamottenläden am meisten Kundschaft und eine Firma, die Kredite für Kautionen vergibt.

»Mich schmerzt besonders, dass die Polizei damals an dem Massaker beteiligt war und dass niemals jemand verurteilt wurde«, sagt Drew Diamond. Er ist einer von wenigen weißen Bürgern von Tulsa, die heute die Black Wall Street besuchen. Drew war selbst 22 Jahre lang Polizist mit Leib und Seele, vier Jahre sogar Polizeichef von Tulsa. Damit sich die Geschichte nicht wiederholt, hat er ein Konzept entwickelt, um rassistisches Verhalten von Polizisten zu vermeiden. »Die meisten Polizisten sehen sich als Krieger, nicht als Beschützer. So lernen sie es. Wie im Film sitzen sie schwer bewaffnet in ihrem Wagen und warten geradezu darauf, dass ein böser Mann kommt, auf den sie schießen können«, erklärt Drew. Er ist Anfang siebzig, aber noch in bemerkenswert guter Form. Strammen Schrittes führt er mich durch das Viertel. Lachfältchen betonen seine spitzbübischen braunen Augen. Auch sein gut getrimmter grauer Schnurrbart verleiht ihm eher die Aura eines gutmütigen Bewährungshelfers als die eines knallharten Cops.

»Die Polizeiausbildung muss sich grundlegend ändern«, sagt er. Während die Ausbildung eines Polizisten in Deutschland mindestens zwei Jahre in Anspruch nimmt, dauert sie in den USA im Durchschnitt nur 19 Wochen und ist je nach US-Bundesstaat unterschiedlich geregelt. In Indiana zum Beispiel können Polizisten ganz ohne Ausbildung eingesetzt werden, wenn sie innerhalb des ersten Dienstjahres ihre Schulungen nachholen. Überall im Land liegt ein besonderer Schwerpunkt auf der Schießausbildung. Denn wegen der lockeren Waffengesetze müssen Polizeibeamte jederzeit damit rechnen, in einen Schusswechsel zu geraten. Die Schulung von Deeskalationsstrategien spielt häufig nur eine untergeordnete Rolle. Bei dieser Art von Polizeiausbildung werde es versäumt, rassistische Vorurteile abzubauen, beklagt Drew Diamond. »Viele Statistiken zeigen, dass Polizisten schwarzen Bürgern oft mit Vorurteilen begegnen, sie im Straßenverkehr ohne Anlass anhalten, grundlos festnehmen. Die Beamten müssen jedem Bürger mit Respekt begegnen und erklären können, warum sie jemanden verdächtigen. Außerdem brauchen wir mehr Kontrolle. Auch Polizisten müssen bei Fehlverhalten öfter zur Verantwortung gezogen werden.« Solche Leitlinien brachte Drew während seiner Zeit als Polizeichef von Tulsa auf den Weg. Um seinen Beamten das martialische Auftreten abzugewöhnen, ließ er sie auf Fahrrädern im schwarzen Teil der Stadt patrouillieren. Jugendliche Straftäter ließ er nachts im Streifenwagen mitfahren, damit beide Seiten mehr Verständnis füreinander entwickelten. Doch Drews Philosophie stieß auf Widerstand. Sie seien Polizisten und keine Sozialarbeiter, klagten die Gewerkschaften. Mit einem Votum von 458 zu 65 sprach ein Berufsverband dem Polizeichef sein Misstrauen aus. Zwei Stadträte der Republikanischen Partei starteten eine Kampagne gegen Drew. Nach monatelangem politischen Druck gab er auf und trat im Jahr 1991 zurück. Noch heute glaubt er, dass sein Kurs richtig war. »Von den etwa 18 000 Polizeiwachen in den USA haben einige mein Konzept umgesetzt. Studien zeigen, dass die Kriminalität zurückging.«

Wie erklärt Drew sich den Widerstand gegen sein Konzept?

»Im Kleinen geht es darum, dass die Gewerkschaften keine Macht abgeben wollen. Und auch im Großen geht es um einen Machtkampf. Die weißen Amerikaner haben das Gefühl, an Einfluss zu verlieren. Bedingt durch den demografischen Wandel werden in absehbarer Zeit die Weißen nur noch die größte Minderheit in diesem Land sein. Das verursacht Angst. Und Angst verursacht manchmal Gewalt.« Auch der Schuss aus der Pistole von Betty Shelby auf Terence Crutcher sei ein Produkt der Angst gewesen, ist Drew überzeugt. »Sie hatte gelernt, dass ein großer schwarzer Mann automatisch Gefahr bedeutet. Sie hat die Nerven verloren, weil sie schlecht ausgebildet war. Sie hat einen rassistisch motivierten Mord begangen, für den sie ins Gefängnis hätte gehen müssen.«

Die Hoffnung, rassistische Polizisten mit Empathie und Argumenten zu verändern, hat Drew inzwischen aufgegeben. Als Mann jüdischen Glaubens wurde er selbst immer wieder mit Rassismus konfrontiert, der Ku-Klux-Klan bedrohte ihn regelmäßig. »Du kannst die Herzen der Menschen nicht ändern. Was wir bräuchten, wäre eine Regierung, die das Verhalten der Polizisten kontrolliert.« Joe Biden versprach als Präsidentschaftskandidat in einem Gastbeitrag für die *Los Angeles Times* »längst fällige konkrete Maßnahmen«, um dem »systematischen Rassismus« in den USA ein Ende zu bereiten. Konkret kündigte Biden an, in seinen ersten hundert Tagen im Amt eine Kommission für Polizeireformen einzusetzen. Außerdem solle der Kongress umstrittene Polizeimethoden wie Würgegriffe bei Festnahmen verbieten, wie das in manchen Städten bereits der Fall ist. Biden forderte darüber hinaus, die staatliche Aufsicht über örtliche Sicherheitskräfte zu verstärken.

Doch Drew Diamond hat den Glauben, dass man im fernen Washington eine weitreichende Polizeireform auf den Weg bringt, längst verloren. Trotzdem wirkt er nicht verbittert. Vielleicht ist es die Anerkennung der schwarzen Bürger von Tulsa, die ihn mit sich im Reinen sein lässt. Die Menschen auf der Black Wall Street begrüßen Drew so herzlich wie einen pensionierten Bürgermeister, der viel für sie getan hat. Vor einem Geschäft sitzt ein älterer Herr mit Hut und bläst genussvoll Zigarrenqualm in die Sommerluft. »Hey, Drew, alter Kumpel, wie läuft's bei dir?«

»Kann nicht klagen, mein Lieber!«

Sie kommen auf den Besuch des Präsidenten zu sprechen, der kurz bevorsteht. Der Mann mit Hut hält Trump für einen Rassisten, empfindet seinen Wahlkampftrip nach

Tulsa als Provokation. »Wo auch immer er hinreist, bringt er eine Art Bürgerwehr mit, weiße Rechtsextremisten, die bewaffnet sind. Die werden dieses Wochenende hier sein. Nur ein kleiner Vorfall reicht aus, und alles gerät außer Kontrolle.« Ich frage Drew, ob auch er Ausschreitungen befürchte. »Ich bin sehr stolz auf die schwarze Gemeinde von Tulsa, weil sie ihre Wut meistens auf kontrollierte Weise zum Ausdruck gebracht hat. Aber wahrscheinlich werden ein paar Leute in unsere Stadt kommen, die versuchen werden, die Gemeinde bis aufs Blut zu reizen.« Selbst für ihn mit seiner jahrzehntelangen Erfahrung als Polizist sei schwer vorherzusagen, wie die ganze Sache ausgehen werde. »Be careful«, sagt Drew zum Abschied. »Sei vorsichtig.«

Vor der Arena, in der Trump auftreten wird, geht es zu wie auf der Fanmeile bei einem Fußball-Länderspiel. An Ständen werden T-Shirts angeboten, die Trump wahlweise als Terminator, Rambo oder Rockstar mit Goldkette zeigen. Sogar als Büste ist der Präsident erhältlich. Auch die Schlachtrufe seiner Anhänger erinnern an ein Sportereignis. »USA! USA! USA!« und »Trump! Trump! Trump!« grölt eine Gruppe von Jugendlichen unermüdlich. Etwas hitzig wird die Stimmung, als einige Demonstranten der Black-Lives-Matter-Bewegung auf die Fanmeile kommen. Durch Megafone beschimpfen sie Trump als Rassisten. Unterstützer des Präsidenten eilen herbei, ebenfalls mit Megafonen bewaffnet. Man versucht, sich gegenseitig niederzubrüllen, was genau gesagt wird, kann ich nicht verstehen. Etwas beunruhigt bin ich wegen drei Männern, die mir mit ihrer exotischen modischen Kombination aus Hawaiihemden und Militärhosen auffallen. In der Hand halten sie Sturmgewehre des Typs AR-15, die ich wegen meiner Berichterstattung über diverse Amokläufe in den USA sofort erkenne. An ihren Gürteln haben die Männer Magazine mit

Munition und Funkgeräte befestigt. Ein weiterer Sturm-gewehrträger bietet mir seine Unterstützung an, als mich ein Passant als Journalist identifiziert und anpöbelt. Mein verfassungsmäßiges Recht auf Meinungsäußerung müsse verteidigt werden, sagt er. Freundlich lehne ich sein Hilfs-angebot ab. Diese Art der Bürgerwehr empfinde ich eher als beängstigend. Später erfahre ich, dass die Hawaiihemden das Markenzeichen der sogenannten Boogaloo-Bewegung sind. Deren Mitglieder stammen meistens aus dem rechts-extremen Milieu und sind geeint in ihrer Hoffnung auf einen neuen Bürgerkrieg.

Trumps Auftritt verfolge ich wegen der hohen Corona-virus-Infektionszahlen in Oklahoma nicht in der Halle, son-dern vor dem Fernseher im Hotelzimmer. In der Rede des Präsidenten erkenne ich nur einen roten Faden: Immer wie-der schürt er Angst. Vor »Aufständischen, Plünderern und kriminellen Ausländern, die in Joe Bidens Amerika mehr Rechte bekämen als gesetzestreue Bürger«. Vor einer Poli-zeireform, die dazu führe, dass niemand mehr ans Telefon gehe, wenn man die Notrufnummer wähle. Trump erzeugt Bilder im Kopf: »Ein sehr starker Mann [Trump verwendet in diesem Zusammenhang nicht das englische Wort *man,* sondern das spanische Wort *hombre*] bricht durch das Fens-ter bei einer jungen Frau ein, deren Ehemann als Handels-vertreter unterwegs ist. Du rufst die 911 an, und sie sagen: ›Sorry, diese Nummer funktioniert nicht mehr.‹ Übrigens gibt es viele Fälle wie diesen. Viele, viele, viele.« Die Menge ist elektrisiert. Allerdings sind überraschend viele der 20 000 Plätze in der Halle leer geblieben, und mancher Trump-Kritiker hat zu den leeren Rängen beigetragen. Denn für Tickets hatten sich online offenbar Tausende regis-triert – um dann nicht hinzugehen. Aber auch unter den Anhängern des Präsidenten scheint der Respekt vor Corona größer zu sein als erwartet. Nur rund 6000 Menschen kommen laut Angaben der lokalen Feuerwehr in die Arena. Trump macht später Demonstranten und Medien verantwortlich, weil sie Angst vor Menschenansammlungen gemacht hätten. Und seinen Wahlkampfmanager degradierte Trump, weil der ihm jubelnde Massen in der Halle versprochen hatte und nicht lieferte.

Während der Veranstaltung selbst will Trump vor allem Angst vor seinem Herausforderer im Präsidentschaftswahlkampf verbreiten. Joe Biden sei ein »williges Trojanisches Pferd für den Sozialismus«. Sollte Biden die Wahl gewinnen, würde die Kongressabgeordnete Ilhan Omar eine wichtige Rolle in der Regierung übernehmen. »Diese hasserfüllte, Amerika heruntermachende Sozialistin wird über das Schicksal Ihrer Familie und Ihres Landes mitentscheiden«, tobt Trump. Die Abgeordnete Omar komme übrigens aus Somalia. »Keine Regierung. Keine Sicherheit, keine Polizei, kein Nichts. Nur Anarchie. Und sie sagt uns, wie wir unser Land regieren sollen. Nein danke!« Eine Stunde und 42 Minuten geht das so. Rassismus und Polizeigewalt gegen Schwarze tut Trump als Einzelfälle ab. Vergeblich wartet die schwarze Gemeinde von Tulsa auf versöhnliche Töne. Normalerweise ist ein US-Präsident nicht nur der Oberbefehlshaber, sondern auch der oberste Seelsorger der Nation. Trump hingegen begnügt sich in Tulsa mit seiner Paraderolle als oberster Angstmacher.

Dunkelheit legt sich über die Stadt. Zwei Protestmärsche gegen Trump setzen sich in Bewegung. Zum Glück behält der pensionierte Polizist Drew Diamond recht, und die Bürger halten ihren Ärger unter Kontrolle. Auf der Black Wall Street wird sogar getanzt. Vor den Kameras zahlreicher amerikanischer und internationaler Medien will man sich ganz ohne Gewalt Gehör verschaffen. Und der Rapper Steph

Simon tritt bei einem Festival auf, das das Ende der Sklaverei feiert. Er trägt einen blauen Campinghut und ein weißes T-Shirt, als er leichtfüßig die Bühne betritt. Vielleicht vergisst er in diesem Moment seine düstere Prophezeiung eines Bürgerkriegs. Im Publikum sind viele junge Eltern, die ihre Kinder auf den Armen tragen. Steph performt seine Vision von der Auferstehung der Black Wall Street. Auf einem Ehrenplatz in der ersten Reihe sitzt Pastor Crutcher. Geschichte, Gegenwart und Zukunft verschmelzen in diesem Moment miteinander. »Niemand wird meine Mission stoppen«, rappt Steph. »Keine Betty wird mich fangen.«

Die Waffen

Amoklauf in Texas

Kein anderer Ort in Amerika hat mich so sehr verstört wie die Kirche von Sutherland Springs. Das kleine Dorf im Südosten von Texas liegt vierzig Autominuten von San Antonio entfernt. Den größten Teil der Strecke fährt man an Feldern vorbei, auf denen wie von einem Riesen hingewürfelte Heuballen liegen. Die Landschaft ist flach und karg, aber im Licht der texanischen Herbstsonne verströmt sie einen eigenen Charme. Unzählige Holzmasten tragen schwarze Kabel über das Land, die Strom in die wenigen Häuser am Wegesrand liefern. Auch im Zielort Sutherland Springs leben nur 600 Menschen. Es gibt hier nicht einmal eine Feuerwehrwache. So hatte ich mir idyllisches Landleben in Amerika immer vorgestellt. Stattdessen erwarten mich albtraumartige Bilder.

Als ich in dem Dorf eintreffe, suchen auf einer Wiese neben der First Baptist Church Männer und Frauen mit Handschuhen und Metalldetektoren nach Spuren. Sie tragen blaue T-Shirts, auf deren Brust drei gelbe Buchstaben gedruckt sind: »FBI«. Vor der Kirche, einem Bau aus weiß gestrichenem Holz, der sich optisch nur durch einen kleinen dekorativen Turm von einem Wohnhaus unterscheidet, wurden große Zelte aufgebaut. Gelegentlich treten Ermittler in weißen Schutzanzügen ins Freie. Ich selbst stehe einige Dutzend Meter weit entfernt hinter einem gelben Absperrband, das im Novemberwind flattert. Es lässt sich nur erahnen, was in den Zelten vor sich geht. 26 Leichen befinden sich darin. Männer, Frauen und Kinder, die einige Stunden zuvor wie jeden Sonntag den Gottesdienst besucht hatten.

Doch gegen 11:20 Uhr steigt ein Mann aus seinem Geländewagen. Er trägt eine schusssichere Weste und eine Sturmhaube mit einem Totenkopf. Mit einem halb automatischen Sturmgewehr des Typs AR-15 erschießt er zwei Menschen, die vor der Kirche stehen. Dann eröffnet er durch ein Kirchenfenster das Feuer auf die Gemeinde. Kurz darauf betritt er das Gebäude durch eine Seitentür. Eine Kamera, die eigentlich den Gottesdienst für die Website der Gemeinde aufzeichnen soll, filmt, wie der Mann mit der Totenkopfmaske systematisch die Gänge abschreitet, um die Menschen in der Kirche zu töten. Der Aushilfspastor Bryan Holcombe will gerade zum Predigtpult gehen, als ihn die Schüsse treffen. Seine Frau Karla, sein Sohn Marc Daniel und dessen erst achtzehn Monate alte Tochter Noah werden kurz danach von tödlichen Schüssen getroffen. Dem Kleinkind schießt der Täter aus kurzer Distanz in den Kopf. Nur zum Nachladen unterbricht er sein Morden. Auch Chrystal, die schwangere Schwiegertochter von Pastor Holcombe, und ihre drei Kinder Megan, Emily und Gregory sind unter den Opfern. Später werde ich Fotos der 26 Menschen sehen, die in der Kirche starben. Es sind noch weitere Kinder darunter. Emily Garcia war sieben Jahre alt. Aufgeweckt schaut sie in die Kamera. Brooke Ward, ein Mädchen mit breitem Lachen und blonden Haaren, wurde nur fünf Jahre alt. Lediglich einige Gemeindemitglieder, die sich unter den Bänken verkriechen und ihre Schreie unterdrücken können, überleben. Später erzählen sie, wie der

Mann mit der Totenkopfmaske zu den Niedergeschossenen zurückkehrte, um zu prüfen, ob sie auch tot seien. Lebten sie noch, schoss er ihnen in den Kopf.

Stephen Willeford stoppt das Morden. Der ehemalige Ausbilder der Waffenlobby National Rifle Association (NRA) hört die Schüsse und rennt barfuß aus seinem Haus zur Kirche. Er eröffnet das Feuer auf den in Schwarz gekleideten Täter, der sofort zurückfeuert. Hinter Willefords Standort bleiben Dutzende Einschusslöcher zurück. Erst als der Täter selbst zweimal getroffen wird, flieht er mit seinem vor der Kirche geparkten SUV. Darin findet die Polizei später eine ganze Reihe Schusswaffen, die er wohl auch benutzen wollte. Dass es nicht so weit kommt, ist dem beherzten Nachbarn Willeford zu verdanken, aber auch dem jungen Johnnie Langendorff, der ebenfalls in Sutherland Springs wohnt und zufällig mit seinem Truck am Tatort vorbeifährt. Willeford hält ihn an und ruft, sie müssten gemeinsam den Mörder verfolgen. Langendorff, ein Schlaks mit Cowboyhut, sagt später im Interview mit amerikanischen Kollegen, er habe große Angst gehabt, aber nicht gezögert, die Verfolgung aufzunehmen. Die beiden rasen hinter dem bereits verletzten Täter her, bis dieser vom Highway abkommt und auf einem Feld zum Stehen kommt. Der Verfolger Willeford benutzt Langendorffs Truck als Deckung und zielt auf das Auto des Täters, der noch am Steuer sitzt – und sich selbst in den Kopf schießt.

Es fällt mir schwer, über Sutherland Springs zu berichten – angesichts der Monstrosität der Tat selbst, aber auch wegen der Reaktionen der Bürger in dem kleinen Dorf, die mich zutiefst verwirren. Direkt um die Ecke der Kirche steht Julius Kepper vor seinem bescheidenen Haus aus Wellblech. Er trägt eine Brille mit getönten Gläsern und ein graues T-Shirt. »Ich hörte eine Reihe von Schüssen und rannte nach draußen, in den Garten meines Nachbarn. Es war mehr als verrückt. Ich sah die Menschen vor der Kirche liegen«, sagt er verhältnismäßig unaufgeregt. Mit meiner Frage, ob die Waffengesetze nach Amokläufen wie diesem nicht endlich verschärft werden müssten, kann er nicht viel anfangen. Kepper streicht sich durch seinen ergrauenden Bart, bevor er antwortet. »Das beste Mittel, einen bösen Menschen mit einer Waffe zu stoppen, ist ein guter Mensch mit einer Waffe.« Dass in seinem Dorf nicht noch mehr Menschen getötet wurden, sei weniger dem lieben Gott zu verdanken als dem Umstand, dass gerade der bewaffnete Nachbar Willeford in der Nähe gewesen sei.

So scheint das jeder im Ort zu sehen. Eine Anwohnerin, die sich als Susan vorstellt, hebt gerade aus ihrem Auto große Tabletts mit Essen, das sie an Helfer und Journalisten verteilen will. Ein Restaurant gibt es hier nicht, nur eine Tankstelle schräg gegenüber der Kirche. Susans Augen ist anzusehen, dass sie viel geweint hat. Nur durch einen Zufall war sie selbst nicht im Gottesdienst. Als sie das erzählt, kommen ihr wieder die Tränen. Gefasst aber sagt sie: »Ich bin froh, dass unser Nachbar bewaffnet war! Gott hat ihm geholfen, den Täter zu stoppen. Wir sind hier Cowboys, so ist das nun einmal.«

Vor dem Gemeindezentrum bilden Männer und Frauen in roten Westen einen Kreis, sie sprechen ein Gebet. Nach dem Amen wechselt ihr Ton ins Geschäftige. Es sind Mitarbeiter des Roten Kreuzes. Die ganze Nacht haben sie sich um die Familien der Opfer gekümmert. Brote geschmiert, Tee gekocht, Trost gespendet. Eine der Angehörigen, Raquel Vidal, bangt noch immer um ihre Großmutter, die in der Kirche von mehreren Kugeln getroffen wurde. »Sie saß in der Kirchenbank und wartete auf den Beginn des Gottesdienstes. Plötzlich fielen die Leute um, von links nach rechts. Sie fielen einfach um. Meine Großmutter wurde in die Beine und in die Arme getroffen. Alles, was sie tun konnte, war, auf dem Boden zu sitzen und auf Rettung zu warten.« Doch selbst Raquel fordert keine schärferen Waffengesetze. Auch sie ist davon überzeugt, dass nur deshalb Schlimmeres verhindert wurde, weil der heldenhafte Nachbar eine Waffe trug. »Ich glaube fest daran, dass wir an unserem in der Verfassung verankerten Recht auf Waffen festhalten sollten, selbst wenn diese Morde weitergehen. Nichts wird sich daran ändern, dass es auf der Erde böse Menschen gibt.« Böse Menschen haben es in den USA allerdings besonders leicht, an eine Waffe zu gelangen und einen kleinen Ort wie Sutherland Springs in einen Albtraum zu stürzen.

Bis jetzt habe ich es vermieden, den Namen des Täters zu schreiben. Denn ich bin davon überzeugt, dass Attentäter aller Art sich von ihren Verbrechen oft Bekanntheit und Bedeutung versprechen – selbst wenn es postmortal ist. Das kann Nachahmer inspirieren. Im Fall von Sutherland Springs erfüllt es allerdings einen Zweck, die Geschichte des Täters zu erzählen. Denn sie macht deutlich, dass selbst psychisch labile und den Behörden bekannte Gewalttäter spielend leicht Kriegswaffen kaufen können. Devin Patrick Kelley war ein 26-jähriger ehemaliger Soldat. Die Ermittler teilen schon kurz nach seinem Amoklauf mit, dass das Massaker keinen terroristischen, sondern eher einen familiären Hintergrund hatte. Kelleys Schwiegermutter war aktives Mitglied der Kirchengemeinde. Kurz vor seinem Blutbad hatte er ihr mit Textnachrichten gedroht, doch sie selbst befand sich zum Zeitpunkt der Tat nicht in der Kirche. Zuvor war Kelley immer wieder wegen häuslicher Gewalt auffällig geworden. Er schlug und würgte seine erste Ehefrau und bedrohte sie mit einer Waffe. Seinen kleinen Sohn verprügelte er so hart, dass ihm der Schädel brach. Es folgte die

Scheidung. Ein Militärgericht verurteilte Kelley 2012 zu einer einjährigen Haftstrafe. Er wurde als psychisch krank eingestuft. Nach seiner Entlassung aus dem Gefängnis fiel er weiter auf, wegen häuslicher Gewalt gegen seine neue Freundin und wegen Tierquälerei. Dennoch konnte er 2016 ein Sturmgewehr kaufen. Normalerweise werden Waffenkäufer in Texas auf Vorstrafen überprüft. Doch das Militär vermerkte Kelleys Haftstrafe nicht im Zentralregister des FBI. So schlug der Computer nicht Alarm, als Kelley in einem Sportgeschäft, das neben Laufschuhen und Fitnessgeräten auch Schusswaffen führt, mit einem Sturmgewehr zur Kasse ging. Das ist kein bedauerlicher Einzelfall, sondern Teil eines systemischen Problems. Das *Time*-Magazin enthüllte, dass das Militär es »versäumte«, zwischen 2004 und 2012 rund 1300 Fälle von häuslicher Gewalt an das National Crime Information Center (NCIC) zu melden. In dieser Datenbank werden Straftäter vermerkt, die in den meisten US-Bundesstaaten eigentlich keine Waffe mehr kaufen dürften. Doch auch diese Regelung wird höchstens halbherzig durchgesetzt. Von den 28 Bundesstaaten, die häuslichen Gewalttätern den Waffenkauf verbieten, fordern nur 14 ein, bereits erworbene Waffen abzugeben. Dabei ist häusliche Gewalt erwiesenermaßen ein geeignetes Frühwarnsystem. Laut einer Studie des United States Secret Service waren bei mehr als der Hälfte aller Massenerschießungen, bei denen mindestens vier Menschen ums Leben kamen, Familienmitglieder oder Beziehungspartner unter den Opfern. In den meisten Fällen waren die Täter bereits vorher auffällig geworden.

Mich macht fassungslos, dass Devin Patrick Kelley trotz seiner Vorstrafen und seiner bekannten psychischen Probleme weiter Waffen kaufen konnte. Zusätzlich entgeistert bin ich, als ich abends im Hotelzimmer im Fernsehen erlebe, wie Präsident Trump auf den Amoklauf hier in Sutherland Springs reagiert. Er gibt im Rahmen einer Asienreise ein kurzes Statement ab. Politischen Handlungsbedarf sieht er nicht, im Gegenteil. »Wir haben viele Probleme mit psychischen Erkrankungen in diesem Land, wie andere Länder auch. Aber das hat nichts mit Waffen zu tun. Es ist zu früh, darüber zu sprechen. Glücklicherweise war da aber ein Bürger, der ihm mit einer Waffe gegenübertrat«, sagt Trump. Genau so argumentiert auch die mächtige Waffenlobby NRA, die in Trump ihren wichtigsten Unterstützer hat. Dazu dürften die mehr als 30 Millionen Dollar beigetragen haben, die ihm die NRA allein im Präsidentschaftswahlkampf 2016 in seine Wahlkampfkasse spülte.

Gleich zu Beginn seiner Amtszeit machte Trump eine Bestimmung seines Vorgängers Obama rückgängig, dass beim Waffenkauf psychische Vorerkrankungen abgefragt werden mussten. Auch für den freien Verkauf von Schalldämpfern machte Trump sich stark. Dabei sterben etwa 14 000 Amerikaner pro Jahr durch Schusswaffen, mehr als bei Verkehrsunfällen. Und in den vergangenen fünf Jahrzehnten wurden laut *Spiegel* mehr Zivilisten durch Waffengewalt getötet als US-Soldaten in allen Kriegen der vergangenen 230 Jahre. Trotzdem ist der Waffenkult tief in der DNA der amerikanischen Gesellschaft verwurzelt. Das hat historische, geografische, psychologische und sogar religiöse Gründe. Die Bedeutung von Waffen für die Entstehung des amerikanischen Freiheitsmythos hat der Journalist Thomas Schulz einmal auf den Punkt gebracht: »Der Wilde Westen ließ sich nur mit dem Colt erobern, die Briten ließen sich mit dem Karabiner vertreiben und die Indianer mit der Winchester unterjochen.«

Schon am 15. Dezember 1791 wurde das Recht auf Waffenbesitz in der Verfassung festgeschrieben. Im 2. Zusatzartikel, in den USA »Second Amendment« genannt, heißt es wörtlich: »Da eine wohlregulierte Miliz für die Sicherheit eines freien Staates notwendig ist, darf das Recht des Volkes, Waffen zu besitzen und zu tragen, nicht beeinträchtigt werden.« Dieser Satz wird heutzutage sehr unterschiedlich interpretiert. Die Waffenliebhaber legen den Verfassungstext wörtlich aus und pochen auf ihr Recht, unbegrenzte Mengen an Munition, Gewehren und Pistolen zu horten und auch zu benutzen. Die Verfechter strengerer Waffengesetze argumentieren, dass die Gründerväter kein individuelles Recht im Sinn hatten. Vielmehr sollte durch das Bewaffnen der Amerikaner sichergestellt werden, dass diese als Mitglieder einer wohlregulierten Miliz jederzeit ihr Land verteidigen konnten, notfalls auch gegen eine autoritäre Regierung. »So sollten Sicherheit und Stabilität garantiert werden ohne die Gründung einer professionellen Armee, die als Bedrohung für eine freie Gesellschaft angesehen wurde«, erklärt die *Neue Zürcher Zeitung*. Wegen des Misstrauens gegen staatliche Streitkräfte muss noch heute das US-Militär jedes Jahr erneut vom Kongress autorisiert werden. Doch seit dem 18. Jahrhundert hat sich viel verändert. Die USA brauchen keine Bürgermilizen mehr, um sich gegen äußere Feinde zu verteidigen. Sie sind die schlagkräftigste Militärmacht der Erde. Trotzdem zitieren die Waffenfreunde in jeder politischen Debatte noch immer den 2. Zusatzartikel der Verfassung. Ihre Position wurde 2008 gestärkt. Damals bestätigte der Oberste Gerichtshof, dass das Second Amendment in allen Bundesstaaten, einschließlich der Hauptstadt Washington, D.C., das individuelle Recht garantiere, eine Waffe zu tragen und zur Selbstverteidigung zu nutzen, unabhängig von der Zugehörigkeit zu einer Miliz.

Das Recht auf Selbstverteidigung betonen besonders viele Amerikaner, die in ländlichen Regionen leben. Diesen Gedanken kann ich sogar bis zu einem gewissen Grad nachvollziehen. Auch bei meiner Oma, die im Sauerland mitten in einem Waldgebiet lebt, stand viele Jahre ein Luftgewehr im Kleiderschrank. Nach dem Tod meines Opas wollte sie damit im Fall der Fälle einen Einbrecher in die Flucht schlagen. Kein Verständnis habe ich allerdings dafür, dass in den USA auch automatische Schusswaffen wie Sturmgewehre verkauft werden, mit denen sich in kurzer Zeit viele Menschen töten lassen. Die Mehrheit der Massaker mit den meisten Todesopfern in den USA wurde mit solchen Sturmgewehren verübt. Sie sind in vielen Bundesstaaten ab einem Mindestalter von 18 Jahren verkäuflich – während Biertrinken oder die Anmietung eines Wagens erst ab 21 Jahren erlaubt sind.

Halb automatische Sturmgewehre lassen sich mit einem technischen Hilfsmittel auch zu vollautomatischen Maschinengewehren aufrüsten. Sogenannte »Bump Stocks« (wörtlich übersetzt »Stoßschaft« oder »Schnellfeuerkolben«) ermöglichen dem Schützen, nicht nach jedem Schuss den Abzug erneut betätigen zu müssen, um einen weiteren Schuss abzufeuern. Er kann den Abzug einfach gedrückt halten. Während halb automatische Waffen Schussfrequenzen von 45 bis 60 Schuss pro Minute ermöglichen, erhöht sich diese Rate mit einem Bump Stock auf 400 bis 800 Schuss pro Minute.

Bei dem Attentäter des Anschlags in Las Vegas im Jahr 2017 wurden zwölf mit Bump Stocks ausgerüstete Gewehre aufgefunden. Von seinem Zimmer im Hotel Mandalay Bay aus schoss er auf die Besucher eines Musikfestivals. Dabei tötete er in nur etwas mehr als zehn Minuten 58 Menschen und verletzte 869 weitere. Dies war die höchste Opferzahl eines Einzeltäters in der Geschichte der Vereinigten Staaten. Als bekannt wurde, dass der Attentäter Bump Stocks verwendet hatte, waren die Anbauteile in den USA innerhalb kürzester Zeit so stark nachgefragt, dass sie teilweise ausverkauft waren. Die Waffennarren rechneten mit einem Verbot und wollten noch schnell zugreifen. Doch es dauerte noch ein halbes Jahr, bis Präsident Trump ein Gesetz zum Verbot des teuflischen Teils vorstellte. Erst ein weiteres Dreivierteljahr später trat es tatsächlich in Kraft.

Die Waffenhersteller konnten das Verbot verschmerzen. Ihre Aktienkurse waren kurz nach dem Massenmord von Las Vegas in die Höhe geschnellt – wie auch nach vielen anderen Attentaten. Denn zum einen profitierten sie von jenen Kunden, die mit weiteren Verboten rechneten und sich eindeckten. Zum anderen griff einmal mehr die fragwürdige Logik, die mir die Menschen in Texas erklärten: Gegen Waffengewalt helfen nur noch mehr Waffen. Angst ist der beste Verkäufer der Waffenindustrie. Und diese gefährliche psychologische Spirale dreht sich unaufhörlich weiter.

Das zeigt auch die Corona-Krise. Zu Beginn der Pandemie bekamen viele Amerikaner Angst, dass es angesichts der Massenarbeitslosigkeit vermehrt zu Überfällen und Plünderungen kommen würde. Gleichzeitig rückte die Polizei wegen der Ansteckungsgefahr in vielen Städten nur noch in echten Notfällen aus. Befeuert wurden die Ängste auch durch landesweite Ausschreitungen wie in Minneapolis, ausgelöst durch Polizeigewalt gegen Schwarze. Das Wort »Bürgerkrieg« lag in der Luft. Das in Amerika traditionell ohnehin weitverbreitete Gefühl, sich nicht auf den Staat verlassen zu können, sondern das Schicksal in die eigene Hand nehmen zu müssen, griff weiter um sich. Inzwischen verfügen 39 Prozent aller amerikanischen Haushalte über Waffen. Selbst Hausfrauen, die nie zuvor eine Schusswaffe besessen hatten, gingen plötzlich im »Gun Store« shoppen. Nie zuvor in der Geschichte der USA wurden in einem Jahr so viele Waffen verkauft wie 2020. Laut FBI wurden in diesem Krisenjahr 39,5 Millionen Hintergrundüberprüfungen (sogenannte »Background Checks«) von Schusswaffenkäufern registriert – ein Allzeithoch. Inzwischen befinden sich insgesamt 434 Millionen Feuerwaffen im Besitz von amerikanischen Zivilisten. Bei rund 330 Millionen Einwohnern entspricht das einer Pro-Kopf-Quote von 1,3. In keinem anderen Industrieland der Welt ist die Gesellschaft derart hochgerüstet. Angesichts der Tatsache, dass statistisch gesehen jeder Amerikaner mehr als eine Schusswaffe besitzt, frage ich mich manchmal, ob es nicht geradezu fahrlässig ist, »als Einziger« darauf zu verzichten und sich nicht wehren zu können, wenn wirklich Kugeln fliegen. So denken wohl viele – was die immer weiter steigende Zahl der Waffenkäufe mit erklärt. In Amerika entsteht – wo es nicht schon vorherrscht – ein »Gleichgewicht des Schreckens«. Dieser Begriff bezeichnete im Kalten Krieg eine Situation, in der eine Nuklearmacht vom Ersteinsatz von Nuklearwaffen dadurch abgehalten wird, dass der Angegriffene selbst nach einem nuklearen Erstschlag noch vernichtend zurückschlagen könnte.

Nach dem Blutbad in Sutherland Springs veranstalten der leitende Ermittler des FBI und der Sheriff eine Pressekonferenz. Als sie ihre Erklärungen beendet haben, tritt überraschend Frank Pomeroy vor die zahlreichen Kameras. Er ist der Hauptpastor der Gemeinde, der dem Amoklauf nicht zum Opfer fiel, weil er an diesem Sonntag ausnahmsweise verreist war. Doch seine Tochter Annabelle starb in dem Kugelhagel. Sie war erst vierzehn Jahre alt. Pomeroy wirkt, als würde er jeden Moment zusammenbrechen. Meist spricht seine Frau Sherri. Tapfer liest sie eine Erklärung vom Handy ab. »Ich finde Trost in dem Gedanken, dass unsere Tochter von ihrer kirchlichen Familie umgeben war, als sie starb«, sagt sie. Mehr möchte sie jetzt über Annabelle nicht sagen, aus Respekt vor all den anderen Toten. Am Ende wird Pastor Pomeroy gefragt, ob er in der Tragödie irgendeinen Sinn sehe. Er sagt:»Ich verstehe es nicht, aber mein Gott versteht es.«

Mir selbst fällt es schwer zu verstehen, dass selbst Pomeroys Kirche, die Baptisten, überwiegend aus Waffenfreunden besteht. Sie gehören zu den Evangelikalen, die für eine besonders dogmatische Auslegung der Bibel stehen. Eine Mehrheit von 59 Prozent dieser Evangelikalen lehnt laut Umfragen strengere Waffengesetze ab. Der Gedanke des 2. Verfassungszusatzes entspringt ihrer Meinung nach einem Grundrechtekatalog, der noch auf die Konfessionskämpfe in England zurückgeht. Das Tragen von Waffen war also ursprünglich auch Teil der religiösen Selbstbestimmung. Am Beharren darauf konnten auch 139 Amokläufe in amerikanischen Kirchen allein in den Jahren zwischen 1980 und 2005 nichts ändern. Die First Baptist Church in Sutherland Springs gehört zur Southern Baptist Convention – mit sechzehn Millionen Mitgliedern die zweitgrößte Kirche der USA nach der katholischen Kirche mit sechzig Millionen Mitgliedern. Die Southern Baptists sind zugleich die größte der etwa zwanzig baptistischen Kirchen und Bünde in Amerika. Die Gründerväter der USA, die in die Neue Welt auswanderten, brachten den Baptismus mit und machten ihn in der neuen Heimat zur Leitkultur. Bis heute sind viele Southern Baptists sehr konservativ, sie engagieren sich etwa in der Bewegung »True Love Waits« gegen Sex vor der Ehe. Die Beziehung der Kirchenspitze zu den Republikanern ist traditionell eng. Zum Beispiel gehörte Richard Land, der frühere Leiter der Ethikkommission der Southern Baptists, 1990 zu den entschiedensten Befürwortern des Zweiten Golfkrieges von George Bush senior. Im Präsidentschaftswahlkampf

2016 beriet er den Kandidaten Donald Trump. Die Nähe der Southern Baptists zu den Republikanern spiegelt sich auch in ihrem Eintreten für das Recht amerikanischer Bürger wider, Waffen zu tragen. Selbst als im Jahr 2012 ein Mann in der Sandy Hook Elementary School in Connecticut 26 Menschen, darunter 20 Grundschulkinder, erschoss und Barack Obama überlegte, die Waffengesetze zu reformieren, sprachen sie sich dagegen aus.

In der Vergangenheit waren es vor allem Präsidenten der Demokratischen Partei, die für stärkere Regulierung eintraten und teilweise auch Erfolge erzielten. Franklin D. Roosevelt führte 1934 Steuern und eine Registrierungspflicht für Maschinengewehre, Gewehre, kurze Schrotflinten und Zubehör ein. Lyndon B. Johnson setzte 1968 nach der Ermordung von Präsident John F. Kennedy und dem Bürgerrechtler Martin Luther King ein Importverbot von Waffen durch, die nicht zu Sportzwecken dienen. Außerdem erzwang Johnson für den Erwerb von Handfeuerwaffen ein Mindestalter von 21 Jahren. Bill Clinton führte in den 1990er-Jahren die Background Checks ein sowie ein befristetes Verbot von halb automatischen Sturmgewehren, das allerdings 2004 auslief und von seinem Nachfolger, dem Republikaner George W. Bush, nicht verlängert wurde. Barack Obama bemühte sich, das Verbot zu reaktivieren, doch er biss sich an den Republikanern im Kongress die Zähne aus. Von ihm wird vor allem ein symbolischer Akt in Erinnerung bleiben: Nachdem in einer Kirche in Charleston neun schwarze Gemeindemitglieder von einem Rassisten erschossen worden waren, stimmte Obama bei der Trauerfeier das Lied »Amazing Grace« an. In der Stimme Obamas schwang die Verzweiflung darüber mit, dem Töten keinen Einhalt gebieten zu können. Ein Gänsehautmoment.

Donald Trump wird nicht zuletzt mit einem Satz in die

Geschichtsbücher eingehen, für den ihm Millionen Waffenliebhaber und die NRA ihre Treue schworen: »Ich werde absolut niemals das Recht einschränken, Waffen zu tragen.« Bei allen Amokläufen, die sich während meiner Zeit in den USA ereigneten, ließ sich ein wiederkehrendes zynisches Ritual beobachten. Auf den Schock folgte die Trauer, auf die Trauer die Diskussion über schärfere Waffengesetze, und darauf folgte – nichts. Dementsprechend ernüchtert blicke ich in die Kamera, als ich in Sutherland Springs zum Abschluss meiner Berichterstattung für die *Tagesschau* Bilanz ziehe: »Rufe nach schärferen Waffengesetzen werden hier in Texas nicht laut, im Gegenteil. Nur weil ein bewaffneter Anwohner den Attentäter gestoppt habe, sei Schlimmeres verhindert worden, hören wir von vielen Bürgern. So wird wohl auch diese Tat nichts an den laschen Waffengesetzen ändern.«

Mit dieser Voraussage will sich Cameron Kasky nicht abfinden. Der Siebzehnjährige überlebte den Amoklauf in Parkland, Florida. Im Februar 2018 betrat ein ehemaliger Schüler die Marjory Stoneman Douglas High School mit einem halb automatischen Sturmgewehr des Typs AR-15. Innerhalb von sechs Minuten und zwanzig Sekunden tötete er vierzehn Schüler und drei Lehrer. Als die Schüsse fielen, rannte Cameron Kasky zur Klasse seines jüngeren, behinderten Bruders, um ihn zu beschützen. Sie machten das Licht aus und versteckten sich – ohne zu wissen, ob der Killer oder ein Retter die Tür des Klassenraums öffnen würde. Während sie in der Dunkelheit warteten, sah Cameron auf dem Handy Videos, die zeigten, wie seine Mitschüler getötet wurden. Jemand hatte sie über den Messaging-Dienst Snapchat hochgeladen, wodurch sie sich schnell verbreiteten. Eine Stunde lang harrten Cameron und sein Bruder in ihrem Versteck aus, bis ein Sondereinsatzkommando sie in Sicherheit brachte.

Noch am Abend nach dem Amoklauf lädt Cameron einige Mitschüler zu sich nach Hause ein, um über ihre Erlebnisse zu sprechen. Sie sind sich einig, dass nicht der Name des Killers die Schlagzeilen dominieren soll, sondern die Überlebenden. »Wir wollten, dass die Menschen, wenn sie Parkland hörten, nicht an weinende Menschen denken, sondern an junge Leute, die im schrecklichsten Moment ihres Lebens aufstehen für eine Sache, die größer ist als sie selbst.« Cameron und seine Mitschüler schreiben viele Beiträge in den sozialen Medien, in denen sie fordern, endlich die Waffengesetze zu verschärfen. Nie wieder dürfe sich ein solcher Amoklauf wiederholen. Bei Twitter nutzen sie den Hashtag #NeverAgain, der sich viral verbreitet. Am nächsten Tag rufen Fernsehsender an. Cameron gibt ein Interview nach dem anderen, wird über Nacht zu einem der bekanntesten Waffenrechtsaktivisten der USA. Gemeinsam mit Emma González, einem Mädchen mit kurz geschorenen Haaren, und drei weiteren Mitschülern schafft Cameron es auf die Titelseite des *Time*-Magazins.

Sie nutzen ihren Bekanntheitsgrad, um Großdemonstrationen in amerikanischen Städten zu organisieren. Sechs Wochen nach dem Amoklauf finden zeitgleich mehr als 700 Kundgebungen in allen fünfzig Bundesstaaten statt. Allein in Washington nehmen rund 500 000 überwiegend junge Menschen am »March For Our Lives« teil. Ich verfolge das Geschehen von der Pennsylvania Avenue aus, die vom Weißen Haus zum Kapitol verläuft. Und ich bin überrascht und überwältigt von der Masse der Schülerinnen und Schüler. Sonst heißt es ja schließlich immer, die Jugend sei so unpolitisch. Die meisten hier nehmen zum ersten Mal in ihrem Leben an einer Demonstration teil, sie haben bunte Plakate gemalt mit Aufschriften wie »Protect kids not guns!« (»Schützt Kinder und nicht Waffen!«). Ihre Forderungen haben sie zu Sprechchören wie »Enough is enough« (»Genug ist genug«) verdichtet. Ein junger Schwarzer hält die Hände hoch, auf seine Handflächen hat er mit rotem Filzschrift die Worte »Don't shoot!« geschrieben – »Nicht schießen«.

Auch unsere kleine Tochter wird einige Zeit später mit erhobenen Händen aus ihrem Kindergarten laufen. In den USA wird an fast allen Schulen und Betreuungseinrichtungen regelmäßig der Ernstfall eines Amoklaufs trainiert. An den erhobenen Händen soll die Polizei bei einer Evakuierung erkennen, dass sich der Schütze nicht zwischen den flüchtenden Schülern versteckt. Die »Lockdown Drills« gehören zum Alltag. Unter anderem werden die Klassenräume sofort verschlossen und verdunkelt, alle müssen still sein.

Um die Jugendlichen in Washington bei ihrer Großdemonstration zu unterstützen, treten auf einer großen Festivalbühne bekannte Popstars wie Miley Cyrus, Jennifer Hudson und Ariana Grande auf. Die Parkland-Überlebende Emma González verliest zu Beginn ihrer Rede erst die Namen der Toten. Dann schweigt sie unter Tränen sechs Minuten und zwanzig Sekunden lang, um den Massen zu vergegenwärtigen, wie lange der Amoklauf gedauert hat. Ein magischer Moment. Auch Cameron Kasky trifft mit seiner Rede einen Nerv. »An alle Politiker, Skeptiker und Zyniker, die uns aufgefordert haben, uns hinzusetzen und still zu sein. Willkommen zur Revolution!«, ruft er den Jugendlichen in Washington und den Fernsehkameras zu, die seine kraftvollen Worte in jeden Winkel der USA transportieren.

Einige Wochen später sind Cameron und ich im Kapitol verabredet. Seine kurzen braunen Haare sind akkurat gekämmt. Seine Gesichtszüge sind markant wie die eines Schauspielers. Als ich ihm das sage, erzählt er mir, dass er in der Schule tatsächlich viel Theater gespielt hat. Vielleicht hat dies zu der für sein Alter ungewöhnlichen Professionalität seiner Auftritte beigetragen. Aus dem Fernsehen kenne ich Cameron nur im T-Shirt. In seinem blauen Anzug mit Krawatte wirkt er heute so, als würde er gleich zur Konfirmation gehen. Aber der Dresscode ist angemessen. Schließlich treffen wir uns im Büro eines Kongressabgeordneten. Dieser hat Cameron eingeladen, ihm seine politischen Forderungen konkret vorzustellen. Cameron leitet sie unmittelbar aus dem Blutbad von Parkland ab. Der Todesschütze an seiner Schule war nachweislich psychisch krank, trotzdem durfte er legal sein Sturmgewehr kaufen. »Jeder in diesem Land sollte verstehen, dass Leute, die bei einer Hintergrundüberprüfung durchfallen, keine Schusswaffe kaufen dürfen sollten«, sagt Cameron. »Darüber hinaus brauchen wir ein Verbot von Sturmgewehren. Andere Länder auf der Welt müssen da gar nicht drüber nachdenken. Deren Bürger laufen nicht mit der Feuerkraft eines Soldaten rum. Für andere Länder ist das absurd.«

Der Kongressabgeordnete nickt zustimmend. Eric Swalwell hat seinen Wahlkreis in Kalifornien und ist ein aufsteigender Stern in der Demokratischen Partei. Er erzählt freimütig und selbstbewusst, dass er irgendwann für das Weiße Haus kandidieren will. Hinter seinem Schreibtisch bemühen sich zwei antike Bücherschränke, dem Raum etwas Altehrwürdiges zu verleihen. Für das staatsmännische Flair sorgen zwei Flaggen. Links die amerikanische, rechts die des Bundesstaates Kalifornien mit ihrem braunen Grizzlybären auf weißem Grund. An der Wand von Swalwells Büros hängen gerahmte Zeitungsartikel und Fotos, die den Abgeordneten mit politischen Größen wie Barack Obama zeigen. Wir nehmen in einer Sitzecke auf schweren Ledersofas Platz. Direkt daneben steht ein prall gefülltes Holzregal mit griffbereiten kalifornischen Weinen. Wir trinken Pepsi aus der Dose.

Swalwell ist Jahrgang 1980, er gehört zu einer jungen Generation von Demokraten, die sich mit der Jugendbewegung identifizieren können. »Cameron und seine Klassenkameraden haben mich inspiriert – in einer Zeit, in der viele Abgeordnete bereits die Hoffnung verloren hatten, etwas gegen Waffengewalt tun zu können. Jahrelang sah ich, wie eine Tragödie der anderen folgte und Momente des Schweigens auf Momente der Untätigkeit«, sagt Swalwell. »Vielleicht werden die Historiker einmal sagen, dass Parkland der Wendepunkt war.« Dafür müsse aber endlich der Einfluss der Waffenlobby NRA auf die Politik durchbrochen werden. Konkret könne das durch eine Begrenzung von Wahlkampfspenden geschehen. Denn die NRA verhindere mit ihren Zuwendungen an Politiker eine Verschärfung der Waffengesetze – trotz der anhaltenden Serie von Amokläufen. »Die NRA spendet Millionen für Wahlkämpfe von verschiedenen Kongressabgeordneten. Und das Geld fließt in unbegrenzter Höhe, mithilfe von Organisationen, die nicht offiziell zu den Politikern gehören, ihnen aber nahestehen. Die Waffenlobby muss nicht einmal veröffentlichen, wie viel Geld sie spendet.« Sogar Russland beeinflusse durch Zahlungen an die NRA mittelbar US-Politiker. Und das, obwohl Russland selbst ein viel strikteres Waffenrecht habe. »Russland tut das, um unsere Demokratie zu zersetzen. Sie wollen, dass wir Amerikaner uns mit Waffen gegen uns selbst wenden.«

Swalwell und seine Demokraten fordern mehr Transparenz für die Herkunft von Spendengeldern. Sie haben im Repräsentantenhaus ein Gesetz verabschiedet, das »Dark Money« verhindern soll. Mit diesem »dunklen Geld« sind die besagten Millionenspenden an Abgeordnete gemeint, die vor der Öffentlichkeit geheim gehalten werden. Doch Trumps Republikaner blockieren das Verbot von Dark Money mit ihrer Mehrheit im Senat. Die Macht der Megaspender scheint unantastbar.

Immerhin ist es den Demokraten gelungen, nach acht Jahren wieder Anhörungen zum Waffenrecht durchzuführen und das Thema damit auch in den Medien wieder präsent zu machen. Swalwell erklärt mir, welche Forderungen er in die parlamentarische Debatte einbringen will. »Neben einem Verbot von Sturmgewehren und landesweiten Background Checks für Waffenkäufer sollten wir das Problem an der Wurzel angehen. Um die Gewalt der Gangs in Amerika zu stoppen, müssen wir Geld für Präventionsprogramme in die Hand nehmen und Jobs schaffen. Die Menschen brauchen Perspektiven, damit sie nicht kriminell werden.« Außerdem müsse die Behandlung von mentalen Krankheiten besser finanziert werden. Für Cameron sind die neuen Anhörungen im Repräsentantenhaus ein Anfang. »Es macht Hoffnung. Es gab eine Zeit, in der jeder hoffnungslos war und sich von unserer Regierung nicht mehr repräsentiert fühlte. Aber jetzt sehen wir in eine helle Zukunft.«

Tatsächlich können Cameron und seine Mitschüler, die von den Medien »Parkland Kids« genannt werden, in den darauffolgenden Monaten Teilerfolge verzeichnen. Viele Amerikaner scheinen angesichts der Massenproteste zum Umdenken bereit. In Umfragen sprechen sich zwischenzeitlich zwei Drittel der Befragten für strengere Waffengesetze aus. Der Gouverneur von Florida erhöht das Mindestalter für Käufer von Schusswaffen auf 21 Jahre und stellt mehr Geld für die Behandlung von psychisch Kranken bereit. Präsident Trump hat immerhin die Bump Stocks verboten. Und die Wahl von Joe Biden zum US-Präsidenten löste bei vielen Waffennarren Panik aus. Weil Biden im Wahlkampf Waffenhersteller wörtlich als »Feind« bezeichnete und weitreichende neue Gesetze versprach, deckten sich Millionen Amerikaner »sicherheitshalber« noch mal mit Waffen ein. Dieser Effekt ließ sich auch schon kurz nach der Wahl früherer demokratischer Präsidenten beobachten, aber Bidens Wahl trugt in Kombination mit dem erwähnten »Corona-Effekt« auf jeden Fall dazu bei, dass 2020 zum Rekordjahr für die Waffenindustrie wurde.

Dabei ist Biden gar kein grundsätzlicher Waffengegner. »Wenn Sie sich schützen wollen, kaufen Sie sich eine Doppelrohr-Schrotflinte«, sagte er noch als Vizepräsident während eines Fernsehinterviews auf die Frage, ob Sturmgewehre verboten werden sollten. Auch seiner Ehefrau Jill habe er ans Herz gelegt, zum Jagdgewehr zu greifen, sollte sie in ihrem ländlich gelegenen Haus ungebetenen Besuch bekommen. »Ich habe meiner Frau gesagt, sie soll einfach zwei Schüsse aus dem Doppelrohr abfeuern, und niemand würde ins Haus kommen. Es ist auch leichter, damit zu zielen. Aber man braucht doch kein AR-15!«, erklärte er noch im Jahr 2013. Als Präsident will er nun den Verkauf von Sturmgewehren an Zivilisten verbieten und für jene circa siebzehn Millionen, die bereits im Umlauf sind, eine Registrierung erzwingen. Den Onlinehandel von Waffen möchte Biden abschaffen und den Amerikanern grundsätzlich nur noch den Kauf von einer Waffe pro Monat erlauben. Außerdem will der Mann im Weißen Haus Schlupflöcher für Background Checks schließen. Der Wille ist da, doch die Möglichkeiten sind begrenzt.

Denn auch Biden braucht für solch weitreichende Reformen den Kongress. Und obwohl die Demokraten seit Anfang 2021 in Senat und Repräsentantenhaus über Mehrheiten verfügen, wird die Umsetzung von neuen Gesetzen schwierig. Denn die Trennlinie zwischen Waffenbefürwortern und -gegnern verläuft nicht so klar zwischen Republikanern und Demokraten. Biden muss fürchten, dass auch einige seiner eigenen Parteifreunde gegen strengere Regeln stimmen. Und selbst wenn neue Regelungen beschlossen würden, könnten diese immer noch vor Gericht landen. Am Obersten Gerichtshof sind jedoch die konservativen Richter in der Mehrheit – ein Vermächtnis Trumps, der gleich drei von ihnen ernennen konnte. Deshalb ist äußerst fraglich, ob Joe Biden gelingt, woran schon seine Vorgänger scheiterten – den Waffenwahnsinn in den USA zumindest einzudämmen. Cameron Kasky feiert Biden auf Twitter allein für seine guten Absichten trotzdem schon mal als »großartigsten Präsidenten aller Zeiten«. Die Hoffnung stirbt zuletzt.

Der Sumpf

Wie Washingtons Lobbyisten
die Demokratie gefährden

Tom Steyer steht auf einer Bühne in Baltimore und gibt sich viel Mühe, nicht wie ein Milliardär zu wirken. Das gehört zu seiner Strategie, um Präsident Trump aus dem Weißen Haus zu jagen. Für seinen Auftritt hat Steyer eine zur Event-Location umgebaute Industriehalle ausgewählt. Er trägt ein blau-weiß gestreiftes Hemd. Den obersten Knopf hat er geöffnet, die Ärmel hochgekrempelt. »Ich bin eigentlich ein ganz normaler Mensch. Wenn du mein Nachbar wärst, könnte ich beim Umzugskistenschleppen mit anpacken.« Nicht Steyer selbst sagt das, aber sein Outfit. Nur sein akkurat gekämmter Seitenscheitel, der für einen Mann Anfang sechzig etwas zu goldblond im Scheinwerferlicht glänzt, kann seinen elitären Hintergrund nicht verbergen.

Auf der *Forbes*-Liste der reichsten Menschen der Welt stand Steyer zwischenzeitlich auf Platz 1477. Nach dem Studium an den Spitzenuniversitäten in Yale und Stanford heuerte er bei den Investmentbanken Morgan Stanley und Goldman Sachs an, 1986 gründete er einen eigenen Investmentfonds. Seine »aggressive Vorgehensweise« sei sein Erfolgsrezept, stellte eine Fachzeitschrift voller Respekt fest. Farallon Capital hieß der Hedgefonds, in Anlehnung an eine Inselgruppe vor der Küste San Franciscos, die Haien gute Lebensbedingungen bietet. Wer diesen Hintergrund kennt, ist geneigt, auch in Steyers markanten Gesichtszügen das Antlitz eines Hais zu erkennen. Im Jahr 2012 verkaufte der »Raubfisch« seine Fondsanteile für einen Milliardenbetrag. Seitdem bemüht er sich um einen Imagewandel. Mit Investitionen in Öl- und Kohleunternehmen hatte er sein Vermögen gemacht, doch statt auf das schwarze Gold setzt er nun auf sein grünes Gewissen und inszeniert sich als Kämpfer gegen den Klimawandel. Außerdem hat Steyer versprochen, die Hälfte seines Vermögens »für eine bessere Welt« zu spenden.

Ob Steyer auch bei der Überweisung von Wahlkampfspenden den Verwendungszweck »bessere Welt« einträgt, ist nicht bekannt. Fakt ist aber, dass er allein im Präsidentschaftswahlkampf 2016 exakt 87,6 Millionen Dollar an die Demokraten spendete. Dies erwies sich bekanntlich als Fehlinvestition, Hillary Clinton verlor die Wahl spektakulär. Jetzt hat Steyer sich zum Ziel gesetzt, Trump zu stürzen. »Need to impeach«, steht auf Plakaten überall im Saal in Baltimore. Der Präsident müsse des Amtes enthoben werden, so die Botschaft.

Vermutlich hat Steyer viele Tausend Dollar für Rhetoriktraining ausgegeben. Gebracht hat das wenig. Mit etwas heiserer Stimme liest er seine Rede von Karteikarten ab. Der Applaus des Publikums ist nicht gerade überschwänglich, eher freundlich-wohlwollend. Etwa 200 Bürger sind gekommen, die meisten davon Rentner und Studenten. Immerhin gibt es ein kostenloses Buffet und Gratis-T-Shirts, was wahrscheinlich den einen oder anderen in den Saal gelockt hat.

Mehr als 50 Millionen Dollar steckt Steyer in seine Kampagne für die Amtsenthebung Trumps. Damit will er eine Graswurzelbewegung finanzieren. Etwa sieben Millionen

Unterschriften sammelt er, die den Druck auf den US-Kongress erhöhen sollen, ein Impeachment-Verfahren einzuleiten. Der Großteil seines Geldes fließt in Fernsehwerbespots. Darin wirft der Milliardär Steyer dem Milliardär Trump vor, sich mit seinen unternehmerischen Aktivitäten »von russischem Geld« abhängig gemacht zu haben. Diese Abhängigkeit sei eine »furchteinflößende Bedrohung für Amerika«. Steyer spielt damit auf eine bei Amerikanern weitverbreitete Angst an. Laut einer Studie der Chapman University äußerten 73,6 Prozent der befragten Bürger die Angst vor korrupten Regierungsangestellten. Diese Angst vor Korruption führte im Jahr 2018 sogar die »Top Ten« der am weitesten verbreiteten Ängste an. Auf Platz zwei rangierte mit 61,6 Prozent die Angst vor verschmutzten Meeren, Flüssen und Seen. Platz drei belegte mit 60,7 Prozent die Angst vor verunreinigtem Trinkwasser. Zu den 57 Prozent der Amerikaner, die sich davor fürchten, nicht genug Geld für die Zukunft zu haben, gehört Tom Steyer wohl nicht.

Nach seiner Rede empfängt er mich am Bühnenrand für ein kurzes Interview. Nach zwei harmlosen Höflichkeitsfragen komme ich zur Sache. »Ist es nicht paradox, dass ausgerechnet Sie in Ihren TV-Spots die Angst vor Korruption schüren, obwohl Sie selbst Hunderte Millionen Dollar an Politiker gespendet und für politische Kampagnen ausgegeben haben?«

Der Milliardär reagiert ganz nüchtern. Wer politisch etwas erreichen wolle, müsse nun einmal tief in die Tasche greifen. »Ich denke, die Demokratie ist korrupt. Wir sind uns bewusst, dass unser System so ist. Deshalb versuche ich, mit meinem Geld eine Graswurzelbewegung zu organisieren, um Bürger als Wähler zu registrieren. Aber dabei versuchen wir, ganz transparent zu sein, sodass jeder sehen kann, was wir tun und warum. Die andere Seite tut das nicht.«

Mit »der anderen Seite« meint er Trump und die Republikaner. Der Präsident zeigt sich genervt von Steyers Attacken. Bei Twitter holt Trump zum Gegenschlag aus: »Der komische Vogel Tom Steyer hat nicht den Mumm oder das Geld, ins Rennen um die Präsidentschaft einzusteigen. Er ist ein großer Schwätzer.« Vielleicht fühlt sich Tom Steyer davon bei der Ehre gepackt. Einige Wochen nach unserem Interview in Baltimore wird er verkünden, für die Demokraten anzutreten.

Das große Geld entscheidet zunehmend, wer für ein Amt kandidieren kann und wer für wen Politik macht. Das ist die Wahrnehmung vieler Amerikaner. Besonders Bürger in ländlichen Regionen empfinden deshalb die Hauptstadt Washington als moralisch vermoderten Ort. »Der Sumpf« wird Washington, D.C. im Volksmund genannt. Und das nicht nur, weil Teile von Amerikas Hauptstadt tatsächlich auf Sumpfgebiet gebaut wurden. »Wir werden den Sumpf der Korruption in Washington, D.C. austrocknen«, hatte Donald Trump 2016 bei zahlreichen Wahlkampfveranstaltungen versprochen. Es war immer einer der Sätze, für den er von der Menge am meisten Applaus bekam.

Ob Trump als Präsident sein Versprechen gehalten hat, kann Mark Bloomfield gut beurteilen. Der Sumpf ist sein Geschäftsgebiet. Bloomfield ist Lobbyist in Washington, er lebt davon, Politiker im Sinne seiner Klienten zu beeinflussen. Seit mehr als vierzig Jahren ist er im Geschäft. Der Fernsehsender CNN beschrieb Bloomfield als jemanden, der »sowohl die Kunst der Wirtschaft als auch die der Politik beherrscht. Er ist eine der einflussreichsten Figuren, die hinter den Kulissen des Kongresses agiert.« Bloomfield und ich treffen uns zunächst vor den Kulissen des Kapitols. Er erscheint pünktlich auf die Minute, trägt einen Dreiteiler mit grauer Krawatte und weißem Einstecktuch. Seine Brille, deren runde Gläser nur auf der unteren Hälfte von einem dicken schwarzen Rahmen umgeben sind, verleiht ihm das Auftreten eines Professors.

»Mr Bloomfield, angenommen, ich wäre ein Unternehmer und würde Sie jetzt darum bitten, Einfluss auf den Entwurf eines Gesetzes zu nehmen. Wie genau würden Sie vorgehen?«

Er antwortet mit einer schonungslosen Offenheit, die mich überrascht. »Damit ein Gesetz am Ende von uns geschrieben wird, gibt es drei Bausteine zu beachten. Der erste ist der politische Bestandteil. Du musst hier auf dem Capitol Hill jemanden finden, der deine Position vertritt und mächtig genug ist. Der zweite Baustein ist die analytische Arbeit. Es wird dir nicht gelingen, die Steuer auf Äpfel zu reduzieren, wenn du keine wirtschaftswissenschaftlichen Argumente dafür vorlegst. Viele Lobbyisten haben zwar gute Kontakte, scheitern aber am Ende, weil sie ihren Punkt nicht wissenschaftlich genug untermauern. Der dritte Baustein sind mediale Kampagnen. Ein Beispiel: Als Präsident Trump einmal eine Entscheidung in der Handelspolitik zu treffen hatte, schalteten wir TV-Werbespots zu dem Thema auf Fox News. Wir sorgten dafür, dass sie während genau der Sendung ausgestrahlt wurden, die der Präsident morgens immer schaut. Wir wissen natürlich nicht, ob sie etwas bewirkt haben. Aber allein der Versuch war richtig.«

»Präsident Trump hat ja versprochen, den Sumpf auszutrocknen, das heißt den Einfluss von Lobbyisten wie Ihnen zu begrenzen. Ist ihm das gelungen?«

»Da bin ich mir nicht so sicher. Ich weiß nur, dass unter jeder Regierung Geld eine große Rolle spielte und es immer Einfluss von außen gab. Auch unter Präsident Obama. Seine Außenministerin Hillary Clinton zum Beispiel verschaffte vielen Leuten Positionen, die vorher der Clinton Foundation Geld gespendet hatten.«

»Hat Präsident Trump irgendetwas unternommen, um Ihre Arbeit zu erschweren?«

Mark Bloomfield muss eine Weile überlegen. »Ich weiß nicht, ob das jemals verabschiedet wurde, aber die Trump-Regierung wollte die sogenannte Abkühlphase verlängern. Darunter versteht man eine Sperrfrist, die nach dem Ausscheiden aus einem Amt bei einem Wechsel in bestimmte neue Positionen einzuhalten ist, um die Auswirkungen von Interessenkonflikten zwischen neuer und alter Stelle zu begrenzen. Sollte das jemals verabschiedet worden sein, weiß ich nicht, ob es auch wirklich durchgesetzt wird.«

Bei meinen Recherchen werde ich später herausfinden, dass Trump tatsächlich 2017 eine präsidiale Verfügung erlassen hat, die es Regierungsangestellten nach ihrem Ausscheiden aus dem Job fünf Jahre lang verbietet, als Lobbyist auf das Ministerium oder die Behörde einzuwirken, für die man gearbeitet hat. Während Bloomfield nur andeutet, dass die Regel nicht wirklich durchgesetzt wird, hat das Magazin *Politico* harte Fakten recherchiert. Mindestens 82 ehemalige Angestellte der Trump-Regierung registrierten sich innerhalb der Sperrfrist als Lobbyisten. Sie arbeiteten für Firmen wie Goldman Sachs, Amazon, Facebook, FedEx, SpaceX, T-Mobile, Apple, Pfizer, United Airlines, Lockheed Martin, Uber und McDonald's. Um Strafen zu entgehen, nutzten die Aussteiger aus dem Team Trump oft rechtliche Schlupflöcher, um als Lobbyisten tätig zu werden. Manche dürfen zwar nicht das Weiße Haus bearbeiten, nehmen sich stattdessen aber den US-Kongress vor. Andere arbeiten zwar als blütenreine Lobbyisten, firmieren aber offiziell als »Berater«. Über die 82 namentlich bekannten Lobbyisten hinaus dürfte die Dunkelziffer der Ex-Trumpisten also deutlich höher sein. Viele hochkarätige Mitarbeiter der Trump-Regierung hielten es nicht einmal für nötig, sich als Lobbyisten zu registrieren. Trumps ehemaliger Stabschef Reince Priebus zum Beispiel avancierte sogar zum Vorsitzenden einer Lobbyfirma. Ins Register eingetragen hat er sich allerdings nicht. Auch Trumps ehemaliger Innenminister Ryan Zinke hat sein Leben nach der Zeit am Kabinettstisch zwar ganz in den Dienst der Öl- und Gasindustrie gestellt, doch offiziell angemeldet hat er das laut den Recherchen von *Politico* nicht. Offenbar verfährt man nach dem Motto »Wo kein Kläger, da kein Richter«. *Politico* zitiert einen Headhunter, der im Auftrag von Lobbyfirmen Regierungsangestellte abwirbt: »Ich mache diesen Job seit 23 Jahren, und ich habe noch nie jemanden wegen einer Ethikvorschrift nicht eingestellt.«

Auch der Lobbyist Mark Bloomfield hält die Ethikregeln für wirkungslos. Selbstkritisch spricht er aber von einem »systemischen Problem«. Damit meint Bloomfield die Tatsache, dass Wahlkampfspenden praktisch in unbegrenzter Höhe getätigt werden können. Der Oberste Gerichtshof hatte 2014 mit einem Urteil die Begrenzung für Wahlkampfspenden durch die Öffnung eines Schlupflochs praktisch aufgehoben. In der Begründung der Richter hieß es, es gehöre zur Meinungsfreiheit, uneingeschränkt spenden zu dürfen. Es gebe kein wichtigeres Recht in der Demokratie als das Recht, auf Wahlen Einfluss zu nehmen, so der Vorsitzende Richter. Das Verteilen großer Summen im Wahlkampf führe nicht zwangsläufig zu Bestechung.

Meine Zweifel an dieser Auffassung werden immer größer, je länger ich mich mit Mark Bloomfield unterhalte. »Angenommen, ich spende einem Politiker eine hohe Summe für seinen Wahlkampf. Was kann ich dafür erwarten?«, frage ich.

»Wenn du eine große Spende machst, wirst du wahrscheinlich den Abgeordneten für ein Foto treffen können. Eine Wahlkampfspende erhöht also deine Zugangsmöglichkeiten.«

»Und Zugang führt zu Einfluss?«

»Zugang führt zu Einfluss.«

Eine seiner persönlichen Meisterleistungen sei es gewesen, eine geplante Erhöhung der Kapitalertragssteuer zu verhindern. Seine Karriere begann Bloomfield nach dem Studium als Wahlkampfhelfer von Ronald Reagan. Außerdem arbeitete er als Assistent des Finanz- und Steuerausschusses des US-Repräsentantenhauses. Hier lernte er, wie genau die Zahnräder der Macht ineinandergreifen und wer die Macht hat, sie in Bewegung zu setzen. Damals wettete ein Lobbyist mit ihm um eine Flasche Whiskey, ob ein bestimmtes Gesetz verabschiedet würde oder nicht. Bloomfield gewann die Wette und wurde wegen seines guten politischen Gespürs von dem Lobbyisten angeheuert. Heute ist er der Chef der Firma, die offiziell keine Firma ist, sondern als gemeinnützige Organisation namens ACCF auftritt. Das Kürzel steht für American Council For Capital Formation, was man mit »Amerikanischer Rat für Vermögensbildung« übersetzen könnte. Im Vorstand und einem Beraterkreis sitzen ehemalige Abgeordnete, Botschafter und Wirtschaftsvertreter. Seit den 1980er-Jahren veranstaltet Bloomfield regelmäßig sogenannte Salongespräche, die in Washington inzwischen Kultstatus erlangt haben. Er lädt Politiker, Wissenschaftler, Journalisten und Lobbyisten in ein Restaurant ein, um über Themen wie Energiepolitik, Haushaltsdefizit, Steuern oder Arbeitsmarktpolitik zu diskutieren. Über die Jahre hat er sich ein Netzwerk geschaffen, das ihm direkten Zugang zur Macht verschafft.

Bloomfield nimmt mich jetzt mit hinter die Kulissen des

Kongresses. An der Sicherheitskontrolle zeigt Bloomfield einen Ausweis für Lobbyisten vor, ich meinen Presseausweis. Das Russell Senate Office Building ist das älteste Bürogebäude des Senats der Vereinigten Staaten, erbaut ab 1903 im Beaux-Arts-Stil. Es befindet sich schräg gegenüber dem Kapitol und beherbergt nicht nur die Büros der namhaftesten Senatoren, sondern auch Ausschussräume. Hier fanden eine Reihe geschichtsträchtiger Untersuchungsausschüsse statt, zum Untergang der *Titanic* oder zur Watergate-Affäre zum Beispiel. Vor Bloomfield öffnen sich die schweren Messingtüren eines Aufzugs. Mit schlafwandlerischer Selbstverständlichkeit führt der Lobbyist uns in den dritten Stock. Auf den Fluren des Gebäudes fühlt er sich wie zu Hause. Selbstbewusst klackern die Sohlen seiner Herrenschuhe über den Marmorboden. Bloomfield genießt es sichtlich, dem deutschen Journalisten zeigen zu können, dass er hier praktisch zum Inventar gehört. Ganz selbstverständlich spaziert er in das Vorzimmer des zu diesem Zeitpunkt amtierenden Mehrheitsführers im Senat. Der Republikaner Mitch McConnell ist zwar gerade in seinem Wahlkreis in Kentucky unterwegs, aber seine Büroleiterin freut sich über ein Schwätzchen mit Bloomfield. Blitzschnell stellt er irgendeinen Bezug zu Deutschland her, die Büroleiterin drückt mir lächelnd ihre Visitenkarte in die Hand. »Sehen Sie, so einfach ist das«, sagt der Lobbyist zu mir und zwinkert mit einem Auge, als wir wieder draußen auf dem Flur sind.

»Was genau macht Sie denn erfolgreicher als andere Lobbyisten?«, frage ich.

Für seine Antwort bemüht er niemand Geringeren als Nelson Mandela. »Als Mandela im Gefängnis saß, ist er förmlich in den Kopf der Menschen gekrochen, die er beeinflussen wollte. Zum Beispiel lernte er Afrikaans, was eigentlich die Sprache der Unterdrücker war. Wenn ich einen Senator oder Kongressabgeordneten treffe, versuche ich vorher herauszufinden, was wichtig für ihn ist. Was die Menschen in seinem Wahlkreis von ihm erwarten. Und wie ich behilflich sein kann«, sagt Bloomfield. Seine eigene Organisation leiste zwar keine Wahlkampfspenden, dennoch sei er für die Politiker interessant, weil er Spender vermitteln könne. »Geld ist wichtig, weil ein Wahlkampf sehr teuer ist. Allein die Kandidatur in Kalifornien für einen Senatssitz hier in Washington kann 100 Millionen Dollar kosten. Die Fernsehwerbespots und die Zielgruppenforschung sind kostspielig. Geld ist wichtig, weil es teuer ist, gewählt oder wiedergewählt zu werden.«

Für die Spender wiederum könne sich die Investition in barer Münze auszahlen. »Das große Geld kann kleine Entscheidungen beeinflussen. Zum Beispiel, ob ein Unternehmen eine Steuererleichterung bekommt oder ob ein Umweltgesetz geändert wird.«

Manchmal nehme ein Projekt Monate in Anspruch, aber als Marathonläufer habe er einen langen Atem. Selbst das Laufen nutzt Bloomfield für Lobbyarbeit. Denn mit mehr als zwanzig absolvierten Marathons und zehn Ultramarathons gilt er als besonders erfahren. Manchem Politiker gibt er Tipps. Der ehemalige demokratische Senator Max Baucus zum Beispiel wird in einem Zeitungsartikel mit den Worten zitiert, Bloomfields Laufsport sei eine »Inspiration«.

Am Ende unserer Tour hinter die Kulissen des Kapitols frage ich Bloomfield, ob ich ihn im Auto mit nach Downtown nehmen solle. Dankend nimmt er das Angebot an und bittet mich, ihn am Willard Hotel abzusetzen, wo er seinen nächsten Termin hat. Das Hotel wähle er bevorzugt für Treffen aus, sagt er zum Abschied, denn schließlich sei der Begriff »Lobbyismus« hier entstanden.

Belegt ist tatsächlich, dass Präsident Ulysses Grant nach langen Tagen im Oval Office während seiner Amtszeit von 1869 bis 1877 gerne im Willard Hotel Zerstreuung suchte. Es befindet sich nur einen Steinwurf vom Weißen Haus entfernt. Mit Brandy und Zigarre machte der Präsident es sich in der prachtvollen Lobby gemütlich. Doch mit der Zeit lauerten ihm dort Interessenvertreter aus der Wirtschaft auf, um ihn für ihre Zwecke zu beeinflussen. »Diese verdammten Lobbyisten!«, soll er der Legende nach entnervt gerufen haben. Der Begriff des »Lobbyisten« war geboren.

Auch heute noch steigen viele amerikanische und internationale Politiker im Willard ab, Österreichs Bundeskanzler Sebastian Kurz zum Beispiel. Nach seinem Gespräch mit Präsident Trump im Oval Office traf ich Kurz zum Interviewtermin im »Oval Office unter den Bars«, wie die Hotelbar des Willard nicht nur wegen ihrer kreisrunden Form genannt wird, sondern auch weil viele prominente Politiker seit Jahrzehnten zu den Stammgästen zählen. Das Presseteam von Sebastian Kurz bestand allerdings darauf, dass während unseres Gesprächs nur Wassergläser auf der Theke stehen.

Dabei erzählen auch die Drinks selbst eine Geschichte. Der Mint Julep etwa ist ein Cocktail aus Minze, Bourbon-Whiskey, Zucker oder Zuckersirup und zerstoßenem Eis. Das Rezept wurde Anfang des 19. Jahrhunderts von dem Senator und späteren US-Außenminister Henry Clay aus den Südstaaten nach Washington gebracht, indem Clay es an den Barkeeper des Willard Hotel weitergab. Clay höchstpersönlich sorgte dafür, dass immer ein Fass seines favorisierten Bourbons im Willard vorrätig war. Ob der übermäßige Genuss von Mint Julep dazu beitrug, dass Henry Clays fünf Anläufe auf das Präsidentenamt allesamt erfolglos blieben, ist nicht überliefert.

Vielleicht noch besser als im Willard lässt sich die Gegenwart des gelebten Lobbyismus in einem anderen Hotel beobachten. Keine fünf Fußminuten entfernt, schräg gegenüber auf der anderen Straßenseite der Pennsylvania Avenue, befindet sich das Trump International Hotel Washington. Als »das Sumpf-Hotel« bezeichnet es das renommierte *Time*-Magazin in einer Titelgeschichte. »Wie Trumps Außenposten in Washington ein Dealmaker-Paradies für Diplomaten, Lobbyisten und Insider wurde«, heißt es im Untertitel. Es befindet sich im alten Postgebäude von Washington, dem Old Post Office. Wer das im Jahr 1892 errichtete Gebäude kannte, bevor es von Trump in ein Luxushotel umgewandelt wurde, muss dem Unternehmer zwangsläufig Respekt zollen.

Das Einkaufszentrum, das den unteren Teil des Old Post Office zwischenzeitlich beherbergte, war ziemlich heruntergekommen, und schon in den 1970er-Jahren wäre es um ein Haar abgerissen worden, weil der wuchtige Bau im Stil der Neoromanik neben all den neoklassischen Regierungsgebäuden wie ein Fremdkörper wirkte. Erst nach Bürgerprotesten wurden die Abrisspläne aufgegeben. Das Gebäude wurde unter Denkmalschutz gestellt und dümpelte vor sich hin. Als die US-Regierung im Jahr 2011 Privatinvestoren einlud, Konzepte für eine andere Nutzung vorzulegen, setzte sich Donald Trump gegen viele Mitbewerber durch, darunter auch die Hotelketten Hilton und Hyatt.

Mitten im Präsidentschaftswahlkampf 2016 wurde das Hotel schließlich eröffnet. Trump ist es eindrucksvoll gelungen, das Gebäude aus dem Dornröschenschlaf zu erwecken, das muss man ihm lassen. Das zuvor dunkel und muffig wirkende fünfstöckige Atrium, dessen Glasdach von Stahlbalken getragen wird, wirkt heute lichtdurchflutet und einladend. Die Inneneinrichtung ist modern und elegant. Doch nach Trumps Sieg bei den Präsidentschaftswahlen übte das Hotel eine zusätzliche Anziehungskraft aus. Das galt laut *Time*-Magazin insbesondere für ausländische Gäste mit Interesse an guten Beziehungen zur US-Regierung. Demnach gaben allein Lobbyisten, die für das Königreich Saudi-Arabien arbeiteten, innerhalb eines halben Jahres die stolze Summe von 270 000 Dollar für Zimmer, Bewirtung und Parken aus. In genau diesem Zeitraum wollte Saudi-Arabien auf die US-Regierung einwirken, damit sie amerikanischen Terroropfern nicht das Recht zugesteht, ausländische Regierungen zu verklagen. Wenig später brach Trump zu seiner allerersten Auslandsreise als Präsident nach Saudi-Arabien auf, wo er einen Rüstungsvertrag im Umfang von mehr als 100 Milliarden Dollar unterzeichnete und sich vor laufenden Kameras zum Schwerttanz bitten ließ.

Der Direktor eines altehrwürdigen Hotels in Washington erzählte mir hinter vorgehaltener Hand, dass eine ganze Reihe von ausländischen Delegationen, die jahrelang sein Hotel geschätzt hatten, plötzlich bei Trump buchten. Und auch unter in Washington ansässigen ausländischen Diplomaten sprach sich schnell herum, dass das Trump Hotel ein Hotspot ist. Die Botschaft von Kuwait etwa stornierte das bereits gebuchte Four Seasons in Washington, um ihre jährliche Gala im Trump Hotel zu zelebrieren. Auch die Botschaft von Aserbaidschan schmiss eine Party im Hotel des Präsidenten. Es ist zumindest fraglich, ob allein die neuen, stilvollen Räumlichkeiten und der von Trumps Tochter Ivanka betriebene Schönheitssalon den Ausschlag für die große Beliebtheit des Hotels bei ausländischen Regierungen gaben. Es mochte auch die Aussicht eine Rolle spielen, dem US-Präsidenten mit einer Buchung in seinem Hotel Respekt zollen zu können. Außerdem zählen beachtlich viele Minister und hochrangige Regierungsangestellte zu den Stammgästen der Bar und des Restaurants. Man muss nur lange genug in der Lobby lauern, um einen hochkarätigen Kontakt zu erspähen und anzusprechen. Und mit etwas Glück erhaschte man sogar einen Blick auf den Präsidenten selbst. Denn das einzige Restaurant in Washington, das Trump dem Vernehmen nach besucht, ist das Steakhaus in seinem eigenen Hotel. Sein Leibgericht: das New York Strip Steak – mit Ketchup.

Kritiker warfen Trump einen Interessenkonflikt vor. Die Leitung des Hotels hatte er nach Amtsantritt zwar offiziell seinen Söhnen übertragen, doch Trump ist weiterhin Eigentümer der Hotelgesellschaft. Und als Präsident war er gewissermaßen Vermieter und Mieter zugleich. Denn das Old Post Office ist im Besitz der US-Regierung, Trumps Unternehmen hat es für eine Laufzeit von sechzig Jahren zu einer Rate gemietet, die bei 3 Millionen Dollar jährlich liegen soll. Damit verstieß Donald Trump gegen die Richtlinien der für das Old Post Office zuständigen US-Bundesbehörde GSA (General Services Administration). Denn eine Regelung verbietet »gewählten Beamten ausdrücklich, einen Mietvertrag oder Teile eines Mietvertrags zu schließen oder daraus resultierende Vorteile zu ziehen«. Zwei Generalstaatsanwälte reichten Klage gegen Trump ein. Sie warfen dem US-Präsidenten vor, sich nicht ausreichend aus seiner Unternehmensgruppe zurückgezogen zu haben. Damit wäre er anfällig für die Beeinflussung durch ausländische Regierungen gewesen. In den ausländischen Zahlungen an Trumps Unternehmensgruppe sahen die Kläger zudem einen Verstoß gegen die US-Verfassung. Danach darf ein Amtsträger ohne Zustimmung des Kongresses keine Geschenke ausländischer Regierungen annehmen. Doch Trump zeigte sich unbeeindruckt. Schließlich gehörte auch sein Justizminister William Barr zu den Stammgästen seines Hotels. Erst auf öffentlichen Druck hin verschob Barr einen Empfang für 200 Gäste, den er im Hotel seines Chefs ausrichten wollte.

Die Vermischung von Politischem und Privatem zog sich wie ein roter Faden durch Trumps Präsidentschaft. Seine Tochter Ivanka machte er zur Regierungsangestellten, obwohl sie über keinerlei Erfahrung in Politik oder öffentlicher Verwaltung verfügte. Auf der Internetseite des Weißen Hauses hieß es: »Ivanka Trump ist Beraterin des Präsidenten. In ihrer Rolle konzentriert sie sich auf die Bildung und wirtschaftliche Stärkung von Frauen und ihren Familien sowie auf die Schaffung von Arbeitsplätzen und das Wirtschaftswachstum durch Personalentwicklung, Qualifizierung und Unternehmertum.« Kritiker warfen Trump Nepotismus, also Vetternwirtschaft, vor. Allerdings gab es in der Geschichte der USA immer wieder Präsidenten, die Familienmitgliedern Regierungsjobs zuschanzten. John F. Kennedy machte seinen kleinen Bruder Robert »Bobby« Kennedy zum Justizminister. Bill Clinton beauftragte seine First Lady Hillary als Vorsitzende einer Task Force mit der Erarbeitung einer Gesundheitsreform. Und Joe Bidens Sohn Hunter ergatterte wohl nicht zufällig während der Amtszeit seines Vaters als Vizepräsident und Hauptbeauftragter der USA für die Ukraine einen Job als Aufsichtsrat bei Burisma. Dieses ukrainische Gasunternehmen wurde von einem Mann namens Mykola Slotschewskyj gegründet, der unter schwerem Korruptionsverdacht stand. Hunter Biden soll für sein Aufsichtsratsmandat bei Burisma mehrere Jahre lang 50 000 Dollar im Monat erhalten haben. Offen blieb aber immer, welche Aufgaben er dafür überhaupt übernahm. Strafbar war das Ganze nicht, aber während Joe Bidens Präsidentschaftswahlkampf 2020 hing der lukrative Nebenjob des Sohnemanns wie eine dunkle Wolke über der Kandidatur. Donald Trump beschimpfte Familie Biden standard-mäßig als »korrupt«. Vielleicht hatte Joe Biden schlicht nicht damit gerechnet, dass sich jemand über die Gefälligkeit für seinen Sohn aufregen könnte. Denn selbst bei den Gründervätern der Vereinigten Staaten galt solches Posten-geschacher eher als Kavaliersdelikt. Schon der zweite Präsident der USA, John Adams, machte seinen Sohn John Quincy Adams trotz öffentlicher Kritik zum Diplomaten und er-nannte ihn zum US-Gesandten für Preußen. Später wurde der Junior selbst Präsident. John Adams versorgte auch sei-nen Schwiegersohn mit diversen Positionen in der öffent-lichen Verwaltung, obwohl dieser in einen Betrug mit Grund-stücksspekulationen verwickelt gewesen war.

Vor diesem historischen Hintergrund war es fast schon ein guter Brauch, dass auch der Schwiegersohn von Donald Trump ein Büro im Weißen Haus bekam. Ivankas Ehemann Jared Kushner wurde ebenfalls zum Berater des Präsidenten ernannt. Sein Büro befand sich im West Wing, direkt neben dem privaten Esszimmer des Präsidenten. Journalisten zeigte Kushner stolz die noch schwach zu sehenden Umrisse einer Tür in seiner Wand. Diese inzwischen zugemauerte Tür verband das Büro mit dem Rückzugsort des Präsiden-ten. Durch genau diese Tür sei die Praktikantin Monica Lewinsky immer gehuscht, um Bill Clinton heimliche Besu-che abzustatten, erklärte Kushner den Journalisten.

Die Tür ist verschwunden, aber Kushner hatte trotzdem direkten Zugang zur Macht. Das »Reinlaufprivileg« nennen Mitarbeiter des Weißen Hauses das Recht, auch ohne Ter-min mit dem Präsidenten ins Oval Office zu marschieren. Der Schwiegersohn verfügte über dieses Privileg – und wusste es zu nutzen. Der modern-orthodoxe Jude Kushner hat maßgeblich die umstrittene Verlegung der US-Botschaft von Tel Aviv nach Jerusalem bewirkt. Er pflegte gute Beziehungen zu Saudi-Arabiens Kronprinzen Mohammed bin Salman, wofür er Kritik erntete, als das Regime in seinem Konsulat in Istanbul den Journalisten Jamal Khashoggi zerstückeln ließ. Doch Kushners Tätigkeitsfeld war nicht nur auf die Außenpolitik begrenzt. Er trieb auch eine wichtige und von beiden politischen Lagern anerkannte Strafrechtsreform voran und war in Trumps Lieblingsprojekt involviert, den Bau einer Mauer an der Grenze zu Mexiko. Außerdem war er auch an den Aushandlungen von diversen Handelsverträgen beteiligt. Morgens um 7:15 Uhr wurde er schon in einem schwarzen SUV des Secret Service ins Weiße Haus gefahren. Manchmal kam er erst abends um 23 Uhr nach Hause. Und wenn Donald Trump zu einer Auslandsreise aufbrach, saßen Kushner und seine Frau selbstverständlich mit in der Air Force One, dem Dienstflugzeug des Präsidenten.

Jared Kushner und Ivanka Trump waren so stark in den Familienbetrieb mit Sitz im Weißen Haus eingebunden, dass nicht viel Zeit für die drei gemeinsamen Kinder zu bleiben schien. Zumindest kommen diese immer nur in Begleitung ihrer Nanny auf den Spielplatz. Sie wohnen in einem angrenzenden Stadtviertel, sodass wir gelegentlich denselben Spielplatz besuchen. Als unsere Tochter einmal mit den Kindern spielte, wusste ich nicht, dass es sich um die Enkelkinder des Präsidenten handelte, bis mich eine der anwesenden Mütter auf die Bodyguards in Zivil aufmerksam machte und das Geheimnis lüftete.

Aber nicht nur auf dem Spielplatz, auch beim Friseur wird mir immer wieder bewusst, dass fast jeder in Washington auf irgendeine Weise mit der großen Politik verwandt oder verwoben ist. Mein Friseur heißt Diego D'Ambrosio, ist 83 Jahre alt und in der US-Hauptstadt eine lebende Legende. Die Straße, in der sich sein Salon mit der Hausnummer 1901 befindet, ist bereits nach ihm benannt. Sie heißt wirklich »Diego D'Ambrosio Way«. Aber das hat sich Diego auch verdient, schließlich hat er schon drei US-Präsidenten, drei Päpsten und zahlreichen Senatoren die Haare geschnitten. Fotos an den Wänden seines Salons belegen das. Barack Obama hat seines sogar mit einer persönlichen Widmung versehen. Papst Benedikt XVI. strahlt auf dem Bild mit Diego, als hätte der ihm gerade nicht nur einen neuen Haarschnitt verpasst, sondern ihn gleich zwanzig Jahre jünger gemacht. Die Inneneinrichtung seines Salons hat Diego seit Jahrzehnten nicht verändert. Im Radio laufen in der Regel italienische Schnulzen. Seine Kunden lieben diesen nostalgischen Charme. Der ganze Raum wirkt, als könnte gleich Ronald Reagan durch die hölzerne Ladentür hereinspazieren. Und mit 25 Dollar pro Herrenschnitt gehört Diego in Washington zu den günstigsten Coiffeuren. All das verbindet sich zu seinem Erfolgsgeheimnis. Denn noch immer darf sich Diego um die Köpfe der Mächtigen kümmern, obwohl er sich inzwischen manchmal auf eine Gehhilfe aufstützen muss.

»Diego, schneidest du eigentlich lieber Republikanern oder Demokraten die Haare?«, frage ich.

Der gebürtige Italiener ist ein echter Diplomat und lässt sich nicht in die Karten schauen. »Ich kenne einfach zu viele von diesen Leuten. Jeder, der hier zur Tür hereinkommt, ist willkommen.«

»Viele Amerikaner sagen, das D.C. hinter Washington stehe in Wirklichkeit nicht für District of Columbia, sondern für District of Corruption. Du erlebst die Politiker hier hautnah. Findest du auch, dass diese Stadt ein Sumpf ist?«

Diego schneidet ungerührt weiter. Ich frage mich, ob er meine Frage überhört hat. Dann setzt er langsam zu seiner Antwort an. »Drei Dinge musste ich lernen: Was du hier hörst, vergisst du gleich wieder. Du sagst hier auch nichts dazu. Du nimmst es nur mit nach Hause. Und wenn du eine Frau hast, kannst du der ein bisschen was erzählen.« Ich muss lachen und nehme mir fest vor, irgendwann einmal Diegos Frau kennenzulernen.

Zunächst bin ich aber mit einer anderen Frau verabredet. Sie heißt Sheila Krumholz und ist Geschäftsführerin des Center for Responsive Politics, einer unparteiischen, unabhängigen und gemeinnützigen Forschungsgruppe. Deren Mission ist es, den Einfluss des Geldes auf die US-Politik offenzulegen. Dafür sammeln Sheila und ihr Team eine Flut von Daten, werten diese aus und machen sie auf verständliche Weise öffentlich. Auf meine Frage, ob Washington unter Trump ein Sumpf geblieben ist, hat sie eine eindeutige Antwort. »Die Ausgaben für Lobbyismus gehen nur in eine Richtung: nach oben. Die Zahl der Lobbyisten ist gestiegen. Trump hatte versprochen, ihren Einfluss auf seine Regierung zu begrenzen. Doch davon ist nichts zu sehen. Ziemlich das Gegenteil ist der Fall.«

Hochkonjunktur hatten die Lobbyisten insbesondere während der Corona-Krise. So gelang es laut dem Magazin *Forbes* vierzig Lobbyisten, die zuvor auf irgendeine Weise beruflich mit der Trump-Regierung verbunden gewesen waren, für mindestens 150 Kunden Staatshilfen in Gesamthöhe von 10,5 Milliarden Dollar zu erwirken. Das Weiße Haus wollte diese Zahlen nicht kommentieren.

Außerdem werden nicht nur Regierungsangestellte erschreckend oft zu Lobbyisten, unter Trump war auch der umgekehrte Weg beliebt. Der Präsident hat Lobbyisten sogar in sein Kabinett geholt. Das prominenteste Beispiel: Andrew Wheeler. Der kämpfte als Lobbyist der Kohleindustrie gegen Verordnungen der Umweltbehörde. Und Trump? Der machte ausgerechnet ihn zum Chef der Umweltbehörde. Das Center for Responsive Politics von Sheila Krumholz listet noch mehr als 160 weitere Lobbyisten auf, die Jobs in der Trump-Regierung bekommen haben.

Auch nach der Präsidentschaftswahl 2020 wird der Sumpf nicht ausgetrocknet. Denn Konzerne und Interessengruppen haben sich ihren Einfluss auf das Weiße Haus, auf Senat und Repräsentantenhaus mit Spenden gesichert. Die Rekordsumme von 14 Milliarden Dollar floss in den Präsidentschafts- und Kongresswahlkampf. Mehr als doppelt so viel wie vier Jahre zuvor.

Als Kandidat hatte Joe Biden zwar vollmundig versprochen, den Einfluss der Spender und Lobbyisten zu begrenzen. So machte er den Vorschlag, ausländischen Regierungen zukünftig zu verbieten, über Lobbyisten mit Vertretern der US-Regierung in Kontakt zu treten. Stattdessen sollten sie »reguläre diplomatische Kanäle nutzen«, erklärte Biden. Doch schon am Morgen nach seiner Wahl wird klar, dass weder die ausländischen Regierungen noch die amerikanischen Lobbyfirmen daran denken, ihre altbewährte und für beide Seiten nützliche Praxis zu ändern. Die Vertreter von 22 Staaten (von Uganda bis Österreich) folgen der Einladung zu einer Videokonferenz eines US-Unternehmens. Es verspricht »Insidertipps« zu der Frage, »wie Sie Ihre Agenda nach der Wahl in die Tat umsetzen«. Referent ist kein Geringerer als Joe Lockhart, ein ehemaliger Pressesprecher von Bill Clinton. Sein Geschäftspartner Patrick Dorton, ebenfalls ein »Clinton-Alumnus«, unterhalte »Verbindungen« zu Joe Biden, schreibt die *New York Times*. Die Zeitung berichtet auch über einen Großkunden, der angebissen hat. Dem Präsidenten von El Salvador seien die Dienste von Lockhart und seinen Kollegen 65 000 Dollar pro Monat wert.

Auch Robert Diamond will dem Bericht zufolge seine guten Kontakte zu Präsident Biden schnell zu Geld machen. Diamond hat für die Obama-Regierung gearbeitet und war

Bidens Wahlkampfmanager für den Bundesstaat New York. Wegen dieser Erfahrung verfüge er über »ein tiefes Verständnis des gegenwärtigen Klimas in Washington«, wirbt er in einer Pressemitteilung seiner frisch gegründeten Beratungsfirma. Als Diamond in einem Interview auf sein neues Geschäftsmodell angesprochen wird, antwortet er unverhohlen, die Verbindung zu Biden sei doch »ein offensichtliches Verkaufsargument«.

Noch pikanter sind die möglichen Interessenkonflikte der Gebrüder Jeff und Steve Ricchetti, die gemeinsam eine Lobbyfirma betrieben. Dann wurde Steve zum Vorsitzenden von Bidens Wahlkampfteam ernannt. Nach dem Wahlsieg steigt er zu Bidens designiertem Rechtsberater im Weißen Haus auf. Nur eine Woche später sichert sich Amazon die Dienste seines Bruders. Weitere zahlungskräftige Kunden folgen.

Eine Gruppe von dreizehn demokratischen Kongressabgeordneten fordert in einem offenen Brief, Biden dürfe keine Lobbyisten in hohe Ämter holen. Doch Biden stellt sich taub wie ein Dackel. Das *Wall Street Journal* listet mindestens vierzig aktuelle oder ehemalige registrierte Lobbyisten auf, die Biden in sein Übergangsteam holt. Dieses »Transition Team« hilft dem designierten Präsidenten nicht nur bei wichtigen Personalentscheidungen, es bereitet auch bereits Gesetze vor, damit diese direkt nach Amtsantritt auf den Weg gebracht werden können. Zumindest der Gedanke liegt nahe, dass die »ehemaligen« Lobbyisten im Sinne ihrer früheren Arbeitgeber versuchen könnten, Biden davon abzuhalten, die Unternehmenssteuer zu erhöhen oder Medikamentenpreise zu senken. Aus seinen mehr als drei Jahrzehnten kennt Joe Biden dieses Spiel wie kaum ein anderer. »Lobbyisten sind keine schlechten Menschen«, sagte er 2007 bei einem Wahlkampfauftritt auf die Frage nach dem politischen Einfluss von Lobbyisten. »Aber wisst ihr was? Sie sind ätzend.« Dass sich Politiker mit Lobbyisten träfen, die für ihren Wahlkampf spendeten, liege jedoch »in der menschlichen Natur«. An diesem Naturgesetz hat sich bei Biden auch nach seinem Einzug ins Weiße Haus nichts geändert.

Manchmal scheint die alte Fußballfloskel »Geld schießt keine Tore« allerdings auch für die Politik zu gelten. So gab der Milliardär Tom Steyer mehr als 150 Millionen Dollar seines Vermögens für seinen eigenen Präsidentschaftswahlkampf aus. Doch im parteiinternen Rennen um die Präsidentschaftskandidatur der Demokraten dümpelte er in den Umfragen fast immer nur im niedrigen einstelligen Prozentbereich herum, bis er enttäuscht aufgab. Steyer wollte nicht nur reich sein, sondern auch berühmt. Immerhin durfte er an mehreren TV-Debatten der Demokraten teilnehmen. Sollte ich ihm noch einmal begegnen, würde ich den einstigen Hedgefonds-Gründer fragen, ob ihm die Investition in seine eigene Eitelkeit die Sache wert war. Denn das Radionetzwerk NPR hat ausgerechnet, was es Steyer gemessen an seinen Wahlkampfausgaben gekostet hat, bei den TV-Duellen mit hochkarätigen Kontrahenten wie Joe Biden und Kamala Harris auf einer Bühne stehen zu dürfen. Laut dieser Rechnung hat Steyer 95 427 Dollar bezahlt – pro Sekunde.

Die Religion

Unter dem Einfluss einer geheimnisvollen »Familie«

Dutzende Polizeiwagen und schwarze SUVs blockieren eines Morgens meinen Weg zur Arbeit in Washington, D.C. Ein breitschultriger Agent mit Knopf im Ohr will mich nicht aus der Tiefgarage unseres Apartmentgebäudes fahren lassen. Die ganze Umgebung ist zur Festung abgeriegelt. Der Grund für die Alarmstimmung ist ein Hotel in unserer direkten Nachbarschaft. Im großen Ballsaal dieses Hotels wird Präsident Trump eine Rede halten. Aus Sicherheitsgründen ist die ganze Straße abgesperrt. Spürhunde suchen nach Bomben. Später erzählt mir unsere Tochter begeistert, dass sie vom Fenster aus die Vorfahrt des Präsidenten beobachten konnte. »Ich habe das Beast gesehen«, berichtet sie stolz. Das »Biest« ist der Dienstwagen des Präsidenten, den ich unserer Tochter mal als Spielzeugauto geschenkt habe. Das Original ist eine fast sieben Meter lange Limousine der Marke Cadillac. Durch die schwere Panzerung soll das Biest zwischen sieben und neun Tonnen schwer sein. Die Türen sind gut zwanzig Zentimeter dick. Die Fensterscheiben halten dem Beschuss mit Armeemunition stand. Auch Reifen und Felgen sind schusssicher. Selbst einen Chemiewaffenangriff könne das Auto durch eine eigene Sauerstoffversorgung überstehen, heißt es. Neben Abschussvorrichtungen für Granaten und Tränengas sollen auch Nachtsichtgeräte, Satellitentelefon und ein verschlüsselter Internetzugang verfügbar sein. Sogar Blutkonserven mit der Blutgruppe des Präsidenten werden angeblich immer im Fahrzeug mitgeführt. Ganz genau weiß das wohl nur der Secret Service. Denn die technischen Einzelheiten werden aus Sicherheitsgründen geheim gehalten.

Der Anlass für den Besuch des Biests in unserer Nachbarschaft ist das sogenannte »National Prayer Breakfast«. Einmal pro Jahr treffen sich in dem Hotel etwa 3000 Geistliche aller Religionen, um bei Kaffee und Bagels zu beten. Was auf den ersten Blick wie ein harmloser interreligiöser Dialog wirken könnte, ist in Wirklichkeit das Networking-Ereignis des Jahres in Washington. Denn nicht nur hochrangige Vertreter der Weltreligionen kommen für das Frühstück in die Hauptstadt. Auch Wirtschaftsbosse, Lobbyisten, Staatenlenker aus aller Welt und amerikanische Spitzenpolitiker geben sich die Ehre. Für jeden US-Präsidenten seit Dwight D. Eisenhower in den 1950er-Jahren ist die Veranstaltung so etwas wie ein Pflichttermin. Und ihre Frühstücksreden lassen erahnen, wie geheimnisvoll, mächtig und einflussreich das Netzwerk ist, das hinter der Veranstaltung steckt. »Ich wünschte, ich könnte mehr darüber sagen. Aber es funktioniert genau deshalb, weil es vertraulich ist«, erklärte Ronald Reagan 1985. Sein Nachfolger George Bush senior lobte den Organisator des Frühstücks wörtlich für seine »ruhige Diplomatie. Ich würde nicht Geheimdiplomatie sagen.« Barack Obama betonte, er sei »stolz darauf, die Tradition aufrechtzuerhalten«, als Präsident die Veranstaltung zu besuchen. Auch Joe Biden ließ sich das wohl exklusivste Frühstück der Welt nicht entgehen. Ein Archivfoto aus dem Jahr 2009 zeigt den damaligen Vizepräsidenten, wie er nach einer

Milchflasche greift. Neben ihm sitzt der ehemalige britische Premierminister Tony Blair. Auf den Einfluss der christlichen Elite will kein Spitzenpolitiker verzichten.

Auch wenn rund 3000 Teilnehmer das Frühstück formal zu einer Großveranstaltung machen, ist es extrem schwer, eine Einladung zu ergattern. Ein tiefer Griff ins Portemonnaie kann helfen, weshalb das National Prayer Breakfast inzwischen als »Pay to play«-Event gilt, dessen Einladungen teilweise für viel Geld unter der Hand gehandelt werden. Laut einem Bericht der *New York Times* bot der Lobbyist Herman J. Cohen dem kürzlich verstorbenen Präsidenten des Tschad, Idriss Déby, Tickets an. Es handele sich um eine »spezielle Gelegenheit, den US-Präsidenten kennenzulernen und sich direkt mit ihm zu unterhalten«. Der aufgerufene Preis für diese »spezielle Gelegenheit«: 220 000 US-Dollar. Der reguläre Preis für eine »Einladung« soll bei 425 Dollar pro Person liegen. Ob nun für viel oder für noch mehr Geld, den Teilnehmern wird direkter Zugang zu politischen Entscheidungsträgern in Aussicht gestellt. Mancher hochrangige Vertreter afrikanischer oder osteuropäischer Staaten reist zum Beispiel mit der Hoffnung auf Entwicklungshilfegelder im Gepäck nach Washington. Und die Veranstaltung beschränkt sich nicht nur auf das gemeinsame Gebet und die Rede des US-Präsidenten. Neben diesem Hauptprogrammpunkt gibt es eine Reihe von »Seminaren«, die thematisch nicht immer auf Anhieb einen Bezug zu Gott oder anderen spirituellen Mächten erkennen lassen. Einige Gesprächsrunden werden explizit für Entscheidungsträger der Rüstungs-, Öl-, Finanz- und Versicherungsbranche angeboten.

Die Aussicht auf wertvolle Kontakte in die höchsten Kreise von Wirtschaft und Politik zieht auch fragwürdige Figuren an. So zählte laut Medienberichten auch Maria Butina mehrfach zum erlauchten Teilnehmerkreis. Die junge Dame, die auf Fotos gerne mal mit einer Waffe posierte, wurde später als russische Spionin enttarnt und vom FBI verhaftet. Vor Gericht bekannte sie sich des Vorwurfs der Verschwörung für schuldig und wurde zu einer achtzehnmonatigen Haftstrafe verurteilt.

Wer genau ist also der Veranstalter des außergewöhnlichen Gebetsfrühstücks, das solch eine Bandbreite von illustren bis dubiosen Persönlichkeiten in einem Raum mit dem US-Präsidenten versammelt? Organisiert wird die Veranstaltung von einer Gruppe, die sich offiziell »The Fellowship«, also »Die Gemeinschaft«, nennt und juristisch in Form mehrerer Stiftungen organisiert ist. Intern nennt sich die Gebetsfrühstücksbewegung schlicht »The Family«. Über die Veranstaltung mit dem US-Präsidenten hinaus tritt die »Familie« nur höchst selten öffentlich in Erscheinung. Sonst operiert die Organisation weitgehend im Verborgenen.

Die »Familie« sei ein Geheimbund christlicher Fundamentalisten, der die amerikanische Politik beeinflusse. Davon ist der investigative Journalist Jeff Sharlet überzeugt. »Die ›Familie‹ (...) ist die älteste und einflussreichste christlich-konservative politische Bewegung in den USA. Sie funktioniert durch die Rekrutierung von Führungsfiguren aus Politik, Wirtschaft und manchmal Militär. Sie treffen sich in kleinen Gruppen, die sie Zellen nennen und in denen sie Jesus von Mann zu Mann begegnen können«, schreibt Sharlet in seinem Buch *The Family*. Die Vernetzung finde innerhalb der mächtigsten Institutionen Amerikas statt. Mitglieder der »Familie« würden an zentralen Schaltstellen der Macht wöchentliche Gebetsfrühstücke veranstalten. Im US-Kongress sowie im Außen- und Verteidigungsministerium fänden diese Bibelkreise in Hinterzimmern statt. Trumps Vizepräsident Mike Pence solle eng mit der »Familie« verbandelt sein. In ganz kleinem Kreis werde nicht nur über Gott gesprochen, sondern handfeste Politik gemacht. Das Interessante an Sharlets Informationen: Er hat sie aus erster Hand.

Ich besuche Sharlet im US-Bundesstaat Vermont. Hier lebt er zurückgezogen in einem Waldgebiet. Es gibt keinen Handyempfang, und auch das Navigationssystem im Auto versagt auf den letzten hundert Metern. Es ist bereits dunkel geworden, als ich endlich das richtige Haus finde. Der Mann, der mir die Tür öffnet, sieht aber irgendwie anders aus als der, den ich aus dem Fernsehen kenne. Sharlets Buch war die Grundlage für die Netflixserie »The Family«. Der Autor kommt darin immer wieder als Augenzeuge zu Wort. »Seit der Serie habe ich eine Menge Kilos abgenommen«, erzählt Sharlet freimütig. »Nach einem schweren Herzinfarkt musste ich meine Ernährung umstellen. Die viele Arbeit hat wohl ihren Tribut gefordert.« Sharlet ist ein akribischer, vielleicht sogar fanatischer Rechercheur. Er hat nicht nur Tausende von internen Dokumenten gesichtet, sondern war eine Zeit lang selbst ein Teil der »Familie«.

Sharlet hat mehrere Wochen mit einer Gruppe von jungen Männern zusammengelebt, die die »Familie« für auserwählt hält. Sie sollen in Zukunft die Geschicke Amerikas lenken. Das Konzept ist vergleichbar mit einer Studentenverbindung, allerdings herrscht bei den Nachwuchshoffnungen der »Familie« Alkohol- und Sexverbot. Es wird auch nicht gefochten, sondern gebetet. Gemeinsame Bibelstudien sind zentraler Bestandteil des Zusammenlebens. Das Verständnis des Christentums sei allerdings sehr unorthodox, stellt Sharlet klar.

»Gelehrt wird die Idee eines muskulösen Christentums. In einer Stunde wurde uns beigebracht, dass Jesus keine Sissy ist. Würde Jesus heute leben, wäre er Mitglied einer

Spezialeinheit des Militärs, ein Navy SEAL.« Immer wieder habe die Frage im Vordergrund gestanden, was Jesus für die Welt wolle. »Nach ihrer Überzeugung will Jesus seit jeher ein mächtiges Amerika, das eine freie Marktwirtschaft garantiert. Sie bezeichnen dieses Ideal als ›biblischen Kapitalismus‹. Die Logik: Der beste Weg, der Welt zu helfen, ist, den Mächtigen noch mehr Macht zu geben. Denn nur sie können die Rahmenbedingungen für eine florierende Wirtschaft schaffen. Und der Wohlstand rieselt am Ende auch auf die einfachen Leute herab.«

Die »Familie« gefährde mit ihrem Staatsverständnis die amerikanische Demokratie, erklärt Sharlet. Die Geschichte zeige, dass es der geheimnisvollen Gemeinschaft schon bei ihrer Gründung nicht um die Stärkung, sondern um die Schwächung der Demokratie gegangen sei. »Die Gebetsfrühstücksbewegung wurde während der Großen Depression 1935 in der Überzeugung gegründet, dass die Demokratie tot ist. In Deutschland herrschte der Faschismus unter Hitler, in Russland der Kommunismus unter Stalin.« Der norwegische Immigrant und methodistische Wanderprediger Abraham Vereide verachtete die Politik des »New Deal« des damaligen US-Präsidenten Franklin D. Roosevelt, unterstellte ihr sozialistische oder sogar kommunistische Absichten. Als es in Seattle und San Francisco zu Streiks kam, sah Vereide den Moment gekommen, etwas gegen die in seinen Augen »gottlosen linken Kräfte« zu unternehmen. Er scharte einflussreiche Geschäftsleute um sich. Die Gruppe machte es sich zum Ziel, die wirtschaftlichen und gesellschaftlichen Probleme der USA nicht mit sozialdemokratischen Maßnahmen im Sinne des »New Deal« zu lösen, sondern durch eine von der Regierung unterstützte Neuerweckung der christlichen Religion. Abraham Vereide hatte die Vision eines Elite-Fundamentalismus. Die Massen sollten nicht durch die Ideale der Demokratie geleitet werden, sondern durch Jesus und seine auserwählten Stellvertreter auf Erden – die »Familie«.

Jeff Sharlet fand durch einen Zufall Zugang zu der Gemeinschaft. Die Eltern eines alten Schulfreundes hatten ihn um Hilfe gebeten, weil sie fürchteten, dass ihr Sohn in die Fänge eines Kultes geraten sein könnte. Völlig überraschend hatte er seinen Job gekündigt und war aus der gemeinsamen Wohnung mit seiner Verlobten ausgezogen, um auf das Anwesen der »Familie« in Arlington, Virginia zu ziehen. Sharlet traf sich mit ihm, sie redeten über Religion. Irgendwann lud der Schulfreund ihn ein, mitzukommen und die Gemeinde kennenzulernen, die sein Leben »transformiert« habe.

Sharlet zeigt mir Fotos vom Zusammenleben der Nachwuchskräfte. »Ivanwald« wird das Haus intern genannt. Es hat die Anmutung eines Verbindungshauses. Geschlafen wird in Etagenbetten, an der Wand lehnen Gitarren. Auf einem Bild wird Basketball gespielt, auf einem anderen sitzen junge Männer an einem langen Tisch und lächeln freundlich in die Kamera. Sie nennen sich »Brüder«. Viele kommen aus extrem wohlhabenden Verhältnissen, nicht alle sind Amerikaner. Der Sohn eines prominenten australischen Politikers gehörte zu Sharlets Gruppe. Auch ein Tscheche, ein Norweger und ein Kenianer haben über das internationale Netzwerk der »Familie« den Weg nach Ivanwald gefunden. Doch nicht immer ist die religiöse Ausbildung zum zukünftigen Staatenlenker das Ziel, manchmal ist es auch »Umerziehung«.

»Einer der Jungs wurde nach Ivanwald geschickt, weil er homosexuell war und seine Eltern hofften, dass Jesus ihn heilen würde«, erzählt Sharlet. Ein anderer »Bruder« habe massive Drogenprobleme gehabt, doch seine Eltern fürchteten, dass eine Entziehungskur in einer Klinik sich in ihren gesellschaftlichen Kreisen herumsprechen könnte. Doch auch die neue »Familie« vermochte mit ihren Gebeten die Drogensucht nicht zu kurieren. Der betroffene »Bruder« brach in der Nachbarschaft in mehrere Villen ein, um an verschreibungspflichtige Medikamente heranzukommen. Für die Eltern trat die größtmögliche Katastrophe ein: Die *Washington Post* berichtete über ihren auf Abwege geratenen Sohn. Auch innerhalb der Gemeinschaft sorgte der Artikel für große Aufregung. Denn Diskretion gilt als höchstes Gut. Im Kreise der »Brüder« allerdings herrscht das Gebot absoluter Offenheit. Es wird geradezu verlangt, persönliche Probleme zu teilen. So entstehen gegenseitige Abhängigkeiten, von denen das Netzwerk lebt.

»Die Intimität in dieser Gebetsgruppe unter den »Brüdern« war groß. Alles, alles war auf dem Tisch. Es herrschte eine absolute Geständniskultur. Genau das ist ja die Methode von seelisch missbräuchlichen Bewegungen. Du gestehst deine tiefsten, dunkelsten Geheimnisse. Und jetzt bist du an uns gebunden«, erklärt Sharlet. Homosexualität gilt in der »Familie« zwar als Sünde, ist aber allgegenwärtig. »Im Haus herrschte immer eine homoerotische Spannung. Einer der Jungs lief immer in einer Unterhose im Zebra-Look herum, setzte sich bei irgendjemandem auf den Schoß und machte Witze über Schwule. Es war ziemlich anstrengend. Denn alle taten so, als wäre Homosexualität etwas ganz Schreckliches. Ich war der Einzige, der sagte, dass er überhaupt kein Problem damit hat.«

Eigenartig ist auch das Aufnahmeritual. Sharlet und ein anderer Neuankömmling, der Sohn des australischen Politikers, wurden zum Armdrücken animiert. »Plötzlich stürzten sich die anderen auf uns und fingen an, uns zu schlagen. Ich verstand überhaupt nicht, was abgeht. Ich fragte mich, ob sie das tun, weil ich Jude bin. Denn ich hatte mich schon lange gewundert, dass sie mich, diese exotische Kreatur, in ihrem Kreis duldeten. Also schlug ich zurück, so hart ich konnte. Ich dachte, dass ich in fürchterlichen Schwierigkeiten sei. Doch zurückzuschlagen war genau die richtige Reaktion.« Damit hatte er vor den anderen seine Männlichkeit unter Beweis gestellt. »Sie hatten die Vorstellung, dass wir Krieger für Gott sind.«

»Wie hast du es so lange dort ausgehalten?«, frage ich.

»Ich habe mich schon immer sehr für Religion interessiert. Meine Mutter starb, als ich noch jung war. Sie war ein sehr spiritueller Mensch, hatte Freunde unterschiedlicher Glaubensrichtungen. Wenn diese Musik machten, nahm sie mich mit in viele Kirchen, Synagogen und Moscheen. Dann bekam sie Brustkrebs. Als sie im Sterben lag, rief sie ihre Freunde zu sich und bat sie, mit ihr zu beten. Ich war noch jung, aber ich verstand einen Unterschied. Manche beteten für ihre Rettung, manche für die Erlösung ihrer Seele, für das Leben nach dem Tod. Doch meine Mutter wollte leben, sie wollte bei ihren Kindern bleiben.« Die Erzählung von der Erlösung sei ihm später wiederbegegnet, als er sich für Politik zu interessieren begonnen habe. Denn die Errettungsthematik werde in den USA für die Festigung und Ausweitung von Macht genutzt. »Die Vorstellung, dass die Vereinigten Staaten eine Erlöser-Nation für die Welt sind, rechtfertigt das Verhalten als Imperium.«

Wie viele hochrangige amerikanische Politiker diese Auffassung vertreten und die Nähe zur »Familie« suchen, konnte Sharlet aus nächster Nähe beobachten, schließlich befindet sich das Haus, in dem er mit den jungen »Auserwählten« lebte, ganz in der Nähe des Hauptsitzes der Organisation. Sharlet zeigt mir ein Foto von einer Villa, deren Architektur stark an das Weiße Haus erinnert. Es sei kein

Zufall, dass der Hauptsitz der »Familie« ähnlich aussehe wie der Amtssitz des Präsidenten, sagt Sharlet. Die Nähe zur Macht solle auch auf diese Weise zum Ausdruck gebracht werden. Das hochherrschaftliche Anwesen trägt den Beinamen »The Cedars« (»Die Zedern«). Bei Besuchen von hochrangigen Gästen war es traditionell die Aufgabe der Nachwuchskräfte, die Bewirtung zu übernehmen. »Jeden Tag fuhren Limousinen vor. Ich sah namhafte US-Senatoren, aber auch viele internationale Diplomaten und sogar Regierungschefs wie den damaligen Ministerpräsidenten von Norwegen. Einmal kam die damalige First Lady Laura Bush zu Besuch.« Sharlet und seine »Brüder« dienten den Mächtigen nicht nur als Kellner. Als Ausdruck ihrer Demut schrubbten sie sogar die Toiletten der Politiker, berichtet der investigative Journalist. »Auch das soll die Idee eines muskulösen Christentums zum Ausdruck bringen. Vor Männern höheren Ranges musstest du dich komplett erniedrigen.«

»Haben deine ›Brüder‹ nicht irgendwann herausgefunden, dass du Journalist bist?«

»Doch, ich habe sogar während unserer Gespräche Notizen gemacht. Aber ihre Arroganz der Macht hat sie wohl glauben lassen, dass es völlig unmöglich sei, dass ich die Dinge nicht genauso sehe wie sie.« Und die »Familie« wird noch unvorsichtiger. Dutzende Kisten mit alten Akten stehen unabgeschlossen in einer Abstellkammer. Für Sharlet eine Goldgrube. Denn eigentlich bemüht sich die Organisation, so informell wie möglich aufzutreten. Es gibt zum Beispiel keine Mitgliedsausweise. In einer Predigt, die versehentlich an die Öffentlichkeit gelangte, erklärte das langjährige Oberhaupt der »Familie« das Vorgehen auf entlarvende Weise. »Der Körper Christi funktioniert so unsichtbar wie die Mafia. Sie halten ihre Organisation unsichtbar. Alles

Sichtbare ist vergänglich. Alles Unsichtbare ist permanent und bleibt für immer. Je unsichtbarer du deine Organisation machen kannst, desto mehr Einfluss wird sie haben.« Dieses Zitat hat mit dazu beigetragen, dass die »Familie« in manchen Zeitungsartikeln als »christliche Mafia« bezeichnet wird.

Auch ihre Finanzierung ist schwer zu durchschauen, weil die Gemeinschaft juristisch nicht nur aus einer Stiftung, The Fellowship Foundation, sondern aus zahlreichen weiteren Unterorganisationen besteht. Öffentlich bekannt sind der National Fellowship Council, das National Committee for Christian Leadership, der National Leadership Council, das Fellowship House, International Christian Leadership (ICL) und The International Foundation. Allein The Fellowship Foundation hat laut Sharlets Recherchen einen Jahresetat von knapp 14 Millionen Dollar. Davon werden 12 Millionen für »Mentoring, Beratung und Partnerschaften mit Freunden auf der ganzen Welt« ausgegeben. Zu diesen »Freunden auf der ganzen Welt« gehören keineswegs nur christlichen Idealen verpflichtete Wirtschaftsgrößen und Amtsträger. Die »Familie« pflegte Kontakt zu brutalen Diktatoren wie Libyens Muammar al-Gaddafi und betrieb in vielen Teilen der Welt eine Schattendiplomatie. Was klingt wie eine wilde Verschwörungstheorie, kann Sharlet anhand von internen Dokumenten beweisen. Denn obwohl die Organisation sich nach außen hin bemüht, »unsichtbar wie die Mafia« zu sein, hat sie ihren Einfluss auf die Mächtigen in Tausenden von Akten dokumentiert.

So fand Sharlet heraus, dass die »Familie« autoritäre Regime in Afrika unterstützte, zum Beispiel in Uganda. »Sie hielten den langjährigen Diktator dort an der Macht, stellten ihn mächtigen amerikanischen Politikern vor und machten ihn zum Stellvertreter für amerikanischen Einfluss in der Region. Ein Parlamentsabgeordneter, der Teil der Organisation war, schlug ein Gesetz vor, das die Todesstrafe für Homosexuelle oder langjährige Haftstrafen vorsah.« Am Ende trat das Gesetz auf internationalen Druck hin nicht in Kraft, doch zahlreiche Homosexuelle waren bereits aus Uganda geflüchtet, manche wurden ermordet. »Die ›Familie‹ hat zwar nicht den Abzug betätigt, aber sie hat die Waffe zur Verfügung gestellt«, sagt Sharlet.

Irgendwann hatte er genug gesehen und wollte seine »Brüder« verlassen. Er gab vor, dringende Familienangelegenheiten klären zu müssen. Doch die »Familie« wollte seinen Ausstieg nicht akzeptieren. »Ich erinnere mich noch genau an das Gespräch. Ein Mitglied, das damals als Büroleiter für einen Senator arbeitete, sagte mir: ›Wir sind deine Familie. Du musst dich entscheiden zwischen deiner [ursprünglichen] Familie und dieser Familie. Aber dies ist die Familie, die Gott für dich ausgewählt hat.‹« Sharlet musste nicht lange überlegen. »Danke, ich gehe«, sagte er und verließ das Haus.

»Hat man dir für den Fall gedroht, dass du mit Informationen über die »Familie« an die Öffentlichkeit gehst?«, möchte ich wissen.

»Nein, sie erwarteten immer noch nicht, dass ich etwas machen würde. Dann veröffentlichte ich meinen ersten Artikel über das Thema in einem Magazin.«

»Und was passierte?«

»Einer der jungen Auserwählten rief mich an. Er sagte, einer der ›Brüder‹ habe den Plan gehabt, mich zu verprügeln. Aber ich müsse mir keine Sorgen machen. Er habe ihm das ausgeredet.«

Das »Familienoberhaupt« ist Doug Burleigh. Meine Interviewanfragen ignoriert er wochenlang. Eigentlich habe ich die Hoffnung schon aufgegeben, als er völlig überraschend doch noch zusagt. Burleigh empfängt mich am Hauptsitz der »Familie«, der sich in einem abgelegenen Villenviertel der Stadt Arlington im US-Bundesstaat Virginia befindet. Von hier aus sind es weniger als drei Meilen Luftlinie bis zum Weißen Haus. Das Hauptquartier wird »The Cedars« genannt, weil es einst von Zedern umgeben war. Knapp dreißig Hektar Land gehören zu dem feudalen Anwesen. Gegenüber dem riesigen Haupthaus befindet sich ein zum Gästehaus umgebautes Kutschenhaus. Hier möchte Burleigh sich mit mir unterhalten. Er führt mich in einen Salon, der im englischen Stil möbliert ist. An den Wänden hatte ich religiöse Darstellungen oder goldene Kreuze erwartet, doch stattdessen entdecke ich Bilder des US-Kongresses und anderer Zentren der Macht. Als wir uns auf schwere Polstersofas gesetzt haben, erklärt Burleigh, warum er nur höchst selten Interviews gibt. Man sei kein Geheimbund, lege aber viel Wert auf Privatsphäre.

»Wie würden Sie einem Außenstehenden denn in wenigen Worten beschreiben, was die ›Familie‹ ist?«, möchte ich wissen.

»Wir sind als gemeinnützige, internationale Stiftung eingetragen. Wir sind ein Netzwerk von Freunden auf der ganzen Welt und haben wahrscheinlich Kontakte in rund 200 Ländern. Wir haben keinen Vorstandsvorsitzenden wie ein Unternehmen. Unser Anführer ist Jesus.«

»Aber beim National Prayer Breakfast treten Sie als Gastgeber auf und begrüßen den Präsidenten. Wie würden Sie Ihre Funktion denn beschreiben?«

»Ich bin einfach jemand, der schon sehr lange dabei ist und viele Freunde hat«, sagt Burleigh und reicht mir seine Visitenkarte. Darauf stehen tatsächlich nur sein Name, seine Telefonnummer und eine private E-Mail-Adresse. Ich muss an die Mafiamethode der Unsichtbarkeit denken. Burleigh ist Mitte siebzig, hochgewachsen und im Stile eines Gentlemans alter Schule gekleidet. Zu einer imposanten Erscheinung wird er aber vor allem durch seinen energiegeladenen Blick und eine Stimme, die so tief und kraftvoll ist, dass man ihn in einem Hollywoodfilm sofort als Synchronstimme für Gott engagieren könnte.

»Welche Ziele verfolgen Sie mit Ihrem Netzwerk und mit Veranstaltungen wie dem National Prayer Breakfast?«

»Das National Prayer Breakfast ist ausdrücklich keine rein christliche Veranstaltung. Wir begrüßen Buddhisten, Hindus, Muslime, Atheisten, Agnostiker, Juden und Christen. Wir lassen Jesus hochleben und seine Ideale für die ganze Welt. Das Ganze ist keine politische Veranstaltung.«

»Wenn Ihre Organisation so unpolitisch ist, warum pflegte Ihr Vorgänger dann Kontakte zu Diktatoren wie Muammar al-Gaddafi?«

Burleigh bestreitet diese Kontakte gar nicht, sondern rechtfertigt sie. »Jesus will auf der ganzen Welt bedingungslose Liebe verbreiten. Mein Vorgänger, der übrigens mein Schwiegervater war, vertrat die Auffassung, dass man die Welt nur verbessern kann, wenn man miteinander spricht. Also hat er sich auch mit Gaddafi getroffen. Glauben Sie nicht, dass Jesus selbst Gaddafi geliebt hat? Außerdem hat doch jeder seine Geschichte, oder? Nehmen wir Saddam Hussein. Sein Vater hat ihm schon in sehr jungem Alter das Töten beigebracht. Ich sage nicht, dass ihn das aus der Verantwortung für seine Taten entlässt, aber man sollte die Lebensgeschichte immer berücksichtigen. Adolf Hitler wollte auf die Kunstschule, doch sein Vater hat ihn nur dafür belächelt. Wahrscheinlich hat ihn das mit Hass erfüllt.«

»Was genau versprechen Sie sich denn davon, mit politisch fragwürdigen Figuren Kontakt zu pflegen?«

»Ein Beispiel: Wir haben kürzlich hochrangige Ukrainer

und Russen bei einem Dinner zusammengebracht. Wie soll man Probleme lösen, wenn man nicht miteinander spricht? Wir möchten, dass Palästinenser und Israelis am selben Tisch sitzen, Inder und Pakistaner, Russen und Ukrainer. Kommunikation ist wichtig, um Barrieren von Hass und Misstrauen einzureißen.«

Er selbst sei wegen seiner Russlandkontakte sogar schon vom FBI verhört worden, aber man habe ihm nichts vorwerfen können. In Zeitungsartikeln ist nachzulesen, dass sich die »Familie« in Einzelfällen tatsächlich als Friedensstifter betätigen konnte. Im Jahr 2001 kam es auf dem Anwesen zu einem geheimen Treffen zwischen dem Präsidenten des Kongo und dem Präsidenten Ruandas, das die Grundlage für einen späteren Friedensvertrag gewesen sein soll. Und beim National Prayer Breakfast 1994 half die »Familie« offenbar, den Anführer der Zulu in Südafrika davon zu überzeugen, nicht in einen Bürgerkrieg gegen Nelson Mandela zu ziehen.

Ich konfrontiere Burleigh mit dem Vorwurf von Jeff Sharlet, die »Familie« habe versucht, ein Antihomosexuellengesetz in Uganda voranzutreiben. Burleigh weist dies entschieden zurück. »Der Parlamentsabgeordnete, um den es geht, war vor Jahren mal beim National Prayer Breakfast. Seine Forderung der Todesstrafe für Homosexuelle haben wir aber nie unterstützt. Wir machen keine Politik. Wir bilden Freundeskreise. Das ist ein Unterschied.«

Auf die Frage, ob die These des investigativen Journalisten Jeff Sharlet also unzutreffend sei, dass die »Familie« versuche, Politiker zu beeinflussen, antwortet er ausweichend. »Wir beten für Jeff, und wir lieben Jeff. Er hat vor vielen Jahren mal ein paar Wochen in Ivanwald verbracht. Wir haben keine Wut auf ihn. Seine Mutter ist früh gestorben. Ich schätze, seitdem hat er etwas gegen Gott und gegen

Menschen, die Jesus hochleben lassen. Aber wir hegen keinen Groll gegen ihn. Wir haben nicht einmal versucht, uns zu verteidigen. Und hier ist die Ironie: Seit seinen Berichten hatten wir 300 000 Besucher auf der Internetseite unserer Stiftung. Und die meisten Reaktionen waren positiv.«

»In der Nähe des Kapitols in Washington gibt es auf der C-Street ein Haus, in dem Kongressabgeordnete von Republikanern und Demokraten in den Sitzungswochen zusammenleben. Dieses Haus soll in Besitz Ihrer ›Familie‹ sein. Was hat es damit auf sich?«

»Also, zehn oder zwölf Kongressabgeordnete leben dort zusammen. Etwa die Hälfte sind Demokraten, die Hälfte Republikaner. Sie haben Einzelzimmer, aber teilen sich die Bäder. Jeden Dienstagabend laden sie auch ehemalige Abgeordnete ein und teilen ihr Leben miteinander. Es gibt auch Gebetsfrühstücke. Was ist falsch daran? Gott hat uns einen Stapel Holz gegeben. Wir können daraus Zäune bauen oder Brücken. Ich baue gerne Brücken.«

»Nutzen Sie diese Brücken, um Politiker zu bitten, im Kongress die Agenda der ›Familie‹ zu vertreten? Sie sind ein bekennender Abtreibungsgegner und könnten Ihre mächtigen Freunde doch einfach bitten, Einfluss auf die Gesetzgebung auszuüben.«

Er müsse Politiker gar nicht direkt um Gefallen bitten, erklärt Burleigh. Wie die Kontaktpflege ganz von allein Früchte trägt, veranschaulicht er am Beispiel eines US-Kongressabgeordneten, der zur ›Familie‹ gehört. »Tony Hall kam in den Kongress, und ein Jahr später traf er Jesus. Niemand aus dieser Familie hat ihm jemals gesagt, was er beim Thema Abtreibung tun soll. Aber er las die Heilige Schrift und erkannte, dass man keine ungeborenen Kinder tötet. Niemand musste ihn davon überzeugen oder ihm das sagen.«

Auch all den US-Präsidenten sage die »Familie« bei ihrem National Prayer Breakfast nicht direkt, was sie von ihnen erwarte. Sehr zufrieden zeigt Burleigh sich bis jetzt mit Donald Trump. »Viele wirklich gute Dinge sind passiert. Ich kann nicht in sein Herz schauen. Ich weiß nicht, was er denkt. Aber ich weiß, dass er ein Kind von König Jesus ist. Er wurde als Ebenbild Gottes geschaffen. Und die Heilige Schrift sagt mir, dass ich für ihn beten muss. Und das tue ich.«

Trump sei nicht gerade für seinen christlichen Lebenswandel bekannt, wende ich ein. Zum Beispiel seien laut Medienberichten Schweigegeldzahlungen an eine Pornodarstellerin namens Stormy Daniels geleistet worden, um eine außereheliche Affäre zu verheimlichen. Doch Burleigh lässt Milde walten. »Eine Menge Leute haben ihm das übel genommen. Aber ich denke, er ist auch nur ein Mensch wie du und ich. Ich denke, er versucht herauszufinden, was für ein Mensch er ist. Aber er steht eben mehr im Rampenlicht als andere.«

Nicht nur Verständnis, sondern auch tatkräftige Unterstützung bekamen andere prominente Ehebrecher von der »Familie«. Als etwa der republikanische US-Senator John Ensign aus Nevada wegen einer Affäre mit der Frau seines Büroleiters die Aufmerksamkeit der Medien auf sich zog, konnte er in den Immobilien der »Familie« dem Scheinwerferlicht vorübergehend entfliehen. In Bezug auf Trump sagt Burleigh, dass es Wichtigeres gebe als das Privatleben. Mit seiner Politik mache er Amerika zu einem besseren Land für die Menschen. Zum Beispiel würden arme Amerikaner sehr von Trumps Wirtschaftspolitik profitieren. »Während seiner Präsidentschaft ist die Arbeitslosigkeit von schwarzen, hispanischen und asiatischen Menschen zwischenzeitlich auf den niedrigsten Stand aller Zeiten gefallen«, sagt Burleigh.

105

Mit seiner Verehrung für Trump steht Burleigh unter seinen Glaubensbrüdern keinesfalls alleine da, ganz im Gegenteil. Bei der Präsidentschaftswahl 2016 stimmten 81 Prozent der evangelikalen Amerikaner für Trump und trugen damit wesentlich zu seinem Überraschungssieg bei. Auch 2020 wählte die große Mehrheit der weißen Evangelikalen Trump. Die evangelikale Kirche ist die älteste und größte in den Vereinigten Staaten. Von bis zu 100 Millionen Mitgliedern geht der *Economist* aus. Sie glauben daran, »wiedergeboren« worden zu sein. George W. Bush zum Beispiel ist ein bekennender wiedergeborener Christ, der laut eigener Auskunft durch ein Bekehrungserlebnis eine persönliche Beziehung zu Jesus entwickelt hat. Gespalten ist die evangelikale Kirche in Fundamentalisten und Modernisten. Die Fundamentalisten sind davon überzeugt, dass die Bibel Wort für Wort auszulegen sei und die absolute Wahrheit für sich beanspruchen könne. Die Modernisten hingegen sind offen dafür, die biblische Schöpfungsgeschichte infrage zu stellen und die Evolutionstheorie zu akzeptieren. Geeint sind beide Strömungen des evangelikalen Christentums in den USA jedoch in ihrem Gefühl, bedroht zu sein. Weil sie in ihren europäischen Herkunftsländern wegen ihrer Religion verfolgt wurden, waren viele Siedler überhaupt erst nach Amerika geflohen. Als die amerikanische Verfassung 1787 geschrieben wurde, waren fast alle weißen Bürger christlichen Glaubens. 1990 waren es noch 85 Prozent. Und heute sind nur noch etwa 65 Prozent der Amerikaner bekennende Christen. Als bedrohlich empfanden die Evangelikalen über Jahrzehnte auch die Entwicklung der Rechtsprechung. 1962 wurde das obligatorische Schulgebet für verfassungswidrig erklärt, und nur ein Jahr später strich man das Bibelstudium vom staatlichen Lehrplan. Christliche Schulen, die keine Schwarzen annehmen wollten, verloren durch einen

Richterspruch 1971 ihre Steuerprivilegien. Der vielleicht schwerste Schlag für das evangelikale Amerika folgte zwei Jahre später: Der Oberste Gerichtshof erklärte das Abtreibungsverbot in einem richtungsweisenden Urteil für verfassungswidrig. Die Legalisierung der Homo-Ehe im Jahr 2015 während der Präsidentschaft des Demokraten Barack Obamas trieb die Evangelikalen noch weiter in die Arme der Republikaner. Donald Trump, der sich selbst seit jeher als »Deal-Maker« betrachtet, schlug der christlichen Rechten im Wahlkampf 2016 ein unausgesprochenes Geschäft vor. Im Gegenzug für Stimmen würde er als Präsident so viele Richter wie möglich ernennen, die gegen Abtreibungen seien. Außerdem stellte er die Wiedereinführung des verpflichtenden Schulgebets in Aussicht. Auch über das Recht auf politische Predigten lasse sich reden. Beide Seiten erfüllten ihren Teil der Abmachung. Die Evangelikalen verhalfen mit ihren Stimmen Trump ins Weiße Haus, und der Präsident revanchierte sich, indem er nicht nur für den Obersten Gerichtshof, sondern auch für zahlreiche Bundesgerichte konservative Richter nominierte. Er drohte öffentlichen Schulen mit dem Entzug von Bundesgeldern, falls sie Gebete verhinderten. Niemand dürfe in der Ausübung seiner Religion diskriminiert werden, hieß es aus dem Weißen Haus.

Beim National Prayer Breakfast ließ sich Trump dafür feiern. »Wir haben gewaltige Fortschritte gemacht. Ihr wisst, was wir getan haben. Ich glaube, niemand hat so viel getan wie wir alle zusammen in den letzten drei Jahren«, sagte der Präsident damals. »Und es war mir eine Ehre.«

Auch Präsident Biden buhlt um die Gunst der »Familie«, wie ich durch einen Zufall erfahre. Am Tag vor Bidens Amtseinführung besuche ich Mark Pryor, der viele Jahre gemeinsam mit Biden im Senat saß und ihm noch immer als Ratgeber zur Seite steht. Pryor ist in der amerikanischen Politik vernetzt wie kaum ein anderer. Sein Vater war vor Jahrzehnten Gouverneur von Arkansas und damals Mentor eines aufstrebenden jungen Politikers namens Bill Clinton, der aus dem armen Bundesstaat im Süden der USA stammt. Als der Gouverneur einen Babysitter für seinen Sohn Mark suchte, erklärte sich Hillary Clinton selbstverständlich gerne bereit. Nicht nur die Freundschaft zu den Clintons ist geblieben, sondern eben auch die zu Joe Biden. Pryor zeigt mir Fotos seiner zahlreichen Treffen mit dem President-elect. Auf einem Bild sitzen sie diskutierend auf einem Sofa, auf einem anderen stehen sie in festlicher Kleidung bei einem Empfang im Weißen Haus. Ich treffe mich mit Pryor, um zu erfahren, was für ein Mensch Biden hinter den Kulissen der Macht ist.

»Was ich an Joe Biden mag, ist seine Bescheidenheit«, antwortet der ehemalige Senator. »Er nimmt sich immer Zeit, um mit jedem zu sprechen. Wenn du mit ihm im Restaurant bist, unterhält er sich mit dem Kellner. Er geht sogar in die Küche, um den Leuten dort für das Essen zu danken. Er hat nie seine Wurzeln vergessen.« Stolz zeigt mir Pryor seine Einladung zur Amtseinführung, zu der Biden ihn persönlich eingeladen hat. Mich beeindrucken vor allem die zusammen mit der Einladung verschickten Sicherheitshinweise, die mehrere Seiten umfassen. Wir sprechen auch über die deutsch-amerikanischen Beziehungen, die sich laut Pryor unter Biden normalisieren und wieder verbessern werden. Irgendwann schaut er auf seine elegante Herrenuhr und entschuldigt sich. Er erwarte in wenigen Minuten ein Kamerateam, das eine Grußbotschaft für die Fellowship Foundation mit ihm aufzeichnen wolle. Ich werde hellhörig und erzähle Pryor, dass mich Doug Burleigh, das Oberhaupt der »Familie«, zu einem Gespräch empfangen und mir

»The Cedars« gezeigt habe. Meine Erwähnung von Burleigh wirkt wie ein Eisbrecher auf unser Gespräch. Pryor erzählt mir freimütig, dass er während seiner Jahre im Senat sehr gerne an den wöchentlichen Gebetsfrühstücken im Kapitol teilgenommen habe. Der Katholik Joe Biden habe den Besuch eines Gottesdienstes in einer neben dem Kapitol gelegenen Kirche bevorzugt. Aber als Präsident werde er aller Voraussicht nach am National Prayer Breakfast teilnehmen. Dafür habe er persönlich seinen heißen Draht zu Biden spielen lassen. Es sei allerdings schade, dass es angesichts der Corona-Pandemie im Jahr 2021 nur eine virtuelle Veranstaltung geben werde. Doch auch dafür stehe Biden nach aktuellem Stand gerne zur Verfügung. Auf den Einfluss der geheimnisvollen »Familie« will oder kann wohl kein Präsident verzichten.

Die Kriege

Wie der Koch des Weißen Hauses gegen sein Trauma kämpft

Auf dem Körper eines Stieres ruht der Kopf eines Menschen. Es fällt mir schwer, den Blick von den Muskelpaketen zu lösen und ihm zur Begrüßung in die Augen zu sehen. Übermenschlich stark wirkt Andre Rush auf den ersten Blick. Seine Arme sind dick wie Baumstämme. Sein Bizeps hat einen Umfang von sechzig Zentimetern. Unter der schwarzen Haut treten die Adern hervor, als würden sie gleich explodieren. Das Geheimnis seiner Körperkraft: Andre macht jeden Tag 2222 Liegestütze.

Wir treffen uns im Millennium Park in Chicago. Die öffentliche Anlage ist für die Skulptur »The Bean« bekannt, eine gigantische Bohne aus hochglanzpoliertem Edelstahl. Weil sich der Betrachter darin zusammen mit der Skyline von Chicago spiegeln kann, ist »The Bean« eines der beliebtesten Fotomotive der USA. Jeder glänzt gerne neben Chicagos Wolkenkratzern, den Monumenten der wirtschaftlichen Macht Amerikas. Doch heute bekommen sie Konkurrenz. Die Besucher des Parks wollen sich zur Abwechslung mit einem lebenden Symbol amerikanischer Stärke fotografieren lassen, mit einem Denkmal aus Fleisch und Blut. Niemand scheint zu ahnen, dass Andre eigentlich kein Vorbild für Stärke, sondern für Schwäche sein will. Geduldig erfüllt er jeden Wunsch nach einem Selfie. Er ist das inzwischen gewohnt. Andre ist ein Star, der nicht nur für seinen Bizeps berühmt ist, sondern auch für seinen Brotberuf. Er arbeitet als Koch im Weißen Haus. Für Bill Clinton, George W. Bush, Barack Obama und Donald Trump hat er schon gekocht. Seitdem ihn eine Journalistin im Weißen Haus bei der Arbeit fotografierte und sich das Bild viral im Internet verbreitete, ist er bekannt wie ein bunter Hund. Zeitungen berichteten über den »Bodybuilder-Koch der Präsidenten«, er wird in Talkshows eingeladen.

Ich selbst wurde bei einer Veranstaltung mit Arnold Schwarzenegger auf Andre aufmerksam. Denn Schwarzenegger wies die Gäste am Rande seiner Rede darauf hin, dass da jemand im Raum sei, der noch dickere Arme habe als der Terminator zu seinen besten Zeiten. Das habe einen Applaus verdient. Wo auch immer Andre Rush hinkommt, muss er ein paar Liegestütze vormachen. »Push-ups« heißen sie auf Englisch. Auch im Park in Chicago dauert es nicht lange, bis ein Passant ihn bittet, ihm ein paar von seinen legendären Push-ups zu zeigen. In Sekundenschnelle geht der Koloss auf den Boden, die Leute zücken ihre Handys. Immer wieder wird er gefragt, wie lange er für die 2222 Liegestütze braucht. »Ich stehe jeden Morgen um 3 Uhr auf. Dann mache ich Intervalle von bis zu 150 Push-ups, dazwischen Pausen von drei bis zehn Minuten. Das Ganze dauert etwa eine Stunde und fünfzehn Minuten.« Um seine Muskeln mit ausreichend Proteinen zu versorgen, isst er pro Tag vier ganze Hühner und 24 Eier. Das Eigelb entfernt er vorher, um seinen Cholesterinwert nicht durch die Decke schießen zu lassen. Die tägliche Routine ist Andre wichtig, es gibt keine Ausnahmen. Wenn er unterwegs ist, um in einer Talkshow aufzutreten, müssen ihm die vier Hühner aufs Hotelzimmer geliefert werden. Das lässt er sich vertraglich zusichern.

Doch eigentlich will Andre kein Zirkuspferd sein. Hinter den 2222 Liegestützen verbirgt sich ein ernstes Anliegen. Der Afghanistan-Veteran gedenkt mit dieser Zahl der rund 22 Kameraden, die sich pro Tag das Leben nehmen. Auch Andre selbst hatte schon Selbstmordgedanken. Er leidet unter einer posttraumatischen Belastungsstörung, kurz PTBS genannt, die in vielen Fällen zum Suizid führt. Die Symptome sind vielfältig – Angstzustände, Albträume, Schlaflosigkeit, Konzentrationsstörungen, Gedächtnisverlust, Stimmungsschwankungen, Wutausbrüche, selbstzerstörerisches Verhalten, Isolierung von Familie und Freunden sowie Depressionen sind typische PTBS-Merkmale.

Auslöser sind in der Regel traumatische Erlebnisse. Eine groß angelegte Studie, die das US-Kommando für Spezialoperationen in Auftrag gegeben hatte, untersuchte anhand von Gesprächen mit Angehörigen, welche Ereignisse zum Selbstmord von Soldaten geführt haben könnten. Vor ihrem Tod hatten einige geäußert, dass das Erlebnis des Todes von Kameraden oder das Töten von Feinden sie krank gemacht habe. Auch die Beteiligung an Folter von Gefangenen und andere Verstöße gegen die persönliche Ethik wurden als Ursachen für PTBS genannt. Eigentlich sollten die Ergebnisse der Studie geheim bleiben, doch die *New York Times* erstritt die Herausgabe, indem sie sich auf das Informationsfreiheitsgesetz, den Freedom of Information Act, berief. Außerdem fanden Hirnforscher im Auftrag des US-Verteidigungsministeriums heraus, dass auch Explosionen PTBS verursachen können. Die Wissenschaftler entdeckten in den Gehirnen von Soldaten regelrechte Vernarbungen. Verursacht wurden die Schäden im Gewebe von den Druckwellen, die bei Detonationen entstehen. Offenbar versucht das

Gehirn, die Verletzungen zu reparieren. Doch die zerstörten Nervenbahnen können nicht wieder verknüpft werden. Die Vernarbung führt zu Veränderungen der Psyche.

An Andre Rush pirscht sich die PTBS über Jahre heran. Nach außen hin gibt er immer nur den unerschütterlichen Muskelprotz. Sein Lachen ist ansteckend. In seinen Augen blitzt dann ein kleiner Junge auf, dem ein Streich gelungen ist. Doch im Inneren kämpft Andre mit Dämonen. »Diese Ängste waren schon lange in mir. Ich habe sie aber verdrängt, weil Angst in diesem Land als Schwäche betrachtet wird«, sagt er. Fernab des Trubels haben wir auf einer schattigen Parkbank Platz genommen. »Irgendwann konnte ich meine psychischen Probleme nicht mehr verbergen. Einer meiner Vorgesetzten bei der Armee ließ mich wissen, dass ich Hilfe brauche. Ich weinte. Ich wurde wütend. Es kamen all diese Emotionen raus, die in unserer Natur liegen. Und dann sagte ich zu meinem Vorgesetzten: Wovon redest du? Weißt du nicht, wer ich bin? Ich mache diesen Job seit 23 Jahren und war immer der Beste der Besten. Und jetzt sagst du so was zu mir?«

Es dauerte eine Weile, bis Andre anerkannte, dass Angst keine Schwäche ist, sondern Teil der menschlichen Natur. »Als ich zum ersten Mal zur Psychotherapie ging, habe ich mich geschämt. Ich stand mit gesenktem Kopf im Aufzug. Der Mann neben mir, ebenfalls ein muskulöser Kerl, blickte auch auf den Boden. Als wir beide auf derselben Etage ausstiegen und in dieselbe Praxis gingen, sagte er zu mir: ›Wenn du hier hingehst, muss ich mich auch nicht schämen.‹« Die beiden Männer umarmten sich. Seit diesem Moment tritt Andre den Weg zur Therapie immer erhobenen Hauptes an. Noch heute bekommt er eine Gänsehaut, wenn er davon erzählt.

Was sind die Gründe für seine Probleme?

»Ich habe immer versucht, perfekt zu sein. Beim Militär ging es um Arbeitsmoral, frühes Aufstehen, Fitnesstraining. Ich war immer in Bereitschaft. Immer in Bewegung. Immer ein Anführer. Ob ich nun glücklich oder traurig war, ich konnte nie den Takt ändern. Dieser innere Druck wird über die Jahre immer größer. Und irgendwann explodiert etwas in dir.«

Es ist der 11. September 2001, der etwas in Andre explodieren lässt. Terroristen steuern nicht nur zwei Flugzeuge ins World Trade Center in New York, sondern auch eins ins US-Verteidigungsministerium nahe Washington. Andre hält sich in ebendiesem Pentagon auf, als das Flugzeug um 9:37 Uhr eine Bresche durch drei Gebäudeteile der Westseite schlägt. Das explodierende Flugzeugbenzin löst einen Großbrand aus. Die betroffene Fassade stürzt ein. 189 Menschen sterben. »Es war surreal«, erinnert sich Andre. »Wenn ich heute daran denke, fühlt es sich noch immer so an, als wäre es gar nicht passiert. Es fühlt sich eher an wie ein Albtraum, der immer wiederkehrt.«

Für Andre folgen Einsätze in Afghanistan und im Irak. »Zu dem Druck, den ich schon lange empfunden hatte, kamen Angst, Wut und Hoffnungslosigkeit hinzu. Diese Kombination löste in mir Selbstmordgedanken aus.« Bei einigen seiner Kameraden bleibt es nicht bei Gedanken. Sergeant Wesley Durden war einer davon. Andre hatte ihn ausgebildet, war sein Mentor. Wesley war ein talentierter Bäcker. Zweimal hatte er im Irak gedient. Welche Spuren diese Einsätze hinterlassen hatten, sah Andre ihm nicht an. »Suizidgedanken stehen dir nicht ins Gesicht geschrieben.« Mehrmals rief Wesley ihn an, doch Andre war gerade bei einem Lehrgang, wollte in ein paar Tagen in Ruhe zurückrufen. Dann kam eine Nachricht. Wesley hatte sich erschossen. Er wurde 28 Jahre alt, hinterließ Frau und zwei Kinder.

»Es brach mir das Herz«, sagt Andre. Noch heute macht er sich Vorwürfe, weil er nicht ans Telefon gegangen war. Er hielt die Trauerrede auf Wesley und schwor sich, seine Kameraden in Zukunft aufmerksamer zu beobachten, noch mehr für sie da zu sein.

Viele Soldaten verstecken ihre seelischen Narben. Das US-Militär bietet zwar Suizid-Präventionsprogramme an, doch die haben oft nur Alibicharakter. So müssen zwar alle Militärangehörigen nach ihrer Rückkehr aus dem Krieg einen Fragebogen ausfüllen, damit frühzeitig ein mögliches PTBS-Risiko identifiziert werden kann. Doch es ist nicht verpflichtend, mehr als nur seinen Namen auf das Papier zu schreiben. Die inhaltlichen Angaben sind rein freiwillig.

Die Vereinigung »Veterans for America« kritisiert, dass viele Soldaten im Stillen leiden, weil sie fürchten, stigmatisiert zu werden. Groß ist die Angst, als Schwächling dazustehen und von den Kameraden als Versager abgestempelt zu werden. Wer sich zu seinen psychischen Problemen bekennt, setzt nicht nur seine Beförderung aufs Spiel, nicht selten verliert man sogar den Job. Denn das Militär hält traumatisierte Soldaten oft für nicht mehr belastbar. »Ich sterbe lieber, als zuzugeben, dass ich Probleme habe, und deshalb aus meiner Einheit entfernt zu werden.« So zitiert die als Verschlusssache geplante Studie des Kommandos für Spezialkräfte einen Soldaten. Er nahm sich später das Leben. »Mitglieder der Spezialkräfte beobachten, wie Kameraden behandelt werden, die Hilfe in Anspruch genommen haben. Sie stellen fest, dass die meisten dieser Individuen das Militär verlassen, kurz nachdem sie ihre Selbstmordgedanken geteilt haben«, heißt es in der Studie weiter.

Weil die Enthüllung von psychischen Problemen existenzbedrohend werden kann, bleibt oft auch eine Intervention von Familienmitgliedern aus. Dabei ist PTBS keine seltene Krankheit. Etwa jeder fünfte US-Soldat kehrte mit einer posttraumatischen Belastungsstörung aus dem Irakkrieg zurück, räumt das Kriegsveteranenministerium der USA ein. Doch nur die Hälfte von ihnen nehmen professionelle Hilfe in Anspruch. Und auch die Therapieansätze selbst scheinen verbesserungswürdig zu sein. Bei zwei Dritteln der Patienten, die sich nach den Empfehlungen des US-Verteidigungsministeriums behandeln ließen, war die Psychotherapie nicht erfolgreich, stellten klinische Studien der New York University fest. Das Ministerium setzt stark auf kognitive Verhaltenstherapien. Dabei geht es darum, an konkreten aktuellen Problemen zu arbeiten und Lösungen für sie zu finden. Weniger berücksichtigt werden die Möglichkeiten von Gruppen- und Familientherapien, Hypnose und Entspannungstechniken wie Yoga oder autogenes Training.

Andre Rush hatte Glück. Er hat für sich das Kochen als Therapie entdeckt. Einige seiner Freunde griffen in emotionalen Ausnahmezuständen zu Drogen. »Doch mein ›Kokain‹ ist das Kochen. Es stimuliert meinen Geist, es beruhigt mich, es kontrolliert meine Sinne.« Manchmal bereitet er für seine Vorgesetzten statt der bestellten drei Gänge einfach fünfzehn zu, weil er das Kochen braucht, um zu entspannen. Wenn er seine Fähigkeiten an junge Soldaten weitergibt, geht es ihm nicht nur um Wissensvermittlung. Er will auch seinen Kameradinnen und Kameraden die Möglichkeit eröffnen, in der Küche posttraumatische Belastungsstörungen zu bewältigen. Darüber wird er auch hier in Chicago im Rahmen einer großen Gastronomiemesse vor US-Soldaten sprechen, die vom Militär als Köche ausgebildet werden.

Zum Aufwärmen lässt Andre auch die Militärangehörigen Liegestütze machen. Zwar nicht seine üblichen 2222, sondern nur 22. Die dafür aber in quälend langsamem Zeitlupentempo. Das Gelächter bei den Soldaten ist groß, das Eis gebrochen. Viele Messebesucher bleiben stehen und machen Fotos. Dann betritt der Starkoch eine Showbühne, auf der ein Kochstudio aufgebaut ist. Andre trägt eine schneeweiße Kochjacke, auf dem rechten Ärmel ist auf Schulterhöhe die amerikanische Fahne eingestickt. Er überrascht mit einem exotischen Rezept. Es gibt Schokoladen-Steak. Das Fleisch wird mit Kakaopulver mariniert. Angesichts der grobschlächtigen Statur des Kochs überrascht mich, wie flink seine Finger die Zutaten bearbeiten. Erstaunlich sanft schneidet er Kartoffeln in kleine Scheiben. In einem Topf rührt er eine Soße aus Rotwein, Zwiebeln, Olivenöl, braunem Zucker und Sherry-Essig an. Während er die Soße umrührt, verstummt er eine ganze Weile. Die Menschenmenge um ihn herum scheint er zu vergessen. Statt die Soße abzuschmecken, schiebt er seine Nase über den Topf, inhaliert den Duft und nickt zufrieden.

Dann kehrt er in seine Rolle zurück und erzählt, wie es ist, im Weißen Haus zu kochen. Es sei eine große Ehre und ein Privileg, aber auch eine enorme Verantwortung. Alles muss absolut perfekt sein, Ausreden gibt es nicht. Bevor etwas die Küche verlässt, wird es mindestens dreimal genau geprüft, auch auf die Optik. Die Spezialität von Andre sind kunstvoll verzierte Kuchen und Eisskulpturen. Einmal backte er eine fünf Meter lange Torte in Form eines »Humvee«, des legendären Fahrzeugs des US-Militärs. Und aus mehr als 7000 Kilogramm Eis bildete er die historische Szene von George Washingtons Überquerung des Delaware River im amerikanischen Unabhängigkeitskrieg nach. Präsident Obama war von den Künsten des Kochs offensichtlich schwer beeindruckt. Auf einem gemeinsamen Foto strahlt Obama so, als schätze er sich glücklich, ein Foto mit Andre ergattert zu haben – und nicht andersherum.

Vor den jungen Soldaten in Chicago plaudert Andre noch ein bisschen aus dem Nähkästchen. Er erzählt harmlose Anekdoten, mit denen er keine Dienstgeheimnisse preisgibt. Obama habe überwiegend gesund gegessen, Clinton auch. George W. Bush habe eine Schwäche für Grillpartys gehabt. Bei Trump gibt Andre sich wortkarg, er ernähre sich »ausgewogen«. Was würde Andre einem Präsidenten zubereiten, wenn dieser einen schrecklichen Tag gehabt hätte und dem Koch die Wahl des Abendessens überlassen würde? Er überlegt eine Weile. »Ein warmes Sandwich mit Marmelade, Erdnussbutter und Banane. Denn das löst positive Gefühle aus, vielleicht Kindheitserinnerungen. Dazu würde ich ein Glas Milch servieren.« Dann wird Andre ernst. Er rückt sein ansteckbares Mikrofon zurecht, damit man ihn in der lauten Messehalle auch gut verstehen kann. »Wenn ich das Kochen nicht entdeckt hätte, würde ich heute nicht vor euch stehen. Das Kochen hat mir das Leben gerettet.« Mit seinem Auftritt will Andre die Soldaten ermutigen, seelische Schmerzen ernst zu nehmen und sich auch Zweifeln zu stellen – etwa am Sinn eines Auslandseinsatzes. »Ich selbst verstehe manchmal die Logik nicht«, sagt er mir später hinter vorgehaltener Hand.

Ich möchte von den jungen Soldatinnen und Soldaten wissen, wie sie über den Krieg in Afghanistan denken. Eine junge Frau mit strengem Dutt reagiert ein wenig empört auf meine Frage. »Ich stelle nicht infrage, was die Marine tut, wenn es um Außenpolitik geht. Mein Job ist es, zu tun, was sie mir sagen, wenn sie mich irgendwo hinschicken. Ich bin nicht zum Militär gegangen, um dessen Handlungen infrage zu stellen, sondern um es zu unterstützen.« Auch ihr Kamerad, der durch seinen Südstaatenakzent auffällt, hinterfragt die Verteidigungspolitik der USA lieber nicht. »Ich habe meine persönlichen Ansichten«, sagt er. »Aber wenn es um das Militär geht, befolge ich Befehle. Denn wer auch immer mir etwas befiehlt, weiß mehr über die Situation als ich. Ich vertraue darauf, dass sie die richtigen Entscheidungen treffen.«

Doch was ist die richtige Entscheidung für den Einsatz in Afghanistan? Bleiben oder abziehen? Schon seit 2001 dauert der Krieg. Die Kosten für die USA belaufen sich laut einer Schätzung aus dem Jahr 2019 bereits auf mehr als 975 Milliarden Dollar. Laut einer Schätzung, ebenfalls aus dem Jahr 2019, kamen bisher etwa 2400 US-Soldaten in Afghanistan ums Leben. Weil sich kein siegreiches Ende abzeichnete, nahmen die USA unter Präsident Trump Verhandlungen mit den Taliban über einen Rückzug aus Afghanistan auf und schlossen im Februar 2020 in Doha einen Vertrag. Präsident Biden kündigte zwar zunächst an, dieses Abkommen seines Vorgängers noch einmal überprüfen zu wollen, doch schon bald erklärte Außenminister Antony Blinken, dass die USA den »sogenannten endlosen Krieg« beenden und ihre Truppen noch vor dem 11. September 2021 aus Afghanistan abziehen würden. Für die heimkehrenden US-Soldaten dürfte es wohl keine Parade geben.

Bei einem Galadinner für die Militärköche in Chicago bleibt ein Tisch symbolisch frei für jene Soldaten, die nicht aus dem Krieg zurückgekommen sind. Der Tisch ist komplett eingedeckt und unterscheidet sich durch eine schmale Vase mit einer roten Rose und roter Schleife von den anderen Tischen. Der Koch des Weißen Hauses hält die Tischrede. Die Kochausbildung beim Militär schaffe auch eine Grundlage für eine Karriere in der Gastronomie, sagt Andre. Wer sich jetzt ins Zeug lege, könne später im zivilen Leben die Früchte seiner Arbeit ernten. Es sind nicht nur junge Soldatinnen und Soldaten, sondern auch hochrangige Militärs anwesend. Deshalb nutzt Andre die Gelegenheit, um dafür zu werben, mehr für die Selbstmordprävention zu tun. Seine eigene Lebensgeschichte zeige, wie wichtig es sei, aufeinander achtzugeben. »Ich vergesse nie, wo ich herkomme. Ich vergesse nie, wo ich hingehe. Und ich nehme jeden mit, der meine Hilfe braucht. Euch ermutige ich, das Gleiche zu tun. Seid demütig, bleibt demütig. Tut immer euer Bestes.« Der Applaus ist groß, mancher im Publikum schaut etwas nachdenklich.

Beim anschließenden Empfang gibt es eine »Open Bar«, also Freigetränke in unbegrenzter Menge. Die Barkeeper können gar nicht so schnell Gin und Tonic mischen, wie die Bestellungen eingehen. Andre stellt mir seinen Freund Dominic DiFatta vor. Er hat den Rang eines Master Sergeant, was in Deutschland einem Stabsfeldwebel entspricht. Dominics Glatze und seine markanten Wangenknochen verleihen ihm etwas Bedrohliches. Doch das wird ausgeglichen durch seine Augen, die an einen Bernhardiner denken lassen. Die beiden Männer haben zusammen in Afghanistan gedient. Dominic ist voller Bewunderung für Andre. »Als ich ihm vor mehr als einem Jahrzehnt zum ersten Mal begegnete, war ich richtig eingeschüchtert von seinem Bizeps. Doch ich merkte schnell, was für ein guter, nahbarer und hilfsbereiter Mensch Andre ist. Er war immer für mich da, wenn ich seinen Rat brauchte.« Nach einer kurzen Pause sagt er noch: »Wir sind wie Brüder. Wir haben eine einzigartige Verbindung.«

Ich frage nach, was genau ihre Verbindung ausmache. Dominic zögert mit einer Antwort und sieht Andre an. Der signalisiert mit einem Nicken seine Zustimmung, ihre gemeinsame Geschichte zu teilen. »Wir haben beide jemanden durch Selbstmord verloren, dem wir nahestanden«, sagt Dominic. »Ich habe Andre damals die Nachricht überbracht. Er ist der Erste, mit dem ich darüber gesprochen habe.« Seine Bernhardineraugen werden feucht. Es ist von Wesley Durden die Rede, dem talentierten Bäcker, von dem Andre mir im Park erzählt hatte. Dominic streckt seinen Rücken durch, trinkt einen Schluck Wasser und entflieht der tragischen Geschichte, indem er nur noch allgemein über die vielen Suizide beim Militär spricht. »Es ist ein Problem. Aber es gibt Wege, damit umzugehen. Und Andre macht darauf aufmerksam, dass man psychische Probleme nicht verheimlichen muss. Eigentlich ist es ein Zeichen von Stärke, Hilfe zu suchen.«

»Hast du selbst schon einmal Hilfe gebraucht?«

Dominic denkt sehr lange über seine Antwort nach. »Auch ich habe schon Zweifel gehabt. Jeder hat mit unterschiedlichen Herausforderungen zu kämpfen. Ich habe schon an meiner Leistung gezweifelt. Manchmal gerät man auf dem Schlachtfeld in Zwickmühlen.«

»Zweifelst du manchmal am Sinn deiner Arbeit? Wenn du zum Beispiel in einem Krieg kämpfen musst, der eigentlich nicht zu gewinnen ist?«

»Ich stelle nichts infrage, solange es nicht illegal oder unethisch ist. Vieles liegt nicht in meiner Macht. Ich kann mich nur darauf konzentrieren, warum ich Soldat geworden bin. Wenn ich diesen äußeren Einflüssen erlaube, täglich meine Entscheidungen zu beeinträchtigen, könnten sie meine Moralvorstellungen aufzehren.«

Andre hat die Zwänge und Zwickmühlen der Armee hinter sich gelassen, er ist inzwischen Zivilist. Dass er bei seinen zahlreichen öffentlichen Auftritten auf die psychischen Probleme von Soldaten aufmerksam macht, kommt nicht überall in der Truppe gut an.

»Wie findet eigentlich der Oberbefehlshaber deinen Aktivismus? Hast du mal mit dem Gedanken gespielt, aus der Küche im Weißen Haus ins Oval Office zu marschieren oder dem Präsidenten wenigstens im Vorbeigehen einen Tipp für eine bessere Betreuung der Veteranen zu geben?«

Andre lacht. »Um Gottes willen. Ich äußere meine Meinung nur, wenn ich danach gefragt werde.« Andre zeigt sich jetzt diplomatisch. »Ich denke, die Regierung versucht schon zu tun, was sie kann. Aber es gibt immer Raum für Verbesserungen. Doch das kostet natürlich Zeit, Personal und Geld.« Konkret könne mehr in die Erforschung von PTBS investiert werden. Außerdem müssten vom Militär viel mehr Psychologen eingestellt werden. Andre schlägt mir vor, mir ein eigenes Bild vom Alltag eines Soldaten zu machen. Gemeinsam mit Dominic lädt er mich auf den Stützpunkt Fort Bragg im US-Bundesstaat North Carolina ein, wo die beiden lange zusammen stationiert waren.

Einige Tage später sitze ich in einer Maschine Richtung Fort Bragg. Während wir über sattgrüne Wälder und spiegelglatte Seen hinwegfliegen, lese ich einen Artikel über die Geschichte der PTBS. Angsterfüllt, verfolgt von den Geistern des Krieges, werden schon vor 3000 Jahren Soldaten in Mesopotamien auf Keilschrifttafeln dargestellt. Der griechische Geschichtsschreiber Herodot berichtet über einen athenischen Soldaten, der erblindet, weil er die Schlacht von Marathon erlebt. Shakespeare lässt in *Heinrich IV.* seine Lady Percy ihren Gatten als einen Mann beschreiben, der seine Lebensfreude auf dem Schlachtfeld verloren hat und nachts nicht mehr schlafen kann. Während des Amerikanischen Bürgerkriegs wird die Bezeichnung »Soldatenherz« für psychische Probleme verwendet. Und im Ersten Weltkrieg setzt sich langsam die Erkenntnis durch, dass ein stabiler Geist keine Frage von Männlichkeit und Charakterstärke ist, sondern durch Kampferlebnisse ins Wanken geraten kann. Der Begriff des »Kriegszitterns« entsteht im Angesicht von Giftgas und anderen technologischen Innovationen der Kriegsführung. Hunderttausende Männer sind betroffen, nur wenige erhalten rudimentäre Formen psychiatrischer Behandlung.

Als die Vereinigten Staaten in den Zweiten Weltkrieg eintreten, hat sich die Überzeugung durchgesetzt, dass im letzten großen Krieg zu viele Männer mit »Angstproblemen« und »neurotischen Tendenzen« eingesetzt worden seien. Sechsmal so viele Amerikaner wie zuvor werden deshalb »ausgesiebt«. Und doch zeigen später doppelt so viele amerikanische Soldaten wie im Ersten Weltkrieg Symptome, die man damals »Kriegsmüdigkeit« und »psychiatrischen Kollaps« nennt. Als ich dies lese, muss ich an meinen Opa Karl denken, den ich nie kennenlernen konnte. Er hatte als junger Mann im Zweiten Weltkrieg in Russland gekämpft. Wegen seines Holzbeins blieb der Krieg auch nach seiner Heimkehr für die ganze Familie allgegenwärtig, doch über seine Erlebnisse hat er – wie so viele Rückkehrer – nie gesprochen. Wohl auch deshalb ist mein Papa Geschichtslehrer geworden. Auf diese Weise versuchte er, sich seinem Vater anzunähern, der ihm zeitlebens immer etwas fremd geblieben war. Um zu verstehen, was das Schlachtfeld mit seinem Vater gemacht hatte, las er Tausende Seiten Kriegstagebücher von Soldaten. Als ich noch ein kleiner Junge war, zeigte er mir die Schauplätze der Invasion in der Normandie. Noch immer erinnere ich mich an das beklemmende Gefühl, das ich in den dunklen, kalten Bunkern verspürte, die noch heute an den Stränden zu finden sind. Den Soldaten versuchte man die Angst damals mit Medikamenten förmlich aus den Adern zu spritzen. Es half nichts. Etwa 1,4 Millionen Soldaten aus verschiedenen Ländern wurden nach dem Zweiten Weltkrieg wegen psychischer Probleme behandelt.

Auch der Vietnamkrieg hinterließ unzählige unsichtbare

Wunden. Es war vom »Post-Vietnam-Syndrom« die Rede. Erst im Jahr 1980 fand der Begriff »posttraumatische Belastungsstörung« Eingang in das sogenannte DSM, ein international anerkanntes Handbuch der Psychiatrie. Heute sind per Definition nicht nur Kriegserlebnisse Auslöser von PTBS, sondern etwa auch die Erfahrung von schwerer Krankheit, Naturkatastrophen, Amokläufen oder Unfällen. Der Umfang der Fachliteratur ist bereits immens, und die Forschung gewinnt stetig neue Erkenntnisse darüber, wie Traumata Körper und Geist beeinflussen. Ich bin gespannt zu erfahren, wie man im legendären Fort Bragg mit PTBS umgeht.

Mit einem kräftigen Ruck setzt die Maschine auf der Landebahn des Regionalflughafens von Fayetteville auf, einer seelenlosen Großstadt, die vor allem für zwei Dinge bekannt ist: die Nähe zu Fort Bragg und eine hohe Kriminalitätsrate. Die Zahl der Fälle von häuslicher Gewalt ist seit Beginn des Irakkriegs extrem gestiegen. In den Jahren 2002 und 2008 erschütterten eine Reihe von Morden an Frauen die Stadt, woraufhin Fayetteville landesweit Schlagzeilen machte. Bei diversen Verbrechen geraten hier immer wieder Soldaten als Täter unter Verdacht oder werden tatsächlich verurteilt. In vielen Medienberichten wird die Frage aufgeworfen, ob die traumatischen Kriegserfahrungen der Soldaten an den vielen Gewalttaten schuld sind. Doch die Armee veröffentlicht kaum Zahlen oder Untersuchungsergebnisse.

Im Mietwagen fahre ich vom Flughafen aus Richtung Norden. Ein halbe Stunde führt der Weg durch amerikanische Einöde, vorbei an Großsupermärkten, Schnellrestaurants und Gebrauchtwagenhändlern. Während ich am Kasernentor auf den Sicherheitscheck warte, lese ich im Internet einige Fakten über Fort Bragg und bin völlig überwältigt von den Ausmaßen. Mit einer Fläche von 650 Quadratkilometern ist das Areal genau doppelt so groß wie die Stadt Bremen. Mehr als 50 000 Militärangehörige sind hier beschäftigt. Damit ist Fort Bragg einer der größten Stützpunkte der Welt. Kaum ein anderer Standort entsendet so viele Soldaten nach Afghanistan und in den Irak. Das Areal dient als Hauptquartier des XVIII. Luftlandekorps und der Fallschirmjäger. Bis zu 100 000 Sprünge werden pro Jahr über dem Stützpunkt absolviert. Fort Bragg beherbergt zudem das Zentrum für militärische Terrorismusbekämpfung, und auch das modernste Übungs- und Trainingsareal der US-Armee ist hier beheimatet. Früher oder später landet jeder Armeeangehörige mal im »Zentrum des Universums«, wie Fort Bragg in Soldatenkreisen auch genannt wird. Sogar ein Sondereinsatzkommando des FBI trainiert auf dem Gelände Geiselbefreiungen.

Ausländern wird nur selten Zutritt gestattet. Nach den Anschlägen vom 11. September wurde der Stützpunkt noch stärker abgeriegelt und weiträumig umzäunt. Nachdem ich mit dem Wagen mehrere Sicherheitsschleusen passiert habe, nimmt mich ein Pressesprecher namens Wallace in Empfang. Unsere erste Station ist ein etwa zehn Meter hoher Turm. An einer Seilwinde gesichert Soldaten springen daraus ab, um für Fallschirmsprünge zu trainieren. Mit teilnahmslosem Gesichtsausdruck rasen sie auf den Boden zu. Dann machen wir an einem Sportplatz halt. In der Mittagshitze trainieren Rekruten in voller Kampfmontur die Bergung von Verletzten. Mit Helm, Nachtsichtgerät, Maschinengewehr und Rucksack bepackt schleppen sie in hohem Tempo eine schwere Puppe über den Platz. Dabei wird die Zeit gestoppt. Gesprochen wird kaum, das würde wohl unnötig Energie kosten. Literweise tropft der Schweiß in orangefarbenen Sand.

Der Pressesprecher der Armee und ich setzen unsere Fahrt durch die Soldatenstadt fort. Wir kommen an viergeschossigen, in Brauntönen gehaltenen Häusern vorbei, die den Soldaten als Unterkünfte dienen. Sie haben den Charme von deutschen Studentenwohnheimen, die in den 1970er-Jahren gebaut wurden. Große Schilder verraten, welche Einheit in welchem Gebäudekomplex beheimatet ist. »Willkommen im Land der Teufel in Schlabberhosen«, steht auf einem. Die Schlabberhosen sind das Markenzeichen der Fallschirmjäger. Fort Bragg ist die Heimat der 82. US-Luftlandedivision, die auch »Amerikas Wächter der Ehre« genannt wird und sich als »uramerikanisch« (»All American«) bezeichnet. Mit etwa 14 000 Soldaten ist dies der größte Luftlandeverband der Welt. Die Luftlandedivision hat den Auftrag, innerhalb von achtzehn Stunden nach Alarmierung an jedem Ort der Welt gefechtsbereit zu sein. Ihren bei Amerikanern legendären Ruf erwarb sie sich im Zweiten Weltkrieg, weil die todesmutigen Fallschirmjäger hinter den feindlichen Linien absprangen. Sie waren zum Beispiel an der Landung in der Normandie und an der Schlacht in den Ardennen beteiligt. Einheiten der Division kämpften auch im Vietnamkrieg, waren 1991 an der Befreiung Kuwaits beteiligt, dienten im Kosovo und in Afghanistan und nahmen 2003 an der Eroberung des Irak teil. »Seit jeher ist die 82. Luftlandedivision die Vorhut in jeder Krise«, erklärt mir der Pressesprecher.

Wir halten vor einer Halle, in der eine Großküche untergebracht ist. Hier treffe ich Master Sergeant Dominic DiFatta wieder. Etwas reserviert und irgendwie angespannt wirkt der Soldat mit den Bernhardineraugen heute. Ich frage mich, ob er bereut, dass er offen mit mir über den Selbstmord seines Kameraden gesprochen hat. Vielleicht hat sein distanziertes Auftreten aber auch mit der Anwesenheit des Pressesprechers zu tun, der nie von meiner Seite weicht. Andre Rush lässt sich entschuldigen, er hat kurzfristig die Einladung zu einer Talkshow in New York angenommen. Eigentlich sollte er hier heute neben Dominic bei einem Kochwettbewerb als Jurymitglied fungieren. Vier Teams von jeweils vier Soldaten treten gegeneinander an. Unter großem Zeitdruck müssen sie ein Menü kreieren. Sobald der Countdown läuft, gehen die jungen Soldatinnen und Soldaten hoch konzentriert ans Werk. Es werden Rippchen geschnitten, Paprikas geröstet und Sirup für Sorbet in kleine Flugzeug-Förmchen gegossen. Dominic schaut den Nachwuchsköchen dabei über die Schulter und verteilt hier und da ein paar motivierende Worte. Corey ist neunzehn Jahre alt und holt gerade Bauchfleisch in Blätterteig aus einem riesigen Ofen. Nächsten Monat wird er nach Afghanistan entsendet.

»Haben Sie Angst vor dem Krieg?«, frage ich Corey. Sofort grätscht der Pressesprecher dazwischen. Ich solle bitte nur Fragen zum Kochwettbewerb stellen. In dem Gewirr der Großküche versuche ich, den Pressesprecher abzuhängen, und spreche eine Soldatin an, die Gnocchi in Mehl wälzt. Doch sofort ist der Wachhund wieder zur Stelle. Also spreche ich ihn auf das Thema an, das mich eigentlich hierhergeführt hat. »Ist Andre Rush aus Ihrer Sicht ein Vorbild für Armeeangehörige?«, taste ich mich vor.

»Er hat auf jeden Fall unter Beweis gestellt, dass man auch nach dem Soldatendasein eine große Karriere hinlegen kann, für die hier in Fort Bragg die Grundlage gelegt wurde«, sagt der Presseoffizier.

»Seine Bekanntheit als Koch des Weißen Hauses nutzt Mr Rush ja auch, um auf die Problematik der hohen Zahl von Selbstmorden unter Soldaten aufmerksam zu machen. Welche Präventionsmaßnahmen gibt es hier in Fort Bragg?«

Der Pressesprecher gerät ins Stammeln. »Dazu kann ich nichts sagen. Ich bin kein Experte bei diesem Thema. Ich habe nicht die Befähigung, darüber zu sprechen.«

»Können Sie mir denn sagen, was die US-Armee im Allgemeinen unternimmt, um Suizide zu verhindern?«

»Also, die Armee ... Wir tun, was wir können. Es gibt Angebote für Soldaten, um ihnen zu helfen, mit posttraumatischen Belastungsstörungen und anderen Schwierigkeiten umzugehen. Außerdem vertreten unsere Kommandanten eine Politik der offenen Tür. Soldatinnen und Soldaten können sich jederzeit an sie wenden. Darüber hinaus beschäftigen wir in den Militärkrankenhäusern auch Therapeuten.«

Ich frage, ob er mir ein Gespräch mit einem solchen Therapeuten vermitteln könne. Die Antwort kommt unverzüglich. Nein, das sei leider nicht möglich. Ich bin etwas perplex, denn direkt auf dem Gelände gibt es ein riesiges Militärkrankenhaus, das pro Jahr 11 000 Patienten behandelt. Ich versuche nachzuhaken, indem ich auf der persönlichen Ebene weiterfrage. »Sind Sie selbst denn schon einmal Kameraden begegnet, die psychische Probleme hatten?«

»Ich habe schon Soldaten getroffen, die mit Angst zu kämpfen hatten. Und wahrscheinlich bin ich auch schon Leuten über den Weg gelaufen, die eine posttraumatische Belastungsstörung hatten. Aber es hat noch niemand mit mir persönlich darüber gesprochen. Sollte dies jemals der Fall sein, werde ich die Person über die Angebote informieren, die ich kenne.«

Ich bin verblüfft, wie schlecht der Pressesprecher auf meine Fragen vorbereitet ist. Er wusste ja, dass ich an einem Porträt über Andre Rush arbeite und das Thema Suizid auf der Hand liegt. Die US-Armee gibt jährlich wahrscheinlich viele Millionen Dollar für Presse- und Öffentlichkeitsarbeit

aus, und trotzdem ist man hier nicht einmal auf ganz nahe-
liegende Fragen gefasst.

Der Sieger des Kochwettbewerbs ist noch nicht gekürt,
doch ich bitte darum, die Tour über den Stützpunkt zu Ende
zu bringen. Zum krönenden Abschluss machen wir halt
beim Schießstand, der sich am Rande eines Waldes befindet. Mehrere Soldaten stehen im Abstand von etwa drei
Metern nebeneinander. Der Kommandeur trötet mit einer
Luftdruckfanfare. Daraufhin feuern seine Männer mit Pistolen auf Zielscheiben in Form eines Oberkörpers. Hinter
den Zielscheiben hat man einen Hügel aufgeschüttet. Die
einschlagenden Kugeln wirbeln kleine Wölkchen aus fein-
körnigem Sand auf. Sie streben dem Sommerhimmel entgegen, doch der Wind drückt sie zur Seite.

»Gleich wird es spannend. Dann wird im Liegen mit Maschinengewehren geschossen«, sagt der Pressesprecher. Er-
wartungsvoll schaut er mich an, auf einen Ausdruck der
Begeisterung wartend.

»Danke, aber ich habe für heute genug gesehen«, entgegne ich. Tatsächlich hat der Pressesprecher mir viel gezeigt. Nur die Angst, die hat er erfolgreich vor mir versteckt.

Das Gefängnis

Der Marathon von San Quentin

Ein Blatt Papier führt mir die Gefahr vor Augen, in die ich mich begeben werde. Mit meiner Unterschrift unter dem Dokument erkläre ich, dass ich mir dieser Gefahr bewusst und im Ernstfall bereit bin, den größtmöglichen Preis dafür zu zahlen. Denn der US-Bundesstaat Kalifornien wird kein Lösegeld zahlen und auch keine anderen Forderungen erfüllen, sollte ich als Geisel genommen werden. Das erkenne ich mit meiner Unterschrift an. Auf weiteren Zetteln werden mir die Verhaltensregeln für das berühmt-berüchtigte San Quentin State Prison mitgeteilt. Allein die Kleiderordnung für Besucher umfasst zwölf Punkte. Auf meine Frage, warum ich keine blaue Hose tragen darf, wird mir erklärt, dass die Scharfschützen auf den Wachtürmen mich damit im Fall der Fälle nicht von den Insassen mit ihrer blauen Häftlingskleidung unterscheiden könnten. Auch grüne und orange Kleidungsstücke sind verboten. Grün ist dem Sicherheitspersonal vorbehalten, Orange den »Neuankömmlingen«. Verboten sind ebenso »Schuhe, in denen du nicht rennen kannst«, wie es wörtlich heißt. Ich entscheide mich für schwarze Turnschuhe, eine beige Hose und einen schwarzen Pullover. Mit einer weiteren Unterschrift autorisiere ich die Gefängnisleitung, mich vom FBI durchleuchten zu lassen. Man möchte so sicher wie möglich gehen, dass ich nicht mit bösen Absichten nach San Quentin komme, und unterzieht mich einem Background Check, ähnlich wie bei den Waffenkäufern.

All diese Formalitäten habe ich im Vorfeld geklärt. Jetzt mache ich mich von San Francisco aus auf den Weg nach San Quentin. Nur eine halbe Stunde dauert die Autofahrt, die über die Golden Gate Bridge führt. Dann stehe ich vor dem Haupteingang des Gefängnisses. Die aufgehende Sonne lässt das Meerwasser wie geschmolzenes Gold erstrahlen. Wie in Zeitlupe zieht ein Frachtschiff vorbei. Dieser Anblick ist den Männern hinter den Mauern verwehrt. Jahre-, oft jahrzehntelang leben sie hier in der Bucht von San Francisco und dürfen das Meer nicht sehen. Eine zusätzliche, symbolische Strafe, die in keinem Urteil niedergeschrieben ist.

Der Eingangstrakt von San Quentin erinnert architektonisch an eine maurische Burg. Auf unheimliche Weise idyllisch glänzt das Gebäude mit seinen vergitterten Zwillingsfenstern und mittelalterlichen Zinnen in der Morgensonne. Als »Hölle auf Erden« beschrieb der Countrysänger Johnny Cash einst San Quentin in seinem gleichnamigen Song. »San Quentin, ich hasse jeden Zentimeter von dir. Du hast mich geschnitten und durch Narben entstellt«, heißt es in dem Text. Vor mir öffnet sich jetzt das Tor zur »Hölle«. Sam Robinson, der Pressesprecher von San Quentin, lässt mich herein. Das Tor schließt sich, hinter mir wird ein zusätzliches Gitter geschlossen. Auch vor mir befindet sich ein großes Gitter. Hinter einer Scheibe aus Panzerglas sitzt eine Wache und fordert mich auf, meine »ID« zu zeigen. Als Identitätsnachweis dient in Amerika meistens der US-Führerschein. Ich halte meine Plastikkarte vor die Glasscheibe, das Gitter vor mir öffnet sich. Wir betreten einen kleinen Innenhof mit einer perfekt gemähten, saftig grünen Wiese und akkurat geschnittenen Palmen. Durch die schmuckvolle Bepflanzung in Kombination mit der maurischen Architektur wähne ich mich einen Moment lang auf dem Gelände eines Wellnesshotels und nicht in einem Hochsicherheitsgefängnis.

»Das da vorne ist der Todestrakt«, sagt der Pressesprecher, als hätte er meine Gedanken gelesen und wollte mich auf den Boden der Tatsachen zurückholen. Sam Robinson zeigt auf einen fensterlosen Gebäudekomplex. Männer mit Gewehren stehen oben auf den Wachtürmen. Diese sind durch Brücken miteinander verbunden, die mit riesigen Rollen aus Stacheldraht gesichert sind. Häftlinge aus dem Todestrakt sind nicht zu sehen, den parkähnlichen Innenhof betreten sie nie. Der Todestrakt, die sogenannte »Death Row«, ist gebaut und organisiert wie ein separates Gefängnis innerhalb von San Quentin. Rund 700 zum Tode verurteilte Gefangene sitzen hier ein, so viele wie nirgendwo sonst in den USA. Seit 1893 werden die Todesurteile auch vor Ort vollstreckt. Bis 1937 wurden hier 215 Häftlinge gehängt. Dann kam eine Gaskammer zum Einsatz, in der 196 Schwerverbrecher starben. Im Jahr 1995 entschied ein Gericht, dass der Tod durch Gas eine »grausame und ungewöhnliche Bestrafung« sei. Seither wurden elf verurteilte Kriminelle mit einer Giftspritze getötet. Wegen rechtlicher Auseinandersetzungen sind die Hinrichtungen seit 2006 vorerst ausgesetzt. Doch Sam Robinson hat die Vollstreckung von Todesurteilen noch miterlebt. Er hat hier vor zwanzig Jahren als Wärter angefangen und auch im Todestrakt gearbeitet. Nach und nach arbeitete er sich in der Hierarchie des Gefängnispersonals bis zum Pressesprecher hoch. Vor ihm hätten schon einige seiner Familienmitglieder in San Quentin ihren Lebensunterhalt verdient, deshalb habe er keine Berührungsängste gehabt, erzählt er.

Ich frage ihn, was sich in einem Gebäude mit der Aufschrift »Adjustment Center« verbirgt, das an den Todestrakt grenzt.

»Wenn du dahin kommst, bist du in Schwierigkeiten«, sagt Robinson und lacht, sodass seine schneeweißen Zähne in der kalifornischen Sonne erstrahlen. »Hier bringen wir die Schlimmsten der Schlimmen unter. Zum Beispiel Häftlinge, die Wärter oder Mitgefangene angreifen. Sie kommen in kleine Einzelzellen, die sie nur für eine Stunde pro Tag verlassen dürfen. Also benimm dich besser.« Wieder legt sich ein Lachen auf sein schwarzes, gutmütiges Gesicht.

Ein Gefängnis kann viel über eine Gesellschaft aussagen. Schon der französische Publizist, Historiker und Politiker Alexis de Tocqueville reiste 1831 in die USA, um das Gefängniswesen zu studieren. Seine Beobachtungen bildeten das Fundament für sein Standardwerk *Über die Demokratie in Amerika*. In San Quentin will ich herausfinden, was das Gefängniswesen heutzutage über den Zustand der amerikanischen Demokratie, über Rassismus, Profitgier und die Fähigkeit zu Reformen verrät. Und natürlich über die Ängste, denen ich auf meiner Reise bereits begegnet bin.

Wir lassen den Todestrakt und den »repräsentativen« Innenhof hinter uns, laufen an einem riesigen Verwaltungsgebäude vorbei und überqueren den eigentlichen Gefängnishof. Sam Robinson führt mich in eine Baracke aus Wellblech. Zehn Männer in blauer Kleidung sitzen hier in einem Raum, der wie ein Klassenzimmer anmutet. An den Wänden hängen bunte Landkarten und Poster von Karibikstränden, in einer Reihe stehen Schreibtische mit Computern. Der Pressesprecher hatte mir im Vorfeld angeboten, mir die Namen und Kriminalfälle der Häftlinge zur Verfügung zu stellen, doch ich hatte dankend abgelehnt, weil ich unvoreingenommen mit den Männern ins Gespräch kommen möchte. Ich weiß nur, dass sie alle zu lebenslangen Haftstrafen verurteilt wurden. Ihre Lebensgeschichten mögen noch so unterschiedlich sein, gemeinsam haben sie ein großes Ziel: Sie wollen am nächsten Tag hinter den Knastmauern einen Marathon laufen.

Ich treffe sie bei ihrer Abschlussbesprechung. John Levin ist der Erste, der meinen Blick sucht. Seine blaugrünen Augen lassen mich an einen treuen Hund denken. Betont wird seine Augenpartie durch seine kalkweiße Vollglatze und eine schwarz gerahmte Brille. Sein Schnurrbart ist sorgfältig gestutzt. John ist mit Abstand der kleinste und schmächtigste Mann im Raum. Er ist Mitte fünfzig und eher der Typ Schachspieler als Marathonläufer.

»Wie bist du zum Laufen gekommen?«, frage ich möglichst locker, als würden wir uns gerade zufällig in einem Park begegnen und nicht in einem Hochsicherheitsgefängnis.

»Ich musste einfach etwas für meine Gesundheit tun. Im Jahr 2012 hatte ich im Gefängnis einen Herzinfarkt, an dem ich fast gestorben wäre. Nach einer dreifachen Bypassoperation habe ich angefangen, mal ein bis zwei Kilometer zu joggen. Am Anfang hat mir das überhaupt keinen Spaß gemacht, aber inzwischen liebe ich es.« John schloss sich dem knastinternen Laufclub an. Er mag das Kameradschaftsgefühl, die gegenseitige Motivation. Eine ganze Weile sprechen wir über seine Trainingsgewohnheiten. Dann bitte ich John, mir seine Lebensgeschichte zu erzählen.

»Ich war mein Leben lang ein Computer-Nerd, habe Informatik studiert und 25 Jahre lang in der IT-Industrie gearbeitet. Im Jahr 2009 habe ich meine zweite Frau Michelle umgebracht. Ich war drogensüchtig, und alles geriet außer Kontrolle. Ich traf einige sehr schlechte Entscheidungen und landete im Gefängnis.« Ich frage nicht weiter nach, welche »sehr schlechten Entscheidungen« John noch getroffen hat. Aber abends im Hotelzimmer werde ich seinen Namen googeln und einige Zeitungsartikel über seinen Fall finden. Die *Los Angeles Times* berichtete, dass John zu einer lebenslangen Freiheitsstrafe verurteilt wurde, weil er seine damals 35-jährige Frau Michelle in ihrer gemeinsamen Wohnung erstochen hatte. Er ließ sie auf dem Boden des Schlafzimmers liegen und verriegelte die Tür. Bevor er auf die Flucht ging, tötete John auch den Zwergspitz der Familie, indem er ihn in die Mikrowelle steckte. Für diese Tierquälerei wurde er zu einer weiteren Freiheitsstrafe von acht Monaten verurteilt. Verhaftet wurde er bei dem Versuch, die Grenze nach Kanada zu überqueren. Zu diesem Zeitpunkt soll John suizidal gewesen sein. Aus seinen Handgelenken sei Blut gesickert, gab ein Grenzbeamter zu Protokoll. Sein Anwalt argumentierte vor Gericht, John sei süchtig nach dem Medikament Carisoprodol gewesen und habe auch zum Tatzeitpunkt unter dem Einfluss des Muskelrelaxans gestanden. In einem Internetforum findet sich ein altes Foto von John mit Michelle. Er umarmt seine Frau innig, schmiegt seinen Kopf an ihr volles, dunkelbraunes Haar. Im Hintergrund ist das Meer zu sehen – und der Blick eines treuen Hundes. In dem Forum behaupten diverse Menschen ohne Angabe ihres Namens, dass sie John gekannt hätten. »Das passt überhaupt nicht zu ihm«, schreibt einer. Ein anderer »Anonymous« bekundet, er sei mit John zur Schule gegangen. Bei Facebook habe John immer gerne gezeigt, was er und Michelle alles unternommen hätten. »Was kann da so schiefgelaufen sein?«, fragt der vermeintliche Schulfreund. »Ich frage mich, was John durch den Kopf ging, um jemandem etwas so Schreckliches anzutun, in den er so verliebt war.« Ein anderer Besucher des Forums schreibt: »Möge Johns Seele in der Hölle verrotten.«

Was für ihn am Gefängnis am schlimmsten sei, möchte ich von John wissen. Mit den Haftbedingungen hat er sich grundsätzlich arrangiert. »Das Einzige, womit es mir schwerfällt klarzukommen, sind die sehr, sehr kleinen Zellen. Glücklicherweise bin ich nicht groß, aber für zwei Leute ist das eine sehr kleine Zelle.« Das Schrecklichste für ihn am Gefängnis aber sei, von seiner Familie getrennt zu sein. »Ich schäme mich sehr und fühle mich schuldig, weil ich ein Leben genommen habe. Zur Strafe bin ich jetzt von denen isoliert, die ich liebe.« John hat eine Tochter und einen Sohn aus erster Ehe. Beide sind Anfang zwanzig. Mit beiden darf er einmal pro Woche für jeweils fünfzehn Minuten telefonieren. »In diesen fünfzehn Minuten bin ich zu 100 Prozent für sie da. Früher war ich zwar physisch da, aber nicht emotional.«

»Haben deine Kinder dir vergeben?«

»Ja, es ist großartig. Ich habe wirklich zwei bemerkenswerte Kinder, sie haben mir vergeben.«

»Hast du versucht, ihnen zu erklären, was passiert ist?«

»Ich versuche nicht wirklich, ihnen mein Verhalten zu erklären. Denn das kann man nicht einfach erklären oder rationalisieren. Ich habe versucht, ihnen zu helfen zu verstehen, welche Ereignisse in meinem Leben dazu geführt haben, dass ich einige sehr schlechte Entscheidungen getroffen habe. Ich versuche, ihnen zu erklären, warum sie im Leben umsichtig sein müssen. Immer wieder sage ich ihnen: Nehmt mich als Beispiel. Macht nicht die gleichen Fehler wie ich. Sie haben mir gesagt, dass sie trotz allem, was passiert ist, stolz auf mich sind. Denn ich versuche hier im Gefängnis, mich zu bessern. Sie sind stolz – trotz allem. Das bedeutet mir viel.«

John hat Tränen in den Augen, als er das sagt. Einen Moment lang empfinde ich Mitgefühl, vielleicht sogar Sympathie für ihn. Doch dann frage ich mich, ob seine Tränen echt sind oder taktischer Natur. Denn nur wer sich reumütig zeigt und sich bessern will, hat Aussicht auf Begnadigung. Gemäß seinem Urteil darf John frühestens nach achtzehn Jahren einen Antrag auf Begnadigung stellen. Allerdings kann er wegen eines neuen Gesetzes die Wartezeit auf den Begnadigungsantrag reduzieren, wenn er zum Beispiel an Selbsthilfegruppen teilnimmt oder sich sozial engagiert. Der gelernte Programmierer gibt hier sein Wissen an andere Häftlinge weiter. John ist hoffnungsvoll, weil San Quentin ihm die Chance gibt, seine Haftstrafe zu reduzieren. »Ich war nur in drei anderen Gefängnissen, aber dieses bietet mit Abstand die besten Möglichkeiten für die Gefangenen.«

Auch Tommy Wickerd ist voll des Lobes für San Quentin. Er schätzt die Möglichkeiten, sich weiterzubilden. Auch die Tatsache, dass für die Häftlinge ein Marathon organisiert wird, hält er für absolut außergewöhnlich. »Früher gab es praktisch keine Rehabilitationsprogramme. In den 1980er- und 1990er-Jahren hat das Gefängnis aus den Häftlingen keine besseren Menschen gemacht, sondern schlechtere«, sagt er mit tiefer Stimme. Mit achtzehn Jahren wurde Tommy zum ersten Mal inhaftiert. Er war gerade erst bei seinen Eltern ausgezogen und betrank sich mit Freunden. Sie zogen durch die Straßen und brachen Autos auf. »Als ich in den Knast kam, hatte ich viel zu enge Klamotten an und trug lange Haare. Das war keine gute Idee. Denn einige muskelbepackte Typen schauten mich an wie ein schönes Stück Fleisch und wollten mich zu ihrer Sissy machen. Ich musste mich dagegen wehren. Weil ich mich schlug und mir eine Glatze rasierte, kam ich in einen Trakt mit einigen der gefährlichsten Gangmitglieder, die es gibt. Die älteren Kerle brachten mir alles bei: Hieraus machst du Alkohol, daraus machst du eine Waffe. So haust du dir Drogen rein. Das alles habe ich im Gefängnis gelernt.«

Die vielen Tätowierungen auf seinen Armen sind Reliquien aus dieser Zeit, auch die Glatze ist geblieben. Als Tommy zum ersten Mal aus dem Knast entlassen wird, ist er fest in der Gangkultur verwurzelt. Zwei weitere Male wandert er ins Gefängnis, wegen Diebstählen, Angriffen mit einer tödlichen Waffe und Drohungen. Jeder Aufenthalt hinter Gittern macht ihn noch krimineller, noch brutaler. Als er wieder in Freiheit ist, geraten die Dinge aus den Fugen. Tommy erzählt mir offen von der Tat, die ihm eine Gefängnisstrafe von 57 Jahren einbrachte. Denn er will sich nicht nur im Marathonlaufen bessern, sondern auch im Leben. Zu seinen Taten zu stehen, empfindet Tommy als ersten Schritt.

»Ich bin mit einem ehemaligen Mitglied meiner Gang aneinandergeraten. Dann führte eins zum anderen. Am Ende war er erschossen und ich im Gefängnis. Er war eigentlich ein alter Kumpel, aber er schoss auf meinen Kopf. Ich nahm die Waffe und tötete ihn. Ich habe mein ganzes Magazin in ihm entladen«, sagt Tommy. Die Schüsse trafen sein Opfer in Kopf und Brust. Tommy nimmt seine Baseballkappe ab und zeigt mir die Stelle, an der ihn die Kugel, die zuvor auf ihn abgefeuert worden war, streifte. Über der Narbe hat er sich die Worte »Mama und Papa« tätowieren lassen. Tommy erzählt das alles ganz ruhig und abgeklärt. Man ist geneigt, ihm auf Anhieb zu glauben, dass er eigentlich keine andere Wahl hatte, als aus Notwehr selbst zu schießen. Er ist hochgewachsen wie ein Basketballer und so breit wie ein Footballspieler. Um seinen Hals hängt eine wuchtige Kette. Trotzdem wirkt er auf mich kein bisschen bedrohlich. Etwas unbeholfen tapst er von einem Bein aufs andere, wie ein großer Junge, der durch eine Verkettung unglücklicher Umstände in eine ganz blöde Sache hineingeraten ist. Würde ich Tommy in San Francisco nachts auf der Straße begegnen, würde ich nicht befürchten, dass er mich überfällt. Ich würde eher erwarten, dass er mich wie einen alten Kumpel fragt, ob ich ihm mal kurz aus der Patsche helfen kann.

»Wenn du aus Notwehr geschossen hast – warum hast du das nicht der Polizei gesagt?«, hake ich nach.

»Weil ich Mitglied einer Gang war. Wie sollte ich da die Polizei anrufen, ohne als Verräter zu gelten?«

Stattdessen legte Tommy die Leiche in den Kofferraum eines gestohlenen Toyota und ließ den Wagen in Flammen aufgehen. Sein Opfer verbrannte bis zur Unkenntlichkeit. Als die Polizei Tommy auf die Schliche kam, lieferte er sich mit ihnen eine wilde Verfolgungsjagd durch die Innenstadt von Palmdale in Kalifornien. Und als die Polizei versuchte, Tommy in eine Sackgasse zu drängen, rammte er den Streifenwagen. Allein dieser Angriff auf einen Beamten macht zehn seiner insgesamt 57 Jahre währenden Freiheitsstrafe aus. Inzwischen hat der 52-jährige Tommy schon sein halbes Leben hinter Gittern verbracht, doch er kann dem auch Gutes abgewinnen. In San Quentin hat er eine Art Highschool-Abschluss nachgeholt. Heute gehört er, wie er selbst sagt, zu den alten Kerlen im Knast, die den jungen Neuankömmlingen erklären, wie der Hase läuft. »Ich sage ihnen: ›Du hast die Wahl. Du kannst für den Rest deines Lebens in diesem Loch sitzen, oder du kannst auf Bildung setzen und dich auf die Gesellschaft vorbereiten.‹ In neun von zehn Fällen kommen sie hier ins Klassenzimmer, um sich zu bessern.«

Frank Ruona glaubt, dass die Worte seiner Läufer aufrichtig sind und nicht nur dazu dienen sollen, Richter davon zu überzeugen, sie frühzeitig auf freien Fuß zu setzen. »Das ist keine einfache Umgebung hier«, sagt er. »Ich habe Mitgefühl für diese Jungs, und ich hoffe, dass sie an sich arbeiten können – sei es beim Laufen, bei der Ausbildung, bei der Überwindung ihrer Drogensucht –, damit sie ihr Leben verbessern und hier endlich rauskommen. Dabei versuche ich ihnen zu helfen.« Frank ist der Marathontrainer der Gefangenen. Der Rentner hat selbst schon 78 Marathons und 38 Ultramarathons hinter sich gebracht. Er war Präsident eines Laufclubs, als ihn vor Jahren eine Anfrage aus San Quentin erreichte, ob es Freiwillige in seinem Club gebe, die Häftlinge trainieren möchten. Frank schrieb eine Rundmail an seine Mitglieder, niemand antwortete. Also beschloss er, es selbst zu versuchen. Seitdem verbringt er seine Freizeit hinter Gittern, einmal pro Woche kommt er hierher.

Frank erinnert mich an den deutschen Fußballtrainer Jupp Heynckes. Seine harten Gesichtszüge lassen ihn kalt und unnahbar erscheinen. Doch in seiner Brust scheint ein gutes Herz zu schlagen. Frank steht in der Mitte des Klassenraums, die Häftlinge sitzen im Stuhlkreis um ihn herum. Der Coach erklärt die Modalitäten. Die Gefangenen müssen 105 Runden um den Gefängnishof laufen, um auf die Marathondistanz von rund 42 Kilometern zu kommen. Bei dieser letzten Teambesprechung vor dem Lauf ist das Wetter das große Thema. Für den nächsten Tag ist Regen angesagt. »Macht das Beste aus der Situation«, sagt Frank und schaut seinen Läufern reihum in die Augen. Seine Worte wählt er immer sehr bewusst. Sie sollen nicht nur für das Laufen gelten, sondern auch für das Leben hinter Gittern. Alle hören ihm aufmerksam zu.

Markelle Taylor wird als Favorit ins Rennen gehen, man nennt ihn hier »die Gazelle von San Quentin«. Er ist groß, schwarz und sehr athletisch gebaut. Markelle ist im Gefängnis, weil er seine schwangere Freundin so schwer verprügelt hat, dass das Kind kurz nach der Geburt starb. Dass Coach Frank ihn und seine Mitgefangenen trotzdem trainiert, gibt ihm das Gefühl, nicht gänzlich von der Gesellschaft verstoßen worden zu sein. »Frank ist wie ein Vater für mich. Für uns alle. Wir nennen ihn Papa Coach. Wenn Leute von außen hier reinkommen, gibt uns das Vertrauen und Selbstwertgefühl. Wenn Menschen uns vertrauen oder an uns glauben, können wir auch selbst an uns glauben und uns motivieren, uns zu bessern«, sagt Markelle. Jeder der Läufer sagt mir im Einzelgespräch, dass er an sich arbeitet, sich bessern will. Eric Reeves, der seine Großmutter erstach, weil sie ihn erwischte, als er ihr Schecks stahl. Bruce Wells, der wegen Entführung und Totschlags einsitzt. Oder der Vergewaltiger Eddie DeWeaver. Obwohl alle Mitglieder seiner Laufgruppe zu lebenslangen Haftstrafen verurteilt wurden, hat Trainer Frank keine Angst oder Berührungsängste. »Sie sind gute Freunde. Mir macht es Spaß, hierherzukommen und mit ihnen zu arbeiten. Es gibt niemanden in der Gruppe, der nicht dankbar, respektvoll und höflich ist. Sie behandeln alle meine freiwilligen Helfer mit Respekt. Und ich habe immer gefühlt: Wenn du jemanden mit Respekt behandelst, behandelt er auch dich mit Respekt. Genau das versuche ich zu tun.«

Diese Herangehensweise ist geradezu revolutionär für San Quentin, das lange als einer der härtesten und brutalsten Knäste Amerikas galt. Ständig überfüllt, kam es immer wieder zu tödlichen Zwischenfällen. »Glaubst du, ich werde anders sein, wenn du fertig bist? Du verbiegst mein Herz und meinen Verstand, und du verkrümmst meine Seele«, sang Johnny Cash über San Quentin. 1969 trat er hier sogar vor den Gefangenen auf und produzierte daraus sein Album *At San Quentin*. Bei den Häftlingen traf er einen Nerv, das zeigen die Videoaufnahmen von damals. Die Männer in der blauen Kleidung bejubeln den Sänger nicht nur frenetisch, mancher hat Tränen in den Augen. Insgesamt vier Mal spielte der Sänger in San Quentin und machte das Gefängnis damit weltweit bekannt. Auch in anderen Haftanstalten, dem Folsom State Prison zum Beispiel, gab er immer wieder Konzerte. Um sich für eine Gefängnisreform einzusetzen, sagte er 1972 sogar vor einem Ausschuss des US-Senats aus. Durch seinen christlichen Glauben war Johnny Cash davon überzeugt, dass jeder Mensch eine Chance auf Erlösung verdient hatte. Doch Vergebung und Rehabilitierung für Straftäter waren jahrzehntelang das Letzte, worauf man in San Quentin und anderen amerikanischen Haftanstalten setzte. Harte Bestrafung, Abschreckung und finanzieller Profit waren die vorrangigen Ziele des US-Gefängniswesens. Kritiker sehen im amerikanischen Justizsystem sogar eine Fortsetzung der Sklaverei. Im 13. Verfassungszusatz heißt es, dass »Sklaverei und Zwangsarbeit« in den Vereinigten Staaten verboten seien – »außer als Strafe für ein Verbrechen«. Dieses Schlupfloch nutzten wohlhabende Weiße nach dem Ende des Bürgerkriegs aus. Sie hatten zwar durch die Abschaffung der Sklaverei ihre Arbeitskräfte verloren. Doch indem schwarze Amerikaner in großen Zahlen für Bagatellen verhaftet wurden, konnte man sie in Gefängnissen weiterhin als billige Arbeitskräfte ausbeuten. Das zeigt die Filmemacherin Ava DuVernay in ihrer Dokumentation *13th*. Seit jeher manifestiere sich im US-Justizsystem ein tief verwurzelter Rassismus. Noch heute seien kostenlose Gefängnisarbeiter fester Bestandteil eines ganzen Industriezweiges. »Gefängnisse sind die neuen Plantagen!«, so DuVernays These.

Eine Reihe von Statistiken scheint das zu belegen. Laut *NZZ* waren im Jahr 2018 sechsmal so viele schwarze Männer inhaftiert wie weiße. Statistisch gesehen landet jeder dritte afroamerikanische Mann (ab dem Geburtsjahr 2001) einmal in seinem Leben im Gefängnis. Außerdem zeigt eine Studie der University of Michigan aus dem Jahr 2014, dass bei gleicher Tat die Wahrscheinlichkeit einer Anklage wegen eines mit einer obligatorischen Mindeststrafe geahndeten Deliktes für schwarze Festgenommene um 75 Prozent höher ist als für weiße. Und laut der überparteilichen, vom US-Kongress eingesetzten Sentencing Commission werden schwarze Amerikaner durchschnittlich zu 19 Prozent längeren Haftstrafen verurteilt als weiße Männer für das gleiche Delikt unter vergleichbaren Umständen. Ein Grund dafür, dass schwarze Amerikaner unverhältnismäßig hart bestraft werden und in überproportional hohem Maße in Gefängnissen vertreten sind, ist der »Krieg gegen die Drogen«. Die Regierung von Präsident Nixon erklärte nicht nur Drogenmissbrauch zum »Staatsfeind Nummer eins«, sondern indirekt auch Afroamerikaner. »Wir wussten, dass wir es nicht illegal machen konnten, schwarz zu sein. Aber indem wir die Öffentlichkeit dazu brachten, Hippies mit Marihuana zu assoziieren und Schwarze mit Heroin, und dann beides hart bestraften, konnten wir diese Gruppen diskreditieren«, wird Nixons innenpolitischer Berater John Ehrlichman in *13th* zitiert. »Wussten wir, dass wir über die Drogen logen? Natürlich.«

Nach der Ermordung des Bürgerrechtlers Martin Luther King und den damit verbundenen Unruhen gab sich Richard Nixon als »Law and Order«-Präsident, der von »Städten in Rauch und Flammen« sprach. Viele Bürgerrechtler wurden kriminalisiert. Gleichzeitig fielen die USA in eine tiefe wirtschaftliche Stagnation. »Städte kämpften mit dem Bankrott, Gettos wuchsen, und es gab eine Welle der Gewaltverbrechen. Scheinbar über Nacht waren amerikanische Haushalte erfüllt von Angst. Die Abendnachrichten waren voller Schreckensmeldungen, unterstützt von Hollywood-Storys, die einen neuen innerstädtischen Wahnsinn zeichneten«, resümiert das Magazin *Vice*. Oftmals waren die Polizisten in Filmen weiß und die Verbrecher schwarz. Nicht nur Hollywood verstand es meisterhaft, mit der Angst Geschäfte zu machen, auch die Politik entdeckte eine Antwort auf die Angst: Der »Krieg gegen das Verbrechen« wurde zum Wahlkampfschlager.

Selbst der in Deutschland meist in mildem Licht erscheinende George Bush senior verdankte seinen Erfolg bei der Präsidentschaftswahl 1988 unter anderem einem Wahlwerbespot, der nicht nur die Ängste der Amerikaner vor Kriminalität schürte, sondern auch Rassismus. Der TV-Spot erzählte die wahre Geschichte des schwarzen Häftlings Willie Horton, der während seines Wochenendfreigangs aus einem Bundesstaatsgefängnis eine weiße Frau vergewaltigte und tötete. Die Schilderung des Falls war ein direkter Angriff auf Bushs Gegenkandidaten von der Demokratischen Partei, Michael Dukakis, der zum Zeitpunkt des Gewaltverbrechens Gouverneur von Massachusetts gewesen war und für den Freigang verantwortlich gemacht werden sollte. Schon Bushs Vorgänger Ronald Reagan hatte sich als »Hardliner« gegeben. Unter Reagan wurden die Drogengesetze so streng, dass unter bestimmten Umständen auch kleine Kiffer ins Gefängnis mussten. Die verschärften Mindeststrafen brachten insbesondere Drogenkonsumenten hinter Gitter, selbst wenn sie kein Kapitalverbrechen begangen hatten. Eine Ungerechtigkeit bei der Bestrafung von schwarzen und weißen Amerikanern fand in der sogenannten »100-to-1 Rule« (»100-zu-1-Regel«) ihren Ausdruck. Ein Gesetz aus dem Jahr 1986 bestrafte den Besitz von Crack hundertmal so hart wie den von Kokain. Crack gilt eher als Droge der armen Schwarzen, Kokain als Rauschmittel der reichen Weißen. Erst unter Barack Obama wurden die Strafrahmen im Jahr 2010 angeglichen. Trotzdem wuchs der Widerstand gegen Ungerechtigkeiten des Systems über die Jahrzehnte immer weiter an.

Im September 2018 streikten in den USA mehr als 24 000 Häftlinge für faire Bezahlung und bessere Haftbedingungen. Das Magazin *The Atlantic* attestierte »die vermutlich größte gesellschaftliche Krise der neueren US-Geschichte«. Die öffentliche Meinung geriet in Bewegung, in einer Umfrage sprachen sich plötzlich 69 Prozent der Amerikaner für eine Gefängnisreform aus. Unter diesem Druck unterstützte Präsident Trump 2018 eine Strafrechtsreform, die unter anderem eine rückwirkende Haftreduktion für Gefangene vorsah, die auf Basis der 100-zu-1-Regel verurteilt worden waren. Mehr als 2000 Personen profitierten davon, 91 Prozent von ihnen waren schwarze Amerikaner. Dennoch wirkt die Regel immer noch nach. Knapp die Hälfte der Insassen von Bundesgefängnissen ist wegen Drogendelikten inhaftiert. »Die amerikanischen Gefängnisse sind überfüllt mit schwarzen Verurteilten. Die Justizreform ist ein unerledigtes Anliegen der früheren Bürgerrechtsbewegung«, schrieb die Historikerin Jill Lepore in ihrem Buch *Diese Wahrheiten*.

Zur Wahrheit gehört auch die Tatsache, dass das Gefängniswesen in den USA ein wichtiger Wirtschaftszweig ist. Jede zehnte Haftanstalt wird von privatwirtschaftlichen Unternehmen betrieben. Seit den 1980er-Jahren ist das erlaubt, und seither werden Milliarden verdient. Die Vereinigten Staaten machen zwar nur 5 Prozent der Weltbevölkerung aus, aber 25 Prozent der weltweit inhaftierten Menschen sitzen in Amerika hinter Gittern. Die USA haben mehr Gefangene als Russland und China zusammen. Etwa 2,1 Millionen Personen sind in den USA inhaftiert, statistisch gesehen ist dies einer von 158 Einwohnern. Die fünfzig US-Bundesstaaten verfügen über mehr als 5000 Haftanstalten. Damit hat Amerika in den letzten Jahrzehnten mehr Gefängnisse gebaut als Hochschulen, rechnet das Magazin *Vice* vor und stellt ernüchtert fest: Es gibt mehr US-Bürger, die ins Gefängnis gehen, als angehende Studierende.

Dazu beigetragen hat auch der Demokrat Bill Clinton. »Wir können unser Land nicht zurückerobern, bevor wir nicht unsere Viertel zurückerobern«, tönte er im Wahlkampf 1992. Zwei Jahre später forderte der US-Kongress die Bundesstaaten explizit zu einer Politik der harten Hand auf. Bill Clinton unterschrieb ein Gesetz mit dem Titel »Violent Crime Control and Law Enforcement Act«. Das Gesetz sah vor, dass die Bundesstaaten mehr Geld aus dem Bundesbudget erhalten würden, je mehr Menschen sie inhaftierten. Im Handumdrehen brachten 28 Bundesstaaten und die Hauptstadt Washington, D.C. strengere Strafgesetze auf den Weg. Es wurden 100 000 zusätzliche Polizisten eingestellt und 10 Milliarden Dollar für Gefängnisse bereitgestellt. Auf diese Weise kam es zum größten Anstieg der Häftlingszahlen in der Geschichte der USA. Das Gesetz, auf dem dieser Anstieg beruhte, trug den Beinamen Biden-Strafgesetz (»Biden Crime Law«). Denn der damalige Senator von Delaware Joe Biden hatte maßgeblich daran mitgewirkt. Die Gefängnisindustrie erlebte in der Folge einen absoluten Boom.

Allein der älteste private Gefängnisbetreiber namens CoreCivic (früher Corrections Corporation of America, kurz CCA) erzielte laut *Wirtschaftswoche* im Jahr 2015 einen Umsatz von 1,79 Milliarden Dollar. Der Gewinn vor Steuern lag bei 282 Millionen. Weitere Knastkonzerne sind MTC und Geo Group, die ebenfalls Milliarden erwirtschaften. Doch wo Gewinn gemacht werden soll, herrscht auch Kostendruck. In privaten Gefängnissen in Tennessee zeigt sich das zum Beispiel an rationiertem Toilettenpapier oder der kalten Tatsache, dass die Häftlinge in den Wintermonaten nur eine statt zwei Bettdecken zur Verfügung gestellt bekommen. Um Geld zu sparen, werden Gefangene auch als Handwerker eingesetzt, die sogar den Stacheldraht an den Mauern reparieren und Kabel für die Alarmanlage löten. Die privaten Betreiber sparen oft auch an Wachpersonal, deshalb gebe es dort mehr Prügeleien und Aufstände als in staatlichen Gefängnissen, so die *Wirtschaftswoche*. Den Wärtern wird meistens nur der Mindestlohn gezahlt. Und mancher private Gefängnisbetreiber ist sogar so abgezockt, die Gefangenen sich gegenseitig bewachen zu lassen, um Geld zu sparen. Das FBI leitete ein Ermittlungsverfahren gegen einen Konzern ein, der in einem Gefängnis in Idaho offenbar statt eigenen Personals inhaftierte Gangmitglieder als Wachen einsetzte. Damit sollen 4800 Arbeitsstunden falsch abgerechnet worden sein. Die Firma zahlte eine Million Dollar an den Staat, um das Thema schnell auf sich beruhen zu lassen. »Die Leidenschaft des Geldmachens beherrscht alle anderen Leidenschaften«, notierte schon Alexis de Tocqueville auf seiner Gefängnisstudienreise im Jahr 1831. Das hat sich bis heute kaum geändert.

Der Stundenlohn in den privaten Haftanstalten – etwa für das Aufpumpen von Basketbällen für Sportartikelhändler oder das Drucken von Nummernschildern – beträgt oft nur einen Dollar. Arbeit für Hungerlöhne, katastrophale Haftbedingungen, Sicherheitsmängel – die private Gefängnisbranche produziert viele Negativschlagzeilen. Befürworter des Systems argumentieren, die gering vergütete Arbeitsleistung sei ein angemessener Weg, um zumindest einen Teil der Kosten für die Inhaftierung von rund 35 000 Dollar pro Häftling pro Jahr zu kompensieren. Um den Staat als Auftraggeber gewogen zu halten, nehmen die Gefängniskonzerne viel Geld für Lobbyismus in die Hand. Nach eigenen Angaben gab allein die Geo Group im Jahr 2015 rund 3,6 Millionen Dollar aus, um Politiker vom Sinn des privatwirtschaftlichen Gefängniswesens im Allgemeinen und den Vorzügen des eigenen Unternehmens im Speziellen zu überzeugen.

Joe Biden hat eine Abkehr von dem Kurs vollzogen, den er als Senator vertrat. Als Präsident ordnete er nun an, die Verträge mit privat betriebenen Strafvollzugsanstalten nicht zu erneuern. Diesen Schritt sieht er als Teil einer Reihe von Maßnahmen, mit denen er gegen strukturellen Rassismus vorgehen will. Wie Biden in einer Erklärung betonte, sitzen in Gefängnissen privater Betreiber überproportional viele Angehörige von Minderheiten. Auch Bill Clinton, der in den 1990er-Jahren gemeinsam mit Biden das Strafrecht verschärft hatte, betrachtet seine damalige Politik inzwischen als Fehler. »Das Problem ist, dass das Gesetz, so wie es geschrieben und umgesetzt wurde, ein zu großes Netz gespannt hat und zu viele Leute ins Gefängnis gewandert sind«, sagte Clinton in einem Interview mit CNN. »Wir haben so viele Menschen ins Gefängnis gesteckt, dass nicht mehr genug Geld da war, um ihnen Bildung zu ermöglichen, sie für neue Jobs zu schulen und ihre Chancen zu vergrößern, nach der Entlassung ein produktives Leben zu führen.«

Die Lebensbedingungen hinter Gittern verbessern und die Zahl der Strafgefangenen reduzieren soll die bereits erwähnte US-Justizreform, die unter Präsident Trump 2018 in einem seltenen Moment der Einigkeit von Republikanern und Demokraten im Kongress verabschiedet wurde. Sie gilt als größte Justizreform seit Jahrzehnten. Als Blaupause dafür diente San Quentin, das sich vom berühmt-berüchtigten Horrorknast zum Vorzeigegefängnis Kaliforniens gewandelt hat. Die Zahl der Häftlinge in San Quentin ist von 5500 auf rund 4000 gesunken, vor allem weil Häftlinge mit lebenslangen Freiheitsstrafen in Kalifornien begnadigt werden können, wenn sie sich gut führen und an Rehabilitations-programmen teilnehmen. Auf die Vorreiterrolle, die San Quentin bei dieser Justizreform gespielt hat, ist Gefängnis-sprecher Sam Robinson stolz. »Es gab strategische Initia-tiven in diesem Staat, um die Zahl der Strafgefangenen zu reduzieren. Darüber hinaus unterstützen wir die Wieder-eingliederung etwa durch Bildung, Berufsausbildung und das Training von sozialen Fähigkeiten. So helfen wir den Männern, sich zu verändern«, erklärt er mir. Der Gefängnis-marathon sei ein Bestandteil dieses Programms.

Ein neuer Tag bricht an. Fast schon routiniert bringe ich die Sicherheitsschleuse hinter mich. Sam Robinson führt mich in den eigentlichen Hof von San Quentin, der viel schmuckloser ist als der repräsentative Innenhof neben dem Todestrakt. Dieser Hof hier ist so groß wie mehrere Fußballfelder. Ein Schild weist ihn als »Field of Dreams« aus. In der Mitte des »Felds der Träume« befindet sich eine matschige Wiese, auf der Wildgänse nach Nahrung suchen. »Füttern verboten«, steht auf einem weiteren Schild. In einem abgegrenzten Bereich prügeln einige Häftlinge auf Boxsäcke ein, andere spielen Basketball oder machen Liege-stütze. Tommy Wickerd, Markelle Taylor, John Levin und die anderen Läufer machen Aufwärmübungen und dehnen sich. Etwas Feierliches liegt in der Luft, für die Männer ist es der wichtigste Tag des Jahres. Robinson denkt, dass der Marathon für die Gefangenen eine Erfahrung ist, die sie jenseits der Mauern nie machen konnten. »Sie haben nicht viele Erfolgserlebnisse gehabt oder Dinge zu Ende gebracht, die sie angefangen haben«, sagt er. »Dinge, die für den größ-ten Teil der Gesellschaft selbstverständlich sind. Für diese Kerle bedeutet es also mehr, als nur einen Marathon zu Ende zu laufen. Sie vollbringen etwas Positives.«

Wenn Sam Robinson in diesem Moment über »seine«

Häftlinge spricht, scheint er sie nicht primär als Mörder, Serienvergewaltiger, Räuber und Drogendealer zu betrachten, sondern als Menschen. Er wirkt nicht wie der ehemalige Wärter aus dem Todestrakt, sondern eher wie der Leiter eines Jungeninternats, der über seine Schützlinge spricht, die mal wieder was ausgefressen haben. Markelle Taylor dehnt hoch konzentriert die Muskeln seiner Oberschenkel. Alle hier sehen ihn als großen Favoriten, doch er selbst dämpft die Erwartungen. »Ich bin immer noch sehr nervös, es kann alles passieren. Ich bete einfach, dass ich es bis ins Ziel schaffe«, sagt er und blickt zu Boden. Die Trainingsbedingungen waren nicht optimal, immer wieder hat der Regen die Übungsläufe erschwert. Und wegen des Wetters war der Marathon in den vergangenen Monaten mehrfach verschoben worden. Bei Nebel darf kein Häftling in den Hof, weil die Wärter mit ihren Gewehren bei einem Zwischenfall klare Sicht brauchen.

Tommy Wickerd ist voller Euphorie, dass es jetzt endlich losgeht. »Es ist großartig – als ob ein Gewicht von deinen Schultern genommen wird. Das hier wird mein dritter Marathon in San Quentin. Es bedeutet mir wirklich viel! Wer läuft schon einen Marathon – im Gefängnis!« Die 105 Runden durch den Gefängnishof führen die Mauern entlang, von denen der Putz abblättert. »Ich hasse es, im Kreis zu laufen, aber ich habe keine andere Wahl«, sagt mir ein alter schwarzer Herr, der sich als Lee Goins vorstellt. Mit 82 Jahren ist er der älteste Teilnehmer des Marathons. Sein ärmelloses T-Shirt lässt einen Blick auf einen immer noch beeindruckenden Bizeps zu. Insgesamt 23 Läufer kämpfen heute darum, anzukommen. Coach Frank Ruona erfüllt das sichtlich mit Stolz. »Ich denke, es macht ihnen Spaß. Es regnet ein bisschen, aber das stört sie nicht besonders. Es ist aber nicht gerade gemütlich.«

Der Startschuss fällt. Jeder der Männer scheint sein eigenes Tempo zu haben, manche laufen in kleinen Gruppen. Mitgefangene sehen dem Lauf vom Rand aus mit verschränkten Armen zu, andere feuern die Sportler an. Markelle Taylor wird seiner Favoritenrolle gerecht, wie beflügelt läuft er mit großen Schritten vorneweg. Er kommt nicht nur als Erster ins Ziel, er stellt auch einen neuen persönlichen Rekord auf: 3 Stunden, 10 Minuten, 42 Sekunden. Als er von seiner neuen Bestmarke erfährt, verzichtet er auf triumphale Gesten. Er hält die Hände vors Gesicht.

»Woran hast du während des Marathons gedacht?«, frage ich den Mann, der mit seinen Fäusten ein ungeborenes Leben ausgelöscht hat.

»Ich habe das Unglück durchgearbeitet und an die Schmerzen gedacht, die alle erlitten haben. Die habe ich getragen«, antwortet Taylor. Für seine Mitläufer ist Markelle ein Vorbild. Er hofft nach sechzehn Jahren Haft auf eine frühzeitige Begnadigung. Bald wird der Staat entscheiden, ob er den Weg in die Freiheit antreten darf. Markelle Taylor träumt davon, einen Marathon in Boston laufen zu können.

Als sechster Läufer kommt Tommy Wickerd ins Ziel. Im Namen der ganzen Knastlaufgruppe – des »1000 Mile Club« – überreicht er Coach Frank Ruona eine Urkunde und verleiht ihm mündlich den wichtigsten Ehrentitel, den er zu vergeben hat: »Das ist der beste Gefängnis-Daddy!« Wickerd ist voller Dankbarkeit, weil ihm dieses Erfolgserlebnis ermöglicht wurde. »So was gibt es kaum irgendwo anders in Kalifornien. Hier schon. Das ist toll. Ich weiß zu schätzen, was sich beim Thema Resozialisierung in diesem Staat getan hat. Es ist möglich, wenn du es willst.«

Auch Lee Goins wollte es. Weder Regen noch Kälte konnten den 82-Jährigen aufhalten. Er führt im Ziel einen Siegestanz auf und bejubelt nicht nur, dass er den Marathon durchgehalten hat. Nach 32 Jahren Haft kommt er Ende des Monats frei. »Ich kam als Krimineller hierher, aber ich gehe nicht als Krimineller«, sagt er. »Ich habe einen Wandel durchgemacht.«

Das Gefängnistor schließt sich hinter mir. Ausgerechnet San Quentin, das mir zunächst etwas Angst eingeflößt hatte, entlässt mich jetzt mit einem Gefühl der Hoffnung in die Freiheit. Weil Demokraten und Republikaner in der fernen Hauptstadt sich ausnahmsweise auf einen Kompromiss einigen konnten, brachten sie die Gefängnisreform auf den Weg. Damit hat die amerikanische Demokratie ein Lebenszeichen gesendet. Das einst gnadenlose Justizsystem hat sich als wandlungsfähig erwiesen. Mancher der Männer hier bekam eine zweite Chance – und hat sie genutzt. Vor dem Gefängnis steht eine Frau mit erwartungsvollem Blick. In der Hand hält sie einen goldenen, einen grünen und einen blauen Luftballon. Jeder der Ballons, erzählt sie, steht für zehn Jahre, die sie auf ihren Mann gewartet hat.

Die Klimakatastrophe

Warum Kaliforniens Wälder brennen

Allyson Brooks steht inmitten eines riesigen Aschehaufens und weint. Wie die Tropfen eines Herbstregens fließen die Tränen über die fülligen Wangen der jungen Frau. Ihre langen braunen Haare hat sie zu einem Pferdeschwanz gebunden. Ein graues T-Shirt spannt sich über ihren kräftigen Schultern und Armen. Allyson ist der Typ von Frau, der sich nicht so schnell aus der Ruhe bringen lässt, der die Nerven behält, wenn sich das eigene Kind versehentlich einen Nagel durch den Finger hämmert. Doch jetzt muss Allyson immer wieder tief ein- und ausatmen, um nicht völlig die Fassung zu verlieren. Sie bemüht sich nach Kräften, ihre Augen aufzuhalten, den Blick nicht abzuwenden von dem grauen Trümmerfeld. Sie stellt sich der Katastrophe, will erfassen, was das Feuer übrig gelassen hat von ihrem Lebenstraum, ihrem Haus mitten in einem Wald in der Nähe des weltbekannten Yosemite-Nationalparks in Kalifornien. Die nächste Großstadt, Fresno, ist 45 Autominuten entfernt.

Zum ersten Mal seit ihrer Flucht vor dem Waldbrand kehrt Allyson gemeinsam mit ihrem Mann hierher zurück. Begleitet wird das Ehepaar von drei Feuerwehrmännern in gelben Uniformen. Sie wollen sicherstellen, dass sich niemand an einer herumliegenden Leitung verletzt hat oder von einem umstürzenden Baum erfasst wurde. Noch immer qualmt es an vielen Stellen, das Feuer scheint gerade erst weitergezogen zu sein. Allyson betrachtet minutenlang das Fundament, auf dem einmal ihr Haus stand. »Ich wurde hier geboren. Es ist wirklich hart für mich, denn mein Vater hat das alles gebaut. Er war Architekt«, erzählt sie. »Meine Mutter scherzte immer, dass sie am Anfang keinen richtigen Fußboden hatten. Aber mein Vater baute nach und nach wundervolle Häuser für unsere ganze Familie.« Das Dach aus Wellblech, unter dem die Familie lebte, liegt jetzt auf dem Waldboden. Durch die Hitze hat es die verschlungene Form einer zerknüllten Bettdecke angenommen. Nur wenige Trümmerteile lassen noch erahnen, welchen Zweck sie einmal erfüllten. Etwas gespenstisch stehen der Rahmen einer Waschmaschine und das Gerüst einer Gartenschaukel in der Szenerie. Trotzig thront ein Schreibtisch samt Stuhl aus Stahl auf der Ruine. Bei diesem Anblick schluchzt Allyson laut auf. »An diesem Schreibtisch zeichnete mein Vater immer die Entwürfe für seine Häuser. Als Kind spielte ich dort zu seinen Füßen. Nach seinem Tod vor zwei Jahren übernahm ich den Schreibtisch, und meine beiden Kinder spielten auch immer um mich herum, während ich daran arbeitete.«

Für Allyson fühlt es sich heute an, als wäre ihr Vater noch einmal gestorben. Ihre Schritte über das verkohlte Grundstück wählt sie so bedacht wie die Besucherin eines Grabes, die beim Ablegen der Blumen die Totenruhe nicht stören möchte. Allyson zeigt mir alte Fotos von ihrem Haus. Zeitschriften wie *Architectural Digest* oder *Schöner Wohnen* hätten wohl ihre Freude daran gehabt. Dann entdeckt Allyson in den Trümmern einen Gartenzwerg und hebt ihn behutsam heraus wie ein ausgesetztes Baby. Auf wundersame Weise ist er unversehrt geblieben. Sie befreit den Zwerg vom Ruß und lächelt. Wenigstens ein Erinnerungsstück an glückliche Zeiten ist ihr geblieben, und man kann förmlich spüren, wie sehr Allyson ihr Leben mit der Großfamilie hier im Einklang mit der Natur liebte.

Als genauso schmerzhaft wie den Verlust der Gebäude und Erinnerungsstücke empfindet sie die Schäden, die das Feuer am Wald hinterlassen hat. Das einst satte Grün ist weißer Asche und grauem Rauch gewichen. Die Flammen haben unzähligen Bäumen die Blätter von den Ästen gerissen, nackt und verkrüppelt stehen sie da. Andächtig betrachtet Allyson einen verkohlten Stumpf auf ihrem Grundstück, das Skelett eines stolzen Baums, der hier mehr als 150 Jahre lang Sauerstoff gespendet hat. »Ich war einfach nicht auf den Anblick der Bäume neben unserem Haus vorbereitet. Die Bäume sind so wichtig für uns. Ich habe sie mein ganzes Leben lang wachsen sehen. Ich könnte zu jedem einzelnen erzählen, welche Bedeutung er für mich hat.« Besonders am Herzen liegen Allyson die Mammutbäume. Ihre Rinde ist so dick, dass sie die Bäume theoretisch vor den Flammen schützen kann. Und sie wachsen so hoch, dass das Feuer normalerweise nicht bis in die Kronen vordringt. Allyson begutachtet einen ihrer geliebten Riesen. Die Flammen haben der Rinde mächtig zugesetzt, sie ist pechschwarz. »Die Mammutbäume sind sehr widerstandsfähig. Selbst wenn sie beschädigt sind, können sie wieder neu austreiben«, erklärt sie. »Ich hoffe, diese Majestät hier überlebt.«

Auf die Rückseite ihres rechten Oberarms hat Allyson sich vier Sequoia-Bäume tätowieren lassen. Sie ist Professorin für Biologie und arbeitet für eine Naturschutzorganisation. Als sie den ersten Schock verarbeitet und ihre Tränen getrocknet hat, frage ich sie nach den Ursachen für die vielen Waldbrände in Kalifornien, die in den vergangenen Jahren immer verheerender geworden sind. Laut einer Studie der University of Colorado hat sich die Fläche, die in Kalifornien pro Jahr durch Waldbrände vernichtet wird, seit 1972 mehr als verfünffacht. Allein im Jahr 2020 verbrannte eine Fläche, die mehr als zwei Millionen Fußballfeldern entspricht. Meine auf den ersten Blick rein wissenschaftliche Frage nach den Ursachen ist in Amerika inzwischen politisch brisant und wurde sogar zum Wahlkampfthema. Der Demokrat Joe Biden machte vor allem den Klimawandel für die Waldbrände verantwortlich. Präsident Trump hingegen führte schlechtes Forstmanagement als Erklärung ins Feld und wurde dafür von Biden als »Klima-Brandstifter« kritisiert. Allyson antwortet mir überraschend differenziert. In diesem tief gespaltenen Land bin ich Antworten kaum noch gewohnt, die nicht entlang der parteipolitischen Linien verlaufen. Die Biologin denkt, dass es mehrere Ursachen für das Feuer gibt, das ihr Haus zerstört hat.

»Es war eine Verkettung unglücklicher Umstände. Der Klimawandel ist dabei ein Faktor. Die schreckliche Hitze und starke Winde tragen zur schnellen Ausbreitung der Feuer bei. Seit 1980 ist es in Kalifornien im Schnitt um ein Grad Celsius wärmer geworden. Der Schnee schmilzt schneller, und die Pflanzen sind dadurch im Sommer noch trockener. Gleichzeitig haben die Niederschläge in den letzten vierzig Jahren um etwa 30 Prozent abgenommen«, erklärt die Biologin. Der Klimawandel habe die Bedingungen auch verschärft, weil sich die sogenannten Jetstreams verlangsamten. Diese bandförmigen Windströme in etwa zehn bis fünfzehn Kilometer Höhe beeinflussen das Wetter maßgeblich, und aus ihrer Verlangsamung resultieren häufigere Trockenperioden. In manchen Jahren, so Allyson weiter, stecke ein Jetstream aber auch in feuchtem Wetter fest, und die Region werde von zusätzlichen Stürmen getroffen. Darauf folge meistens ein starkes Wachstum von Pflanzen, die zu potenziellem Brennstoff vertrockneten. Ein Teufelskreis.

»Aber auch die Tatsache, dass viele tote Bäume hier als Brennmaterial lagen, spielt eine Rolle. Es gibt zu viel trockenes Unterholz und Buschwerk.« Damit gibt Allyson sowohl Biden als auch Trump recht. Sie erklärt, was Trump mit »schlechtem Forstmanagement« meinte. »In den letzten hundert Jahren wurden Waldbrände immer sofort gelöscht. Aber dadurch sind unsere Wälder ungesund geworden. Sie sind viel zu sehr zugewuchert. Mit der Zeit hat sich viel zu viel Unterholz angesammelt. Wir hätten alle zehn bis fünfzehn Jahre ein Feuer gebraucht, das unten auf dem Boden bleibt und sich nur langsam bewegt.« Sie und ihr Mann hätten sich immer bemüht, das Unterholz auf ihrem Grundstück zu beseitigen. Doch das habe nicht gereicht. Die Politik hätte sich besser um die Wälder kümmern müssen, ist Allyson überzeugt. Als in den vergangenen Jahren noch eine Borkenkäferplage Millionen von Bäumen getötet habe, habe sich einfach zu viel gefährliches Brennmaterial auf einmal angesammelt. Die Megafeuer seien die logische Konsequenz.

»Ich denke, der Wald hat versucht, sich selbst umzubringen, um endlich den Borkenkäfer loszuwerden und sich selbst auszudünnen. Der Wald weiß, was er braucht. Wir leben nun einmal mit der Natur, wir können sie nicht bekämpfen.« Sie habe in dieser Hinsicht viel von Ron Goode gelernt, dem Häuptling der North Fork Mono, einer indigenen Stammesgruppe im Großen Becken. Sie könne mich gerne mit ihm zusammenbringen. Ich nehme das Angebot dankend an, doch es fällt mir schwer, zum Abschied angemessene, aufmunternde Worte zu finden. »Alles Gute für dich und deine Familie«, sage ich und bedanke mich dafür, dass sie in dieser emotionalen Ausnahmesituation ihre Gefühle und Gedanken mit mir geteilt hat.

Auch auf dem Rückweg bietet sich ein Anblick, der immer wieder das Wort »Weltuntergang« in meinen Kopf katapultiert. Von Abertausenden Bäumen sind nur schwarze Gerippe übrig geblieben. Ich komme an unzähligen abgebrannten Häusern vorbei, jedes hat eine eigene Geschichte wie die von Allyson. Allein im Jahr 2020 werden in Kalifornien rund 250 000 Menschen aus ihren Häusern evakuiert. Vor den Ruinen stehen viele Autowracks. Sie lassen nur noch schwer erahnen, welche Marke und welches Modell sich dahinter verbirgt. Es sind Bilder wie in einem Katastrophenfilm. Ich sehe Grau, so weit das Auge reicht. Während das Feuer hier schon sein zerstörerisches Werk getan hat, wüten andernorts in Kalifornien immer noch 27 Waldbrände gleichzeitig.

Am nächsten Morgen brechen mein Team und ich schon um 5 Uhr auf, um die Feuerwehr bei ihrer lebensgefährlichen Arbeit zu begleiten. Der Pressesprecher der Einsatzkräfte drückt uns kragenlose gelbe Hemden und grüne Hosen aus dickem Stoff in die Hand. Feuerfeste Kleidung ist Pflicht. Außerdem werden wir mit einem Notfallzelt ausgestattet, für den Fall, dass man vom Feuer eingeschlossen wird.

»Hat man wirklich eine Chance, darin zu überleben?«, frage ich den Pressesprecher.

»Sagen wir es mal so. Wenn du wieder rauskommst, siehst du wahrscheinlich aus wie eine gebackene Kartoffel«, sagt er und lacht. Es kostet mich etwas Mühe mitzulachen.

Wir befinden uns auf einem großen Feld am Rande eines Waldgebietes. Etwa fünfzig Feuerwehrwagen mit prächtiger roter Lackierung und mächtigen, stilvoll verchromten Kühlergrills haben hier geparkt. Davor stehen Zelte, in denen die Feuerwehrleute übernachten. Mancher schläft auch auf dem Dach seines Löschfahrzeugs unter freiem Himmel im

Berichterstattung aus dem Brennpunkt Minneapolis. Nach dem gewaltsamen Tod von George Floyd kommt es hier zu Protesten mit Brandstiftungen und Plünderungen. [1]

Eine Demonstrantin diskutiert in Minneapolis mit einem Mitglied der Nationalgarde. [2]

Panzerwagen riegeln die Straßen rund um das Weiße Haus ab. Auch in Washington, D.C. herrscht nach dem Tod von George Floyd der Ausnahmezustand. [3]

Mitglieder der Black-Lives-Matter-Bewegung gehen in Minneapolis gegen Polizei-gewalt auf die Straße. [4]

Ganz nah dran am US-Präsidenten. Pressekonferenz von Donald Trump im Weißen Haus. [5]

Der Koch des Weißen Hauses. Andre Rush ist nicht nur für das leibliche Wohl der Präsidenten zuständig. Am Kochtopf kämpft der Afghanistan-Veteran auch gegen sein Kriegstrauma. [6]

Ein eisiges Grab im Hintergrund. In den Stickstofftanks lagern die sterblichen Überreste von vier Menschen. Sie haben sich nach ihrem Tod in der Hoffnung einfrieren lassen, irgendwann wieder zum Leben erweckt werden zu können. [7]

Der Guru der Langlebigkeitsbewegung. Der Wissenschaftler Aubrey de Grey arbeitet in seinem Labor im Silicon Valley an der Unsterblichkeit. [8]

Unterstützer von Donald Trump versammeln sich am 6. Januar 2021 in der Nähe des Weißen Hauses. Dieser Tag wird in die Geschichtsbücher eingehen. [9]

Kurz vor dem Sturm auf das Kapitol in Washington versammeln sich diese Unterstützer Donald Trumps vor dem Washington Monument. [10]

Mitglieder der rechtsextremen Gruppierung »Proud Boys« in St. Louis. Joseph Biggs (mit dem T-Shirt »American Supremacist«) wurde später wegen der Erstürmung des Kapitols in Washington angeklagt. [11]

Unterwegs mit Joe Biden. Der damalige Präsidentschaftskandidat beim Wahlkampf in New Hampshire. [12]

Schlafsack. Gegen 6 Uhr krabbeln die ersten Männer aus ihren Zelten. Eine Schicht von bis zu sechzehn Stunden am Stück steht ihnen bevor. Chuck Mills Gesicht sieht man die schwere Arbeit an, die er seit 22 Jahren verrichtet. Unter seine präsenten grünen Augen haben sich die Ränder eingegraben, die Falten auf seiner Stirn sind tief wie Furchen in einem Acker. Die andere Hälfte seines Gesichts wird durch einen Vollbart verdeckt. Obwohl er gerade erst aufgewacht ist, lächelt er, als ich ihn anspreche. Ich frage ihn, wie er sich fühlt angesichts der schier übermächtigen Brände, die bei Weitem noch nicht unter Kontrolle sind.

»Diesen Job kannst du nur machen, wenn du eine Leidenschaft dafür hast«, sagt Chuck. »Sonst hältst du das nicht aus. Es ist sehr frustrierend, wenn du Gebäude nicht retten kannst oder Leute verlierst.« Er sagt das ohne jedes Drama, als wäre das ein Job wie jeder andere.

»Du bist seit 22 Jahren Feuerwehrmann. Stimmt es nach deiner Beobachtung, dass die Waldbrände in den letzten paar Jahren schlimmer geworden sind?«

»Die Feuer sind in den letzten paar Jahren heftiger geworden. Ich weiß nicht, ob es an der globalen Erwärmung liegt oder so. Aber das ist auch ein politisches Ding.«

»Was glaubst du persönlich denn, woran es liegt?«

»Meine persönliche Erklärung ist, dass es durch den Klimawandel bedingt ist.«

Zwei Meter weiter startet der nächste Feuerwehrmann in den Tag. John Irvine ist erst Anfang vierzig, aber schon für das Sicherheitstraining der Einsatzkräfte hier verantwortlich. So müssen zum Beispiel vom Feuer beschädigte Bäume, die umzustürzen drohen, mit roten Flaggen gekennzeichnet werden. Das Feuer hier stelle eine besondere Herausforderung dar, weil verschiedene Vegetationszonen sich über die Hügel erstreckten. Beginnend mit Gras, über kleine Eichen bis hin zu riesigen Holzstämmen in den höheren Lagen. John reibt sich gerade noch den Schlaf aus den Augen, als ich auch ihn nach seiner Wahrnehmung der Ursachen für die eskalierenden Brände frage.

»Aus der Politik halte ich mich raus«, sagt er ausweichend. »Ich bin nur hier, um Feuer zu bekämpfen.«

Der Pressesprecher hat die beiden Gespräche mitgehört und nimmt mich zur Seite. »Keine Fragen zur Politik«, sagt er scharf.

»Ich habe doch gar nichts Politisches gefragt, sondern eine rein technische Frage nach den Ursachen der Brände gestellt«, entgegne ich lammfromm.

»Du weißt genau, was ich meine!«, grummelt der Pressesprecher. Die Feuerwehrleute sollen die große Politik in ihren Pausen als Gesprächsthema vermeiden. Niemand soll in Streit geraten. Schließlich ist Teamwork gefragt, wenn man gemeinsam gegen das Feuer kämpft.

Unter großen Pavillonzelten wird das Frühstück ausgeteilt. Neben starkem Kaffee gibt es Rührei mit Speck, Würstchen und süßes Toastbrot. Die Feuerwehrleute essen im Stehen, die Motorhauben ihrer Fahrzeuge dienen als Tisch. Chuck lässt sich gleich mehrere Portionen schmecken. Man wisse nie genau, wann es wieder etwas gebe, erklärt er schmunzelnd. Um 7 Uhr beginnt die Einsatzbesprechung. Zuerst wird routinemäßig auf die Gesundheitsgefahr beim Einatmen von Rauch aufmerksam gemacht. Chuck erklärt mir, dass ein Tag im Waldbrandgebiet dem Rauchen von acht Schachteln Zigaretten entspreche. Ich kann das mit einer kurzen Google-Suche auf dem Handy zwar nicht wissenschaftlich verifizieren, aber die Vorstellung beeindruckt und beängstigt mich trotzdem. Dann spricht der Einsatzleiter eine Ermahnung aus. Einige Männer seien mit ihren Löschfahrzeugen mit viel zu hoher Geschwindigkeit in den

Wald gerast. Das sei zu unterlassen, man könne keine Unfälle gebrauchen. Außerdem wird über die Wetterbedingungen informiert. Für heute rechnet man mit hohen Temperaturen und böigen Südwestwinden. Besonders erschwert werden die Löscharbeiten durch den dichten Rauch auch in großer Höhe. Weil die Sicht zu schlecht ist, können keine Helikopter eingesetzt werden.

Dann bekommen die Feuerwehrleute ihre Waldgebiete zugewiesen, und die jeweiligen Aufgaben werden verteilt. Allein hier, beim sogenannten »Creek Fire«, werden 3000 Feuerwehrleute im Einsatz sein. Wir dürfen einen Löschzug begleiten, der in einem Camp mitten im Wald die Wasserversorgung sicherstellen soll. Die Fahrt dorthin werde dreißig Minuten dauern, heißt es.

Der Weg durch den Wald führt über eine Schotterstraße. Ab und zu kommt eine Abzweigung, aber Schilder gibt es nicht. Ein hölzernes Labyrinth. Schon nach wenigen Minuten weiß ich nicht mehr, wie ich zum Basislager zurückfahren müsste. Die Männer halten sich heute an das Tempolimit, fahren für meinen Geschmack mit circa dreißig Stundenkilometern fast langsamer als nötig. Der Weg kommt mir ewig lang vor. Als ich irgendwann ungeduldig auf die Uhr blicke, stelle ich fest, dass wir bereits seit fünfzig Minuten unterwegs sind.

»Müssten wir nicht längst da sein?«, frage ich den Pressesprecher. Eine Minute lang scheint er meine Frage nicht gehört zu haben. Dann greift er zum Funkgerät und bittet den Löschzug anzuhalten. Die Wagen vor uns bremsen. Fünf Minuten geschieht nichts. Meine Kollegin steigt aus und fragt einen Feuerwehrmann, der verträumt aus dem Fenster schaut: »Wisst ihr eigentlich noch, wo wir sind?«

Irritiert sieht er sie an. »Natürlich nicht! Wir haben uns verfahren!«

Ich versuche, nicht nervös zu werden, aber mich beschleicht die Sorge, in dem Notfallzelt als gebackene Kartoffel zu enden. Wieder vergehen zehn Minuten, dann scheint jemand per Funkgerät den richtigen Weg erfragt zu haben. Doch das Umkehren auf einer einspurigen Schotterpiste erweist sich mit den großen Feuerwehrtrucks als gar nicht so einfach. Ich bin heilfroh, als wir endlich das Camp erreichen. Zur Belohnung warten hier große Kartons mit Müsliriegeln und ganze Paletten mit Energydrinks auf uns.

Nachdem ich mich gestärkt habe, folge ich einem langen Schlauch, der auf dem Waldboden liegt. Er führt zu einem Bach. Hier pumpt James Cottrell Löschwasser ab. Er ist Mitte dreißig und trägt einen für dieses Alter auffälligen gezwirbelten Kaiser-Wilhelm-Schnurrbart. Weil es in Kalifornien nicht mehr genug Feuerwehrleute gab, um der Lage Herr zu werden, wurden James und seine Einheit zur Verstärkung eigens aus dem US-Bundesstaat Colorado eingeflogen. Freudig erzählt er mir, dass er in seiner Jugend mit seiner Eishockeymannschaft schon einmal ein Turnier in Deutschland gespielt habe. Da auch ich Eishockey spiele, finden wir sofort einen guten Draht zueinander. »Das hier ist ein harter Kampf. Obwohl von überall aus dem Land zusätzliche Feuerwehrleute hierhergebracht werden, ist erst rund ein Fünftel des Feuers unter Kontrolle. Manchmal arbeitest du tagelang, und dann macht ein Wetterumschwung alles zunichte«, erzählt er offen.

Weil der Pressesprecher gerade nicht in der Nähe ist, traue ich mich, doch noch einmal meine Frage nach der Entwicklung der Waldbrände in den vergangenen Jahren zu stellen. Auch James hat beobachtet, dass die Sommer immer trockener und heißer werden. Bis zu 54 Grad Celsius habe er schon erlebt. Doch die Politik habe die Entwicklung ignoriert. »Es ist schwer, mit Trump übereinzustimmen. Mit jemandem, der die wissenschaftlichen Erkenntnisse nicht unbedingt ernst nimmt. Wenn er das täte, wären wir wohl in einer anderen Situation. Wenn die Politik nicht endlich reagiert, wird es immer häufiger zu Feuerkatastrophen kommen«, ist er überzeugt.

Nachdem James ein Schlauchende im Bach verankert hat, legt er eine Leitung zu einem hundert Meter entfernten Becken, das er als »Pumpkin« (Kürbis) bezeichnet und das wie ein riesiges Planschbecken aussieht. Eine Füllung Wasser reiche in etwa, um ein Haus zu schützen. Ich höre das Kreischen einer Säge. Sie ist an einem Kettenfahrzeug befestigt und durchtrennt die dicken Stämme etwa zwanzig Meter hoher Bäume so mühelos, als wären es Streichhölzer. Ein Greifarm des Forstfahrzeugs packt die Bäume und legt sie zur Seite. Ich erfahre, dass all die Bäume gefällt werden, um eine Brandschneise zu schlagen. Dieser mehrere Meter breite Streifen wird als Hindernis für das Feuer angelegt und soll das Übergreifen der Flammen und die weitere Ausbreitung stoppen. Das Feuer ist von hier aus nur noch drei Kilometer weit entfernt. Noch lässt es sich nicht blicken, aber der Geruch von brennendem Holz kündigt die Bedrohung an.

Ron Goode füttert noch einmal seine Rehe. Um ihnen eine Überlebenschance zu geben, wird er sie freilassen müssen, wenn das Feuer näher kommt. Das Treffen mit dem Häuptling der North Fork Mono hatte mir Allyson ans Herz gelegt. Ich besuche ihn auf seiner Ranch, wo er Wildtiere züchtet, die er lebendig oder geschlachtet verkauft. Nur ein hellbraunes Reh namens Gracie steht unter Rons besonderem Schutz und wird liebevoll gestreichelt wie ein Haustier. Auch ein altersmüder Hund und ein paar Hühner laufen umher. Der »Chief«, wie man Ron hier nennt, ist von beeindruckender physischer Präsenz. Seine Stimme ist so tief und kräftig, dass er bestimmt einen guten Bluessänger abgeben würde. Ron strahlt großes Urvertrauen aus. Als ich ihn frage, wie er sich angesichts des näher rückenden Feuers fühle, sagt er lediglich, er sei »ein bisschen nervös«.

Als nur seine Vorfahren das Land hier bewohnten, seien meistens Blitzeinschläge die Auslöser für Waldbrände gewesen. Heute würden 97 Prozent der Brände an der kalifornischen Küste von Menschen ausgelöst. Die Tatsache, dass immer mehr Amerikaner in zuvor unbewohnten Gebieten siedelten, spiele eine große Rolle. Die Häuser seien oft aus leicht entflammbaren Materialien gebaut. Und immer wieder entfachten heruntergefallene Stromleitungen oder Geräte wie Rasenmäher und Kettensägen die Flammen. Auch Müllverbrennung und Brandstiftung gehörten zu den Ursachen.

Ron versucht, sich seinen Ärger über die Regierung nicht allzu sehr anmerken zu lassen. Schon seit Jahren bietet er seine Expertise zur Vermeidung der gewaltigen Waldbrände an. Er habe zwar einen Platz am Tisch, doch gehört werde er kaum. Seine Vorfahren hätten bewusst kleine Feuer gelegt, um große Katastrophen zu verhindern. »Feuer ist ein Werkzeug. Man muss Feuer benutzen und nicht Angst davor haben. Aber das ist ein Teil des Problems. Wenn die Leute darüber sprechen, sind sie ängstlich. Aber du musst verstehen, was das Feuer für dich tun kann.«

Was etwas spirituell klingt, hat jedoch Hand und Fuß. Ron veröffentlicht sogar Artikel in Wissenschaftsmagazinen. Seine These: Mit »guten Feuern« könne man das trockene Unterholz beseitigen, das jetzt zu den Bränden führe. Jahrhundertelang hat sein Stamm regelmäßig diese kontrollierten Feuer gelegt, um neues Pflanzenwachstum zu ermöglichen. Das Verbrennen war Teil einer religiösen Zeremonie. Doch mit dieser Praxis wurde erstmals gebrochen, als westliche Siedler die Ureinwohner von ihrem Land vertrieben. Den wenigen verbliebenen Stämmen wurden die »guten Feuer« um das Jahr 1900 herum von der Regierung verboten. Die Politik der Feuerunterdrückung hielt Einzug. Die US-Forstbehörde verfügte, dass jedes Feuer bis 10 Uhr morgens am Tag nach dem Ausbruch gelöscht sein musste. In der Folge nahm der Wildwuchs Überhand. Auch deshalb gebe es allein in diesem Teil der Sierra Nevada inzwischen 150 Millionen tote Bäume, erklärt Ron. Jahrzehntelang sei von der Regierung nicht genug in die Wälder investiert worden, um die leicht entflammbaren Hölzer zu beseitigen. Stattdessen habe die Politik nur Geld für Straßen und neue Campingplätze ausgegeben.

»Die Regierung denkt nur an das Geld in ihrer Tasche. Wir Ureinwohner stammen aus diesem Land. Dieser Boden ist unsere Mutter. Wir wissen, wie man sich um das Land kümmert«, sagt er. Es sei an der Zeit, endlich von seinem Stamm zu lernen. »Die Ureinwohner haben hier Tausende von Jahren gelebt. Denn sie denken immer an die Enkelkinder ihrer Enkelkinder. Die Entscheidungen, die ich heute treffe, müssen auch für sie gut genug sein.«

Immerhin dürfen Ron und sein Stamm inzwischen wieder einige »gute Feuer« legen, unter strenger Aufsicht der Behörden. Um die Erlaubnis zu bekommen, hat der Häuptling ein Netzwerk zu Regierungsangestellten, Forschern und Forstbehörden geknüpft. Doch man komme nur mühsam voran, berichtet er. Kalifornien habe viele Richtlinien zur Luftverschmutzung. Oft müsse man für die Zeremonien Ausnahmegenehmigungen beantragen. Das alles reiche noch nicht, um der Lage Herr zu werden. Ron blickt in die nahe gelegenen Hügel, über denen dichter Rauch liegt. »Wenn wir unsere Philosophie, unsere Haltung, unsere Konzepte nicht ändern, sind wir bald verschwunden. Wir laufen auf einen Abgrund zu.«

Der »Abgrund«, von dem der Häuptling spricht, wird nicht nur bei den Waldbränden in Kalifornien sichtbar. Auch Hurrikans nehmen in den vergangenen Jahren an Häufigkeit und Stärke zu. Allein im Jahr 2017 suchten gleich mehrere tropische Wirbelstürme die USA heim und brachten Tod und Verwüstung. Hurrikan Harvey traf auf die Golfküste, überflutete in Texas die Umgebung von Houston und richtete mehr als 90 Milliarden Dollar Schaden an. Hurrikan Maria schlug in Puerto Rico zu, dem größten und einwohnerreichsten Außengebiet der USA. Mehr als 3000 Menschen starben. Die zerstörerische Kraft von Hurrikan Irma bekomme ich am eigenen Leib zu spüren, als ich aus Florida darüber berichten soll.

Im Flieger von Washington nach Miami sind mein Kamerateam und ich die einzigen Passagiere. Niemand sonst reist freiwillig in die Stadt, die schon bald ein Katastrophengebiet sein könnte. Der Gouverneur von Florida hat bereits den Notstand ausgerufen, bevor der Hurrikan auf Land trifft. Bei unserer Ankunft gleicht Miami einer Geisterstadt. Die Geschäfte haben geschlossen, es sind kaum noch Menschen auf den Straßen. Mehrere Hunderttausend Bürgerinnen und Bürger haben sich schon in Notunterkünfte geflüchtet. Die Behörden befürchten, dass die Wasserversorgung zusammenbrechen könnte. Deshalb fordert man uns im Hotel auf, als Notreserve die Badewannen mit Wasser zu füllen. Wir haben Glück, überhaupt noch Zimmer bekommen zu haben. Die meisten Hotels haben geschlossen, und es gibt nur einige, die damit werben können, »hurrikansicher« zu sein. In der Lobby sehe ich auf einem Fernseher, wie Irma an der Nordküste Kubas wütet. Von mindestens zehn Toten ist die Rede. Eine Computeranimation zeigt, wie sich der Hurrikan seinen Weg Richtung Florida bahnt. Irma ist mit Spitzengeschwindigkeiten von bis zu 297 Kilometern pro Stunde unterwegs. Zwischenzeitlich erreicht er die höchste Hurrikan-Kategorie 5. Damit ist er einer der stärksten Hurrikans, die jemals über der Karibik gemessen wurden. Neben mir steht zufällig ein Reporter des amerikanischen »Weather Channel«. Dieser Hurrikan sei für seinen Sender der »Superbowl«, sagt er freudig. Der Superbowl ist das Finale um die amerikanische Football-Meisterschaft, die regelmäßig neue Rekorde bei den Einschaltquoten verzeichnet. Der Wetterreporter veranschaulicht mir eindrücklich die Gefahr von Irma: »Bei solchen Geschwindigkeiten fliegt nicht nur das Dach, sondern das ganze Haus weg«, sagt er eigenartig begeistert.

Einige Stunden später erleben wir die ersten Ausläufer des Hurrikans. Wie Strohhalme biegen sich die Palmen im Sturm. Die Hochhausschluchten bieten Irma eine große Angriffsfläche. Den Ausleger eines stählernen Krans bricht der Hurrikan mühelos ab. In den Hochhäusern um unser Hotel herum bersten Fensterscheiben unter dem Druck des Sturms. Solch eine Naturgewalt habe ich in meinem Leben noch nie mit eigenen Augen gesehen. Ich frage mich, von wo aus wir eine bevorstehende Liveschalte für die *Tagesschau* produzieren können. Die Straße vor dem Hotel erscheint mir zu gefährlich. Dort könnten wir von Straßenschildern oder anderen umherfliegenden Teilen getroffen werden. Außerdem steigt das Wasser in den Straßen von Minute zu Minute. Die Sturmflut hat eingesetzt. Sturmfluten entwickeln sich, wenn starker Wind über den Ozean fegt und die Wassermassen in Richtung Küste drückt. So entstehen dort sehr hohe Wasserstände, unabhängig von den Gezeiten. Bis zu vier Meter hohe Wellen treiben das Wasser über die Ufer von Miami. Hinzu kommen heftige Regenfälle. Wir entscheiden uns, die Liveschalte auf einem Balkon in einem der höheren Stockwerke des Hotels zu machen. Denn dort ist

man an den Seiten und über dem Kopf durch Beton ge-
schützt.

Die erste Frage des Moderators – »Was spürt man vom
Hurrikan?« – wirkt auf die Zuschauer wahrscheinlich un-
freiwillig komisch. Denn im Hintergrund sieht man mich
bereits klitschnass auf dem Balkon stehen, der Regen
peitscht mir ins Gesicht. Wie Nadelstiche fühlen sich die
Wassertropfen in den Augen an, es fällt mir schwer, sie aufzuhalten.

»Wir spüren heftige Böen in der Stärke eines tropischen
Sturms. Man muss sich wirklich am Geländer festhalten,
um nicht weggeweht zu werden«, sage ich und zeige den
Zuschauerinnen und Zuschauern das Geländer. Ich erzähle,
dass man spürt, wie sich das Gebäude bewegt, und dass wir
froh sein können, überhaupt noch Strom zu haben. Denn in
den Gebäuden um uns herum ist der Strom ausgefallen, so
wie bereits in 380 000 Haushalten in ganz Florida. »Insgesamt sind sieben Millionen Bürger Floridas aufgerufen
worden, sich zu evakuieren«, fahre ich fort, während ich
sichtbar mit dem Sturm zu kämpfen habe. »Der Chef des
Katastrophenschutzministeriums hat gesagt, dass jetzt jeder auf sich allein gestellt ist, weil die Rettungskräfte nicht
mehr ausrücken können. Wer jetzt nicht in Sicherheit ist,
für den ist es eigentlich zu spät«, sage ich noch.

Der Moderator im Studio bedankt sich und sagt sehr nett,
er hoffe, dass ich mich auch noch rechtzeitig in Sicherheit
bringen könne. Die *Tagesschau* veröffentlicht diese Liveschalte bei Twitter. Das Video wird schnell tausendfach geteilt, es »geht viral«. Mehr als eine Million User sehen es
allein auf Twitter. Die Reaktionen fallen sehr unterschiedlich aus. »Ich finde es einfach nur krass, dass da ein Mensch
mitten in den Sturm gestellt wird, um live zu berichten!«,
schreibt eine Nutzerin. Etliche Nutzer werfen meinem Sen-

der vor, Einschaltquote machen zu wollen und dafür das Leben ihres Mitarbeiters zu riskieren. »Ich denke mal, die Zuschauer hätten auch ohne Livebilder geglaubt, wie stark der Sturm gerade ist«, schreibt jemand. Neben weiteren kritischen Stimmen gibt es aber auch viele freundliche Kommentare. »Ich hoffe, er kriegt dafür wenigstens 'ne fette Gehaltserhöhung!«, lautet eine Forderung auf Facebook, die tausendfach »gelikt« wird – aber leider keine Auswirkungen auf meinen Verdienst hatte.

Die Diskussionen, ob meine Liveschalte zu waghalsig war oder nicht, kochen hoch. Ich selbst bekomme von all der Aufregung im Netz zu diesem Zeitpunkt überhaupt nichts mit, denn mein Handy ist nass geworden und funktioniert nicht mehr. Erst Stunden später sehe ich, was los ist, und kann eine Antwort auf die vielen Kommentare veröffentlichen. Ich bedanke mich zunächst dafür, dass so viele User ihre Sorgen über die Sicherheit unseres Teams zum Ausdruck gebracht haben. Gleichzeitig stelle ich klar, dass mich niemand zu dieser Liveschalte gezwungen hat, sondern ich selbst die Entscheidung für den Balkon getroffen habe. Dann gebe ich noch Einblicke hinter die Kulissen unserer Produktion und erkläre, dass unser Hotel nicht evakuiert wurde, weil es als baulich hurrikansicher eingestuft wurde. Außerdem betone ich, dass sich mein Kamerateam während der Liveschalte im Zimmer befand und deshalb besonders sicher war.

Am nächsten Tag beschäftigen sich sogar einige deutsche Zeitungen mit meiner »Balkonszene«. Wieder fällt das Echo unterschiedlich aus. Die *Süddeutsche Zeitung* findet meine Art der Berichterstattung zu »amerikanisch« und druckt ein Foto von mir auf dem Balkon ab. Direkt daneben zeigen sie das Bild des Kollegen vom Wetterkanal, den ich in der Lobby kennengelernt hatte. Auf dem Foto trägt er während seiner Liveschalte eine Taucherbrille. Außerdem druckt die *SZ* neben mir das Fotos eines Reporters von CNN, der sich mit einem Seil an einer Palme festgebunden hat, um nicht wegzufliegen. Das *Hamburger Abendblatt* ist mir gewogener. »Neben kritischen Stimmen gab es auch Lob für den Einsatz von Burgard, der sich nicht einmal von der Wucht des Hurrikans unterkriegen ließ. Routiniert und abgeklärt antwortet er«, heißt es in dem Artikel. Auch mit großem zeitlichen Abstand glaube ich, dass die Liveschalte vom Balkon kein Fehler war. Denn ich habe damit mein Kamerateam nicht in Gefahr gebracht – und wenn man Naturkatastrophen und die Auswirkungen des Klimawandels zeigen will, kann man sich nicht in einen trockenen Schutzbunker verkriechen. Den Leuten einen realistischen Eindruck zu vermitteln hat weder mit Sensationslust noch mit Angstmache zu tun.

In den USA wird die Berichterstattung über Hurrikans aus anderen Gründen kontrovers diskutiert. Wenn man den Fernseher einschaltet, tobt dort ein regelrechter Glaubenskrieg. trumpfreundliche Sender werfen zum Beispiel trumpkritischen Medien vor, die Berichterstattung über Naturkatastrophen auszunutzen, um auf den Klimawandel aufmerksam zu machen – der ja aus Sicht von Trump eine »Erfindung der Chinesen ist, um der amerikanischen Wirtschaft zu schaden«. Trumps Nachfolger Joe Biden vertritt die gegenteilige Position. Den Klimawandel betrachtet er als »Problem Nummer eins der Menschheit«. Kurz nach seiner Wahl zum Präsidenten sagt er, im Kampf gegen den Klimawandel gebe es »keine Zeit zu verlieren«.

Tatsächlich führt Biden schon am Tag seiner Amtseinführung die USA zurück ins Pariser Klimaabkommen, das die menschengemachte Erwärmung zumindest auf 2, möglichst auf 1,5 Grad Celsius begrenzen will. Vor laufenden

Kameras unterschreibt Biden im Oval Office eine präsidiale Verfügung, die Trumps Austritt aus dem Pariser Abkommen rückgängig macht. Doch das soll nur der Anfang sein. Im Wahlkampf hat Biden eine weitreichende umweltpolitische Agenda versprochen: Bis 2035 soll in den USA nur noch Strom aus erneuerbaren Energien gewonnen werden. Bis 2050 soll die gesamte US-Wirtschaft klimaneutral sein, also netto null Emissionen erzeugen. Biden will aber nicht nur als idealistischer Klimaschützer Geschichte schreiben, sondern vor allem als Initiator eines gewaltigen Jobmotors. Sein grünes Konjunkturprogramm, das manche Demokraten »Green New Deal« nennen, ist vom »New Deal« des US-Präsidenten Franklin D. Roosevelt inspiriert, der in den 1930er-Jahren die Wirtschaft sanieren und mitten in der Wirtschaftskrise Millionen neuer Jobs schaffen wollte. Biden will für seine »saubere Energiewende« in den kommenden Jahren die gigantische Summe von rund 2 Billionen Dollar investieren. Konkret soll damit zum Beispiel die Infrastruktur verbessert werden. Biden will Straßen und Brücken, Wasserversorgungssysteme, Stromnetze und Breitbandnetze bauen oder sanieren. In der Autoindustrie will er eine Million Jobs schaffen, indem er den Bau von Elektroautos fördert. Außerdem sollen alle Städte mit mehr als 100 000 Einwohnern mit emissionsfreien öffentlichen Transportmitteln ausgestattet werden. Auch durch Investitionen in den Energiesektor will Biden Millionen Arbeitsplätze schaffen. Um Innovationen von Firmen im Bereich »saubere Energie« zu fördern, sollen allein 400 Milliarden Dollar bereitgestellt werden – doppelt so viel Geld, wie die USA für ihr Apollo-Programm ausgaben, um einen Mann auf den Mond zu bringen.

Viele Republikaner halten Bidens grüne Agenda für Geldverschwendung. »Obwohl schon in den vergangenen zehn

Jahren fast 75 Milliarden Dollar an Steuergeld in Subventionen für erneuerbare Energien geflossen sind, decken Wind- und Wasserkraft immer noch kaum 4 Prozent von Amerikas Energiebedarf«, kritisiert etwa der konservative Kommentator Jason Isaac. »Bidens Energiepläne könnten den amerikanischen Traum zu Fall bringen«, warnt er beim Fernsehsender Fox Business. Amerikanische Familien würden unter der schweren Last von steigenden Energiepreisen leiden müssen. In Kalifornien, wo man schon lange auf grüne Energie setzt, seien die Preise in nur zehn Jahren um 30 Prozent gestiegen. Besonders einkommensschwache Amerikaner würden davon schwer getroffen. Hinzu kämen höhere Steuern, die wohl unumgänglich seien, um Bidens hochtrabendes Programm zu finanzieren. Sogar die nationale Sicherheit der USA gerate durch die grüne Energiewende in Gefahr. Dank der Förderung von fossiler Energie habe Amerika gerade erst den Wandel vom Energieimporteur zum -exporteur geschafft und sich damit geopolitisch unabhängiger gemacht. Durch Amerikas gestiegenen Einfluss auf die Organisation erdölexportierender Länder (OPEC) sei es sogar gelungen, die Beziehungen zwischen einigen Staaten im Mittleren Osten und Israel zu normalisieren. Die grüne Politik mache diesen Erfolg zunichte. Außerdem sei man für den Ausbau erneuerbarer Energien auf ausländische Lieferungen von seltenen Erden wie Lithium angewiesen, um leistungsstarke Batterien produzieren zu können. »Die Abhängigkeit von Ländern, die Kinder in Minen ausbeuten und oft die Luft verpesten, wäre ein Desaster für unsere nationale Sicherheit«, warnt Isaac.

Da ist sie wieder, die Angst. Auch in der politischen Debatte über die grüne Energie liefern sich die Parteien einen Wettbewerb der Schreckensszenarien. »Die Menschen machen sich nicht nur Sorgen um die tobenden Feuer«, sagt

Joe Biden noch im Präsidentschaftswahlkampf in einer Rede mit Blick auf die Waldbrände. »Sie machen sich auch Sorgen darüber, Luft zu atmen, ihre Lungen zu schädigen. Eltern müssen Angst haben, dass ihre Kinder Asthmaattacken bekommen, wenn sie draußen sind.« Um für sein Programm zu werben, beschreibt Biden »Waldbrände, die Vorstädte vernichten. Fluten, die Nachbarschaften im Mittleren Westen ausradieren. Und Hurrikans, die das vorstädtische Leben entlang unserer Küsten in Gefahr bringen.« Auch Vizepräsidentin Kamala Harris spricht noch als Kandidatin von einer »existenziellen Bedrohung für uns alle« und verknüpft den Kampf gegen den Klimawandel mit einer sozialen Frage. »Besonders arme Gemeinden und schwarze Gemeinden tragen das Risiko von verschmutzter Luft, verschmutztem Wasser und einer versagenden Infrastruktur.« Deshalb wollen die Demokraten auch in die energetische Sanierung von vier Millionen Gebäuden und den Bau von 1,5 Millionen »nachhaltigen« Häusern und Wohnungen investieren.

Von solch einem Förderprogramm könnte Allyson Brooks nach dem Verlust ihres Hauses in Kalifornien profitieren. Ich begleite Häuptling Ron zu einem Besuch bei Allyson. Er will sich erkundigen, wie es ihr und ihrer Familie ergangen ist. Sie hatte Glück. Während Tausende Kalifornier nach dem Verlust ihrer Wohnungen in Notunterkünften, Zelten oder sogar in ihren Autos übernachten müssen, hat Allysons Umweltschutzorganisation ihr einige Zimmer in einem Verwaltungsgebäude zur Verfügung gestellt, das mitten in einem Naturschutzgebiet liegt. Auf einer Wiese grasen Pferde, ein kleiner Trost für Allysons zwei Kinder. Beim Spielen mit den Tieren können sie für einige Stunden die Schrecken vergessen, die sie erlebt haben. »Ich konnte das Feuer vom Küchenfenster aus kommen sehen«, erzählt

Allysons siebenjährige Tochter. Sie trägt ein T-Shirt, das die Feuerwehrleute ihr nach der Evakuierung geschenkt haben. Auf dem Rücken sind Löschfahrzeuge und Hubschrauber im Stil eines Plakats für einen Hollywoodfilm zu sehen.

»Ich hoffe, dass ihr euer Haus besser und schöner wieder aufbauen könnt«, sagt Häuptling Ron zu Allyson und umarmt sie herzlich. Tatsächlich schmieden sie und ihr Mann bereits Pläne für den Wiederaufbau. Glücklicherweise wird ihre Versicherung für einen Teil des Schadens aufkommen. »Vor Kurzem hatten wir noch zehn Hektar Land gekauft, die direkt an unser Grundstück angrenzen. Darauf können wir bauen«, sagt Allyson lächelnd. Viele andere Familien überlegen jedoch wegen der jährlich wiederkehrenden Brände, aus Kalifornien wegzuziehen. Die Angst vor gesundheitlichen Risiken durch das Einatmen von Feinstaubpartikeln ist weit verbreitet. Auch die Tatsache, vor lauter Rauch teilweise wochenlang keine Sonne und keinen blauen Himmel mehr zu sehen, macht viele Menschen mürbe. Auf Internetportalen haben sich schon Umzugsunternehmen und Makler auf die Umsiedlung in dünner besiedelte Bundesstaaten wie Idaho, Utah und Colorado spezialisiert. Doch Allyson will mit ihrer Familie auf jeden Fall in Kalifornien bleiben. In Zukunft will sie den Rat des Häuptlings beherzigen, damit auch die Enkelkinder ihrer Enkelkinder noch in der Natur Kaliforniens leben können.

»Wir wussten immer, dass es ein Risiko ist, hier in den Bergen zu leben. Und es wird auch immer ein Risiko bleiben. Aber wir versuchen einfach, die Hoffnung hochzuhalten, dass es Veränderungen geben wird. Unsere Gemeinde hier ist wirklich motiviert, etwas zu verändern – auch wenn es nur ein kleiner Schritt ist und wir unseren Wald in Zukunft besser verwalten. Das kann hoffentlich zu einer großen Bewegung führen.« Diesen unerschütterlichen amerikanischen Optimismus habe ich früher immer bewundert. Doch angesichts des Zusammenspiels von Klimawandel und mangelhafter Forstwirtschaft erscheint mir der Glaube an eine bessere Zukunft hier plötzlich naiv. Das nächste Feuer kommt bestimmt.

Der Tod

Das Silicon Valley und das ewige Leben

Der Tod macht Angst. Das liegt in der Natur des Menschen. Doch von dieser Angst verspricht man sich im Silicon Valley ein Milliardengeschäft. Nicht gerade erhaben wirkt der Ort, an dem der Menschheitstraum vom Triumph über den Tod in Erfüllung gehen soll: ein Industriegebiet dreißig Autominuten südlich von San Francisco entfernt. Neben einem Fachhandel für Bodenbeläge und einem Elektromarkt hat in einer Lagerhalle die Firma Trans Time ihren Sitz. Wer nicht weiß, was sich hinter dem Unternehmensnamen verbirgt, könnte vielleicht auf die Idee kommen, dass hier Geschlechtsumwandlungen angeboten werden. Doch »Trans« ist eine Abkürzung für Transhumanismus, eine philosophische Denkrichtung mit dem Ziel, die Grenzen der Biologie zu überwinden und den Menschen mit technischen Mitteln weiterzuentwickeln. Von außen deutet hier allerdings nichts auf eine Firma hin, die ihren Kunden nicht weniger verspricht als die Unsterblichkeit.

Was soll's – schließlich hat Steve Jobs Apple auch in einer Garage hier in der Nähe gegründet, denke ich und drücke auf die Klingel. Ein Mann mit ernstem Blick, dunklem Schnurrbart und beachtlichem Bauch öffnet die Tür. Steven Garan ist der technische Direktor von Trans Time. Er führt mich in ein Wartezimmer, das nur schlecht beleuchtet ist. Es riecht etwas muffig, der Teppichboden hat schon bessere Tage gesehen. Doch Garans Verkaufsversprechen ist der Zukunft zugewandt. »Der Tod wird neu definiert. Wir sind hier im Silicon Valley, und diese Ecke der Welt definiert viele Dinge neu. Ob soziale Medien oder Computertechnologie, viele Innovationen, die unser Leben verändert haben, wurden hier entwickelt. Und dazu gehört auch der Tod«, sagt Garan. Seine Stimme ist tief und ruhig, aber es schwingt etwas Geheimnisvolles mit.

Garan entschuldigt sich und verschwindet in einem Nebenraum. Ich frage mich, wo ich hier eigentlich gelandet bin. Nach einer Weile kommt er in OP-Kleidung zurück. Auch mir drückt er Kittel, Haube und Überziehschuhe in die Hand. Nachdem ich mich umgekleidet habe, betreten wir einen Operationssaal. Auf einem Beistelltisch liegen Scheren, Pinzetten, Desinfektionsmittel und Schläuche in unterschiedlichen Größen. Mehrere Infusionsständer stehen bereit. In der Mitte des Raumes steht ein OP-Tisch, der mit einer sterilen weißen Unterlage bedeckt ist. »Hier werden unsere Patienten vorbereitet«, erklärt Garan. Mit »Patienten« meint er Tote. »Kurz nach dem klinischen Tod müssen sie mit Eiswasser gekühlt werden, um den Gewebezerfall aufzuhalten. Künstliche Beatmung und Herzmassage werden fortgesetzt, während sie so schnell wie möglich hierhergebracht werden. Wir pumpen die Körperflüssigkeiten heraus und lassen eine Art Frostschutzmittel in die Arterien fließen«, sagt der technische Direktor und führt mir unterschiedliche Schlauchvarianten vor. Bei dem Gedanken, dass damit Frostschutzmittel in die Adern von Leichen gepumpt werden, wird mir etwas mulmig zumute.

Garan unterbricht seinen Vortrag. Schweigend öffnet er eine große Schiebetür, die ich für eine Wand gehalten hatte.

Dahinter verbirgt sich eine Halle mit hohen Decken. Mit leisen, bedächtigen Schritten tritt er ein und lädt mich mit einem Handzeichen ein, ihm zu folgen. Nur das Licht aus dem Operationssaal ermöglicht einen Blick auf riesige Stahlbehälter, die mich unwillkürlich an die Kessel einer Brauerei erinnern, die ich einmal in meiner Heimatstadt Iserlohn besichtigt habe. Doch diese Stahlbehälter lassen mich erschaudern, als Garan mir erklärt, dass darin die sterblichen Überreste von vier Menschen lagern. Über einen Zeitraum von zwei Wochen wurden sie langsam auf minus 196 Grad Celsius heruntergekühlt. Mit einem Kran wurden sie in die Behälter herabgesenkt, wo sie in rund 2000 Litern flüssigem Stickstoff ihre eisige Ruhe gefunden haben. Damit das Gehirn am längsten gekühlt bleibt, falls bei einem technischen Notfall Stickstoff aussickert, hängen die »Patienten« kopfüber in den Stahlbehältern wie tiefgekühlte Fledermäuse. Irgendwann sollen sie wieder zum Leben erweckt werden. Kryonik heißt dieses Verfahren, mit dem der Tod überlistet werden soll.

Noch fehlen die technischen Möglichkeiten, um die eingefrorenen Toten wieder zum Leben zu erwecken. Doch Steven Garan glaubt, dass es schon in 25 Jahren so weit sein kann. Schließlich habe sich die Idee des Einfrierens und Auftauens bereits bewährt. »Einige Biotechnikunternehmen und Labore benutzen die Technologie, um Nabelschnurblut, Stammzellen, menschliche Embryos, befruchtete Eizellen, Sperma und viele andere Arten von Zellen zu konservieren. Wir lagern diese für sehr lange Zeit. Man kann die menschlichen Gewebezellen und damit die Person praktisch für immer einfrieren.« Garan ist davon überzeugt, dass Volkskrankheiten wie Krebs oder Herzinsuffizienz in absehbarer Zukunft heilbar sein werden. Die aufgetauten »Patienten« sollen dann mit neuen Organen oder Zellen ausgestattet werden. 150 000 Dollar lassen sich Kunden diese Wette auf die Wiederauferstehung kosten.

Ich möchte wissen, wer die vier Menschen sind, die sich von diesem eisigen Grab hier das ewige Leben versprochen haben. Garan antwortet nur zögerlich. Ein sechzehnjähriges Mädchen und eine Zwanzigjährige sowie zwei Männer in ihren frühen Sechzigern. Mehr Informationen dürfe er über seine »Patienten« nicht preisgeben. In meinem Kopf laufen Bilder ab. Ich frage mich, ob die vier Leichen nackt oder in eine Folie gewickelt in die Stickstofftanks gehievt wurden, ob sich an den leblosen Körpern Eiskristalle bilden, welche Farbe ihre Haut bei der Kälte annimmt. Doch weil mir derlei Fragen pietätlos erscheinen, spreche ich sie lieber nicht aus. Vielleicht stellt sie ja ein potenzieller Neukunde, der sich aus erster Hand informieren möchte.

Warren Freitag arbeitet als Entwickler für ein großes Technologieunternehmen im Silicon Valley. Der Mittvierziger ist nach eigener Auskunft kerngesund, aber man müsse ja heute schon an morgen denken. Wohlwollend prüfend wandert sein Blick über die Stickstofftanks. Während mich langsam das Gefühl beschleicht, in einem Gruselkabinett gelandet zu sein, ist Warren von der Idee der Kryonik überzeugt. »Ich glaube daran, weil die Kritiker keine starken Belege haben, warum es nicht klappen sollte. Ich betrachte das als eine Art Versicherung. Wenn ich zum Beispiel an Krebs erkranke, der erst in der Zukunft heilbar sein wird, sehe ich das als eine Chance, dann weiterzuleben.«

Ich frage Steven Garan, ob er hier nicht Gott ins Handwerk pfuschen wolle. Aber ethische Bedenken weist er entschieden zurück. »Dies hier ist ein medizinisches Verfahren. Sollte die Kirche ein Problem damit haben, müsste sie auch ein Problem mit Krankenhäusern haben. Schließlich werden klinisch Tote mithilfe von Elektroschocks durch Defibrillatoren auch wieder zum Leben erweckt.«

Kritiker werfen Steven Garan vor, ein Scharlatan zu sein, ein moderner Dr. Frankenstein. Doch Garan genießt als Wissenschaftler einen guten Ruf, forscht an der University of California in Berkeley, einer Eliteuniversität. Kluge Köpfe aus der ganzen Welt studieren hier, und sie alle eint der Glaube an den Fortschritt. Als ich Garan am nächsten Tag auf dem Campus besuche, fällt mir auf, dass Roboter über das Gelände rollen, um den Studierenden ihr Mittagessen zu liefern. Das spart Zeit, die in Geniestreiche investiert werden kann. Zahlreiche Nobelpreisträger hat Berkeley bereits hervorgebracht. Auf dem Campus erfahren sie eine Würdigung der besonderen Art. Neben einer Reihe von Parkplätzen sind Schilder angebracht: »Reserviert für Nobelpreisträger«. Steven Garan muss von solch einem Parkplatz noch träumen und kommt zu Fuß zu den Besprechungen mit seinen Studenten. Doch als Direktor für Bioinformatik am Forschungszentrum für Alterung hat er Großes vor. Mithilfe von Computermodellen simulieren er und sein Team die Entwicklung von menschlichen Körpern vom zwanzigsten bis zum achtzigsten Lebensjahr. Künstliche Intelligenz soll dabei helfen, Wege zu finden, den Alterungsprozess zu verzögern. An der Wand von Garans Büro steht eine Tafel, auf die seine Studenten mit abwischbaren Filzstiften komplizierte Formeln schreiben. Ich habe nicht die geringste Ahnung, was sie bedeuten. Auch auf einem riesigen Monitor flirren bunte Formeln umher. Mein ratloser Blick wird schnell bemerkt.

»Der Computer errechnet zum Beispiel die Wahrscheinlichkeit für spezifische Erkrankungen eines Patienten und was getan werden kann, um diese Entwicklung frühzeitig zu stoppen«, erklärt mir der Professor. Als Beispiel nennt Garan eine Ernährungsumstellung oder bei Frauen eine künstliche Östrogenzufuhr während der Menopause. Für den Fall, dass ein Organ erkrankt oder an Leistungsfähigkeit verliert, soll im Labor in nicht allzu ferner Zukunft Ersatz produziert werden. Garan führt mich in einen Nebenraum. Dort zeigt er mir eine Maschine, die er als »Biodrucker« bezeichnet. »Das Ziel ist, Organe wie Herz, Leber oder Nieren für Menschen zu drucken, die sie dringend brauchen. Wir wollen dabei die Zellen der Patienten selbst benutzen, um die Strukturen aufzubauen. Wir entnehmen sie dem Spender, lassen sie in Kulturen wachsen und benutzen diese Zellen sozusagen als Tinte. Das Gerät druckt dann das Organ in 3-D aus«, erklärt der Wissenschaftler. Die eigenen Zellen des Patienten zu nutzen verringere im Vergleich zu Spenderorganen das Risiko, dass der Körper das Organ abstoße. Als Beispiel nennt er Steve Jobs, dem eine Spenderleber transplantiert worden sei, die jedoch nur einige Jahre funktioniert habe. Außerdem hätten die »gedruckten« Organe den Vorteil, dass man sie praktisch jederzeit produzieren könne und nicht warten müsse, bis ein Spender sterbe. Sein Ziel sei, irgendwann sogar Hände oder Beine drucken zu können, etwa für Veteranen aus den Kriegen im Irak oder Afghanistan. Schon in zehn Jahren könne es so weit sein.

»Warum wollen Sie das Altern unbedingt stoppen? Woher kommt Ihre Leidenschaft für dieses Forschungsgebiet?«, möchte ich von Garan wissen.

»Ich genieße einfach so viele Dinge am Leben«, antwortet er, ohne lange nachdenken zu müssen. »Ich liebe meine Familie, ich genieße gutes Essen und guten Wein, ich genieße die Sonnenaufgänge hier in Kalifornien, ich liebe das Meer und die Berge. Und es gibt so viele Dinge in der Zukunft, die ich miterleben möchte. Elon Musk will einen Menschen zum Mars fliegen lassen. Ich wäre ziemlich traurig, wenn ich das nicht mehr miterleben könnte.«

»Wie alt kann Ihrer Ansicht nach ein Mensch in Zukunft werden?«

»Vor hundert Jahren lag die Lebenserwartung ungefähr bei 45. Heute ist sie etwa doppelt so hoch. Und ich glaube, dass die Chancen gut stehen, dass man in Zukunft sehr lange leben kann. Aber eine konkrete Zahl werde ich nicht nennen.«

Weniger zurückhaltend bei dieser Zukunftsprognose ist Aubrey de Grey. Der Bioinformatiker ist fest davon überzeugt, dass ein Mensch eines Tages tausend Jahre alt werden kann. De Grey gilt als Guru der Langlebigkeitsbewegung. Ihn besuche ich in seinem Labor in Mountain View, jenem legendären Ort im Silicon Valley, in dem Technologiegiganten wie Google ihren Sitz haben. Aubrey de Greys Aussehen entspricht jedem Klischee eines Gurus. Seine grauen Haare sind zu einem Pferdeschwanz gebunden, den Bart trägt er so lang und zerzaust wie der russische Wanderprediger Rasputin. Mit ernster, fast feierlicher Miene führt er mich in sein Labor. Müsste ich als Regisseur für einen Historienfilm die Rolle des Jesus Christus besetzen – de Grey würde es mit Sicherheit in die letzte Castingrunde schaffen.

»Schon sehr bald, vermutlich in den nächsten zwanzig Jahren, wird es kein Limit mehr geben, wie lange Menschen leben. Weil wir dann dazu in der Lage sind, die gesundheitlichen Probleme des Körpers schneller zu reparieren, als sie entstehen. Damit wird es im Körper nie dazu kommen, dass ein Mensch wirklich krank wird«, erklärt de Grey im Brustton der Überzeugung. Mit seiner Stiftung und seinem eigenen Labor arbeitet er an dem Beweis für seine Prognosen. Dafür will de Grey zum Beispiel Stammzellen im menschlichen Körper erneuern, bevor sie altern oder erkranken. Statt von risikoreichen Organtransplantationen träumt er von Stammzellspritzen als Präventionsmaßnahme. »Du kannst dir das wie eine permanente Wartung vorstellen. Wir machen exakt das Gleiche wie mit einfachen Maschinen wie Autos oder Flugzeugen. Und das ist nur eine Methode, um den Schaden zu beseitigen, dem ein menschlicher Körper im Laufe seines Lebens ausgesetzt ist.« De Grey verspricht sogar, irgendwann die Uhr des Lebens zurückzudrehen. Es werde möglich sein, einen Fünfzigjährigen, der noch keine Krankheiten aufweise, wieder in den biologischen Zustand eines Dreißigjährigen zu versetzen. Kritiker warnen allerdings davor, Zellen genetisch umzuprogrammieren. Die Folgen seien nicht ganz absehbar, die Gefahr der Entstehung von Tumorzellen dagegen groß. Doch der Anführer der Langlebigkeitsbewegung ist davon überzeugt, dass die Chancen die Risiken bei Weitem überwiegen.

Aubrey de Grey, der 1963 in London geboren wurde, spricht mit einem aristokratisch anmutenden britischen Akzent, was seinen Worten in meinen Ohren eine gewisse Seriosität verleiht. Es ist aber vor allem sein Lebenslauf, der keinen Zweifel an der Ernsthaftigkeit von de Greys wissenschaftlicher Arbeit lässt. Er studierte zunächst Informatik in Cambridge und blieb nach dem Abschluss an der renommierten Universität, um sich schon 1985 auf Künstliche Intelligenz und Automatisierung zu spezialisieren, weil er harte körperliche Arbeit für menschenunwürdig hielt. De Grey war damals vor seiner Scheidung mit einer neunzehn Jahre älteren Biologieprofessorin verheiratet, die Genforschung betrieb. Irgendwann habe er diese gefragt, ob sie sich wissenschaftlich mit Alterungsprozessen beschäftige. Sie verneinte mit der Begründung, der Verfall lasse sich nicht aufhalten. Das wollte de Grey nicht akzeptieren. »Ich war völlig überrascht. Meine Grundannahme war, dass das Altern das größte Problem der Menschheit ist. Deshalb war ich davon ausgegangen, dass Heerscharen von exzellenten

Biologen mit Hochdruck daran arbeiteten, das Altern aufzuhalten. Weil das nicht der Fall war, wechselte ich mein Forschungsgebiet.«

»Aber Informatik und Biologie sind doch zwei völlig verschiedene Welten«, wende ich ein. »Wie konnten Sie denn einfach Ihr Forschungsgebiet wechseln?«

»Ich war selbstbewusst genug, um zu wissen, dass ich gut darin war, an wirklich schwierigen Fragestellungen zu arbeiten. Forschung ist letztendlich ein Handwerk, dass sich auch auf andere Bereiche übertragen lässt.«

Im Jahr 1999 veröffentlichte de Grey ein Buch mit dem für mich als Geisteswissenschaftler kryptischen Titel *Die mitochondriale Theorie der freien Radikale des Alterns*. Darin stellt er die Vermutung auf, dass die Beseitigung von Schäden an der mitochondrialen DNA die gesunde Lebensdauer erheblich erhöhen könnte. Das Wort »Mitochondrien« habe ich zum letzten Mal vor vielen Jahren im Biologieunterricht gehört, deshalb muss ich es nachschlagen. Vereinfacht gesagt sind Mitochondrien das Kraftwerk der Zelle. Sie produzieren Adenosintriphosphat (ATP), den universellen Energieträger für alle Zellen. Mitochondrien besitzen eine eigene DNA und vermehren sich unabhängig von ihrer Mutterzelle. De Grey vertritt in seinem Buch die These, Zellen »reparieren« zu können. Auf der Grundlage dieser Arbeit verlieh ihm die University of Cambridge im Jahr 2000 einen Doktortitel in Biologie, was allerdings nicht unumstritten blieb. Eine Reihe namhafter Kollegen aus der Biogerontologie griff de Grey an. Er sei »gefährlich«, weil er mit seinen »Heilsversprechen die Gerontologie in Verruf« bringe, schäumte etwa ein Professor der Yale University. Als Reaktion auf die Vorwürfe lobte die Fachzeitschrift *Technology Review* des Massachusetts Institute of Technology (MIT) einen mit 20 000 Dollar dotierten Preis für denjenigen aus, der beweisen könne, dass de Greys Theorie »so falsch ist, dass sie einer wissenschaftlichen Debatte unwürdig ist«. Doch es gelang niemandem, den Jesus-Doppelgänger zu widerlegen. Unbeirrt veröffentlicht er seither weiter in Fachzeitschriften und schreibt Bücher.

Heute arbeitet de Greys Team im Labor daran, ein Medikament zu entwickeln, das schädliche Eiweißreste in den Zellen aufspaltet und abtransportiert. »Unser Medikament soll frühzeitig die Abfallprodukte angreifen, die sich beim Stoffwechsel anhäufen und dem Körper früher oder später das Leben schwer machen. Wenn das gelingt, kann der Stoffwechsel normal weiterfunktionieren, ohne die Begleiterscheinungen, die Krankheiten auslösen«, erläutert de Grey. Der Ausbruch von Krankheiten wie Krebs oder Alzheimer soll damit verhindert werden. Ob dieses ambitionierte Ziel jemals erreicht wird, ist ungewiss. Aber die vorwiegend jungen Wissenschaftlerinnen und Wissenschaftler in weißen Kitteln zeichnen sich durch unerschütterlichen Optimismus aus. Caitlin Lewis hat kürzlich ihr Studium in Molekularbiologie abgeschlossen. Jetzt stellt sie mit seelenruhiger Hand Reagenzgläser in Zentrifugen und tippt Versuchsergebnisse im Computer ein.

»Wir haben hier vermutlich eine Fehlerquote von 95 Prozent. Das kann schon richtig frustrierend sein. Aber für diese 5 Prozent, wenn es dann doch klappt, ist es das alles wert«, sagt sie und lächelt. Was für ein Typ denn eigentlich ihr Chef sei, frage ich, als de Grey für einen Moment in seinem Büro verschwunden ist. »Ein radikaler Denker und eine große Inspiration«, sagt Caitlin, ohne lange nachdenken zu müssen. Denn von niemandem sonst bekomme sie die Möglichkeit, unkonventionelle wissenschaftliche Theorien nicht nur auszusprechen, sondern auch direkt im Labor zu erforschen. »Sollte ich irgendwann einmal Kinder haben, werden sie von meiner Arbeit heute profitieren«, sagt sie begeistert. »Ich vergleiche das gerne mit der Krebsforschung. Auch da dauert es oft zehn bis fünfzehn Jahre, bis wissenschaftliche Erkenntnisse zu neuen Therapien führen.« Sie lächelt noch einmal und setzt dann hoch konzentriert ihre Arbeit fort.

Auch ihr Chef lässt sich nie entmutigen. Weder von misslungenen Experimenten noch von externen Skeptikern und Kritikern. »Hier im Silicon Valley hat sich zum Glück eine Kultur des Scheiterns entwickelt«, erklärt de Grey. »Scheitern wird nicht stigmatisiert, im Gegenteil. Wenn du hier etwas versuchst und damit keinen Erfolg hast, ist das komplett anders als im Rest der Welt. Überall sonst denken die Leute, dass du nicht wirklich gut bist, wenn du scheiterst. Hier im Silicon Valley ist der Gedanke, dass du etwas nicht geschafft hast, weil du etwas sehr Schwieriges probiert hast. Du bekommst eine nächste Chance. Deshalb hast du keine Angst davor, dich schwierigen Problemen zu stellen.«

»Haben Sie selbst Angst vor dem Tod?«, möchte ich von dem Guru wissen.

»Ich denke nicht viel über mein eigenes Sterben nach. Im Auto schnalle ich mich an, aber sonst mache ich mir nicht zu viele Gedanken. Ich konzentriere mich auf meinen Job und bin zu beschäftigt, um den Tod zu fürchten.«

Wenig lebensverlängernd wirke sich allerdings sein permanenter Schlafmangel aus. Rast- und ruhelos fliegt de Grey nämlich kreuz und quer durch die Welt. Überall wird er zu Vorträgen eingeladen, um seine Theorien zu erklären. In Singapur, Russland, Österreich, Finnland, England, Portugal, Brasilien, Südafrika, Australien, Kanada, der Slowakei und Deutschland ist er innerhalb nur eines Jahres aufgetreten. Dazu kamen zahlreiche Konferenzen in den USA. Er würde seine Zeit zwar lieber im Labor verbringen, aber die

Auftritte seien zwingend notwendig, um Forschungsgelder einzuwerben. De Grey hat den Großteil seines Erbes in seine Stiftung eingebracht – 10 Millionen Euro aus dem Verkauf des Familienbesitzes in Südengland –, aber das reicht bei Weitem nicht aus. Er ist auch auf die Millionen von Investoren aus aller Welt angewiesen. Darunter sind mindestens zwei Deutsche. Michael Greve, der mit der Gründung und dem Verkauf von Online-Reiseportalen und dem Portal web. de steinreich wurde, las de Greys Buch *Ending Aging* (Titel der deutschen Ausgabe: *Niemals alt!*) mit so viel Enthusiasmus, dass er den Langlebigkeitsguru um eine Audienz im Silicon Valley bat. Nach der Begegnung spendete er 10 Millionen Dollar. Auch der in Frankfurt am Main geborene Multimilliardär Peter Thiel, der den Grundstein für sein Vermögen mit der Gründung des Online-Zahlungsdienstleisters PayPal legte, pumpte eine nennenswerte Summe in de Greys Kampf gegen den Tod. Viele Internetgrößen erhoffen sich, dass sich ihr Investment gleich in doppelter Hinsicht auszahlt. Gelingt einem der Langlebigkeitsunternehmen der Durchbruch, kann sich der Einsatz der Investoren vervielfachen. Es winken Milliardengewinne, und der angenehme Nebeneffekt wäre, dass sie ihren Reichtum ewig auskosten könnten.

»Ich habe nicht vor zu sterben«, erklärte etwa Google-Erfinder Sergey Brin und gründete 2013 unter dem Dach des Suchmaschinengiganten die California Life Company (Calico), die er mit der stolzen Summe von 1,5 Milliarden Dollar ausstattete. Davon wurden mehr als 200 Wissenschaftler angeheuert, die in der Biotechnologieszene Rang und Namen haben. In dem erdbebensicher verglasten Laborgebäude von Calico arbeitet zum Beispiel die Molekularbiologin Cynthia Kenyon. Ihr gelang es bereits mit einer Genmanipulation, das Leben um den Faktor sechs zu verlängern – wenn auch nur bei Fadenwürmern. Die Tiere lebten statt 20 plötzlich 125 Tage.

Auch der Gründer des Softwarekonzerns Oracle, Larry Ellison, gibt sein Geld nicht nur für eine eigene Hawaii-Insel und Superjachten aus, sondern will mit Milliardeninvestitionen in die Erforschung des ewigen Lebens wohl auch seine eigene märchenhafte Biografie unbefristet fortsetzen. Von ihm stammt der Satz, er sei wütend auf das Alter und den Tod. Ähnlich denkt wohl Elon Musk, der schillernde Gründer von Tesla und SpaceX. Musk engagiert sich aber nicht nur für E-Autos und Raumfahrt, er betreibt auch eine Firma namens Neuralink, die daran arbeitet, Informationen aus dem menschlichen Gehirn auf einen externen Computer zu übertragen. Dazu soll ein winziger Chip ins Gehirn implantiert werden, der die Nervenimpulse nach außen sendet. »Brain-Computer-Interface« oder »Mind Uploading« heißt das Verfahren in der Fachsprache, das bei Schweinen offenbar schon relativ gut funktioniert. Spätestens 2045 soll es auch beim Homo sapiens so weit sein und dessen so anfälliger Körper überflüssig werden. In der Vision von Elon Musk wird der Mensch auf sein Gehirn reduziert und »lebt« unsterblich im Internet weiter. Arbeit, Freizeitaktivitäten und Sex finden nur noch in der virtuellen Welt statt. Wer doch mal einen Spaziergang durch das »echte Leben« machen will, soll seinen Gehirnchip mit einem Roboter verbinden. Genau diese Grundidee entwarf Richard Morgan bereits im Jahr 2002 – allerdings als Dystopie mit dem Titel *Altered Carbon* (auf Deutsch: *Das Unsterblichkeitsprogramm*), die erst als Buch und später als Serie bei Netflix erschien. Vielleicht hat sich Elon Musk von dieser Science-Fiction inspirieren lassen.

Mir persönlich bereitet diese Vorstellung großes Unbehagen, aber ich habe kaum Zweifel, dass es Musk gelingen kann, sie Wirklichkeit werden zu lassen. Denn im Kennedy Space Center in Cape Canaveral konnte ich mit eigenen Augen sehen, wie er bereits die Raumfahrt revolutioniert hat. Mit seinem Unternehmen SpaceX hat er Raketen entwickelt, die teilweise wiederverwendbar sind. Staunend wie ein kleiner Junge spürte ich den Druck in der Magengrube, als sich nach dem Countdown Millionen Kilo hochexplosiver Treibstoff entzündeten. Mit großen Augen beobachtete ich, wie die »Falcon 9«-Rakete in den Nachthimmel geschossen wurde. Dort setzte sie auf einen Schlag sechzig sogenannte Starlink-Satelliten aus, die vom All aus Internetzugang in jeden Winkel der Erde liefern sollen. Die Erststufe der Trägerrakete, auch Booster-Stufe genannt, flog nach der Abkopplung der Zweitstufe zurück Richtung Erde und landete kerzengerade auf einer schwimmenden Plattform im Ozean. Die Idee von Musk, die Rakete nicht einfach im All verglühen zu lassen, sondern sie wiederverwendbar zu machen, ist genial. Denn es spart enorm viel Geld, nicht jedes Mal eine neue Rakete bauen zu müssen. Musks Innovation trug sogar zu einer Renaissance der sonst sehr teuren bemannten Raumfahrt bei. Zum ersten Mal seit dem Ende des Space-Shuttle-Programms der NASA im Jahr 2010 wurden 2020 mit einer Falcon 9 zwei Astronauten in einer »Crew Dragon«-Kapsel zur internationalen Raumstation ISS gebracht. Für Musk, dessen Raumfahrtambitionen anfangs von Kritikern belächelt worden waren, muss es der größtmögliche Triumph gewesen sein, mit seiner Rakete die Astronauten zur ISS fliegen zu dürfen. Seitdem traue ich ihm wirklich alles zu.

Für den Fall, dass sich Musks Idee vom Upload des Gehirninhalts per Computerchip ins Internet tatsächlich erst 2045 umsetzen lässt, hat das Silicon Valley bereits eine Übergangslösung erarbeitet. Das Start-up Netcome kann Gehirne so perfekt tiefkühlen, dass keine Neuronen und Synapsen beschädigt werden. Wenn die biotechnischen Möglichkeiten in naher oder ferner Zukunft zur Verfügung stehen, können die »Daten« des Gehirns ausgelesen werden, und der Besitzer des Gehirns kann »auferstehen«. Der Haken an der Sache: Für das von Netcome angebotene Verfahren muss das Gehirn aus dem lebendigen Körper entfernt werden, damit es perfekt schockgefroren werden kann. Ich muss unweigerlich an Falcos Song »Out of the Dark« denken, in dem er fragt: »Muss ich denn sterben, um zu leben?«

Elon Musk, Sergej Brin und die anderen Könige des Silicon Valleys scheinen zu allem bereit, um das ewige Leben zu ermöglichen. Sie wollen schaffen, wovon schon König Gilgamesch vor mehr als 4000 Jahren träumte. Der Herrscher über Uruk (im heutigen Irak) taucht auf der Suche nach der Unsterblichkeit auf den Meeresgrund, wo eine Verjüngungspflanze wachsen soll. Und tatsächlich findet Gilgamesch die Pflanze. Um auch seinen Mitmenschen die ewige Jugend zu schenken, will er das sagenhafte Gewächs in seine Heimat bringen, doch eine Schlange raubt es ihm. Das Schicksal von Gilgamesch ist besiegelt. Diese Geschichte ist auf zwölf Tontafeln in Keilschrift überliefert und wird häufig als das älteste bekannteste Epos der Weltgeschichte bezeichnet.

Der Traum von der ewigen Jugend spielt in der Kulturgeschichte seit jeher eine große Rolle. In der griechischen Mythologie fleht Eos, die Göttin der Morgenröte, den Göttervater Zeus an, ihrem menschlichen Liebhaber Tithonos Unsterblichkeit zu gewähren. Zeus erfüllt den Wunsch, aber Tithonos wird das Leben doch bald zu fad. Irgendwann wünscht er sich nichts sehnlicher als den Tod. Eine ähnliche Beobachtung macht Gulliver auf seinen Reisen. Der Protagonist des Romans von Jonathan Swift will unbedingt die unsterblichen Struldbrugs auf ihrer Insel Luggnagg besuchen. Doch als er dort ankommt, stellt er fest, dass das Alter sie gelangweilt und griesgrämig zurückgelassen hat. Offenbar alles richtig macht also Sir Galahad in der Artussage. Der Ritter findet zwar den Heiligen Gral, aber dennoch entscheidet er sich, lieber zu sterben. Weniger weitsichtig ist da Oscar Wildes Schönling Dorian Gray. Dieser lässt statt sich selbst lieber sein Bildnis altern – und wird am Ende doch nicht ewig glücklich.

Ließe sich das Glück festhalten und nie wieder loslassen, wenn das Leben ewig wäre? Diese Frage stelle ich mir, als ich einen Vater beobachte, der seinen kleinen Sohn mit ausgestreckten Armen in den Himmel über San Francisco hebt. Ich gehe in Fisherman's Wharf spazieren, dem Hafenviertel San Franciscos. Die Aussicht, für immer für meine Kinder da sein zu können, Enkel und Urenkel erleben zu können, erscheint mir in diesem Augenblick verlockend. Oder ist es nicht gerade das Wissen um die eigene Vergänglichkeit, das Glücksmomente so wertvoll und einmalig macht? Hätte ich überhaupt nach einem Sinn in meinem Leben gesucht, mir Ziele gesteckt, wenn nicht im Hintergrund erbarmungslos eine Uhr herunterticken würde? Die Möwen kreischen im Wind, der sich seinen Weg vom Pazifik in die Bucht sucht. Die Golden Gate Bridge strahlt rot und stolz in der Mittagssonne. Ich nehme auf einer Bank Platz und frage Google, was die Philosophen über das Streben nach dem ewigen Leben denken.

Horaz brachte seine Sicht der Dinge vor mehr als 2000 Jahren mit nur zwei Worten auf den Punkt: »Carpe diem« – Nutze den Tag. »Ganz gleich, ob Jupiter dir noch weitere Winter zugeteilt hat oder ob dieser jetzt, der gerade das Tyrrhenische Meer an widrige Klippen branden lässt, dein letzter ist, sei nicht dumm, filtere den Wein und verzichte auf jede weiter reichende Hoffnung!«, heißt es bei dem römischen Dichter. »Noch während wir hier reden, ist uns bereits die missgünstige Zeit entflohen: Genieße den Tag, und vertraue möglichst wenig auf den folgenden!« Der britische Moralphilosoph Bernard Williams wird in einem Artikel in der *Welt* mit den Worten zitiert, wer unsterblich sei, verliere seine Sehnsüchte und seinen Lebenssinn, er sei nicht mehr er selbst und damit seiner Identität beraubt. Und der Philosophieprofessor Peter Strasser kritisiert die kalifornischen Kämpfer für die Unsterblichkeit in einem Gastbeitrag in der *NZZ* als »Zombies einer leeren Ewigkeit«. Die Fantasie des Existierens in einer Endlosschleife rücke den Eigenwert des Erlebens, den Wert der Liebe und aller Gefühle des Lebendigseins immer weiter von uns weg, so Strasser. »Die ewige Wiederholung lässt alles fahl werden. Die Transparenz des Lebens weicht einem bedrängenden Gefühl des Gefangenseins in der Immanenz.«

Ich blicke auf die Gefängnisinsel Alcatraz hinüber, sie liegt nur zwei Kilometer vom Festland entfernt in der Bucht. Von dort aus hatten Insassen wie Al Capone einen direkten Blick auf San Francisco. Sie konnten das pralle Leben aus einer gewissen Distanz sehen, aber nicht fühlen. Soll sich die Unsterblichkeit wirklich so qualvoll anfühlen, wie die Philosophen behaupten? Ich bin mir unschlüssig. Aber die professionellen Denker lassen nicht locker. »Das immerwährende Leben wäre abgrundtief sinnlos, weil bloß noch gelebt würde, um nicht zu altern, nicht krank zu werden«, schreibt Professor Strasser. »Es würde nicht um seiner selbst willen gelebt, nicht um der Lebendigkeit willen, die ihren Wert in sich trägt.« Diesen Zustand meine ich schon jetzt bei manchen Amerikanern beobachten zu können. Wie ferngesteuert joggen die Menschen an mir vorbei, mit nackten Oberkörpern ohne ein Gramm Fett zu viel. Wie besessen blicken sie immer wieder auf ihre Hightech-Uhren, die ihre Leistung messen. Schritte, Pulsschlag, verbrannte Kalorien, verbrannte Zeit. Schon jetzt scheint ihr Körper mit der Technologie zu Cyborgs verschmolzen, Apple & Co. sei Dank. Doch für ein Innehalten fehlt die Muse, dabei könnte man zum Beispiel am Pier 39 Dutzende von Seelöwen beim Balgen und Sonnenbaden beobachten. Die Tiere strahlen im Gegensatz zu den getriebenen Joggern Lebensfreude aus. In deren verbissenen Mienen kann ich lediglich den Willen ablesen, möglichst lange zu leben – wobei »leben« in vielen Fällen wohl mit »arbeiten« gleichzusetzen ist.

Der Puritanismus, den die Siedler aus England im 17. Jahrhundert in die britischen Kolonien nach Neuengland mitbrachten, ist wohl noch heute in der DNA vieler Amerikaner tief verwurzelt. Vielleicht ist es nur mein persönlicher Eindruck, aber wenn ich die Menschen hier in Restaurants beobachte, scheinen sie ein gutes Essen nicht so mit Leib und Seele genießen zu können wie etwa Franzosen oder Italiener. Viel wichtiger scheint es den Amerikanern zu sein, die Einrichtung des Restaurants oder den dekorativen Charakter eines Gerichts mit dem Smartphone für die sozialen Netzwerke wie Facebook zu dokumentieren.

Jetzt greife allerdings auch ich wieder zum Smartphone, um zu prüfen, was die Philosophen noch zur Langlebigkeitsbewegung im Silicon Valley zu sagen haben. Nicht weniger als das Schicksal unserer Erde sei durch die technologischen Innovationen in Gefahr, lese ich. Wenn niemand mehr sterbe, werde es eng auf dem Planeten. Die CO_2-Bilanz werde explodieren, der Klimawandel im Turbotempo voranschreiten. Der Politikwissenschaftler Francis Fukuyama von der Stanford University fürchtet sich gar vor einer eugenischen Gesellschaftsordnung, in der wenige Perfekte über viele Unperfekte herrschen werden, die Unsterblichen über die

Sterblichen. In der *Welt* lese ich weiter, dass auch der israelische Historiker Yuval Noah Harari vor der Diktatur des Übermenschen warnt. Die technologische und ökonomische Elite von heute träume nicht nur vom ewigen Leben wie alle Mächtigen zu allen Zeiten, sie arbeite auch mit allen Mitteln daran. Dieses Argument kann ich gut nachvollziehen. Immer wieder beobachte ich, dass es im amerikanischen Gesundheitssystem schon jetzt ein Zweiklassensystem gibt. Gesundheit muss man sich leisten können. Und das gilt auch für neue Anwendungen, die den alten Traum vom Jungbrunnen endlich wahr machen sollen. Jungblutplasma, mit dem zum Beispiel Firmen wie Alkahest experimentieren, um damit irgendwann erfolgreich Alzheimer bekämpfen zu können, dürfen sich hier auch gesunde Kunden gönnen. Die einzige Voraussetzung ist genügend Geld, denn ein Liter des Jungblut-Elixiers kostet 5000 Dollar. Die Vorstellung von Verteilungskämpfen um Stammzellspritzen, Gentherapien, Organe aus dem 3-D-Drucker, den Körper ersetzende Roboter oder eisige Ruhestätten in Stickstoffbehältern verstört mich. Als mein Smartphone mich zu einem Software-Update auffordert, muss ich wieder an Elon Musks Gehirnchip denken. Und ich bin mir nicht mehr sicher, wovor ich mehr Angst haben soll – vor dem Tod oder vor dem Triumph über ihn.

Die Überlebenskämpfer

Mit Fäusten für ein besseres Leben

Kleine Blutstropfen treten aus dem Unterarm von Gerald Plum hervor. Darüber wischt Tommy Lee mit einem Tuch, als wollte er verschüttetes Bier von einem Tresen entfernen. Dann lässt Tommy seine Nadel wieder summen. Ungerührt sieht Gerald zu, wie die schwarze Farbe unter seine Haut gestochen wird. Sanftmütig wirken seine braunen Augen, verwegen sein Vollbart. Gerald hat die Statur eines Gerüstbauers. Er trägt ein ärmelloses T-Shirt, dessen Aufschrift ihn zum »Superman« machen soll. Auf seiner Baseballkappe mit Camouflagemuster prangt die amerikanische Fahne. Eine mattsilberne Kette mit Kruzifix hängt um seinen Stiernacken. Falsche Diamanten schmücken seine Ohren. Die meiste Zeit schweigen die beiden Männer, als vollzögen sie ein feierliches Ritual. Tätowierer Tommy geht routiniert und präzise zu Werke. Das Motiv ist für ihn keine große Herausforderung. Zwei Boxhandschuhe werden Gerald für den Rest seines Lebens begleiten.

»Manchmal fühlt sich Vatersein wie ein Kampf an«, erklärt Gerald seine Entscheidung. »Ich ziehe vier Kinder alleine groß, und manchmal ist es hart, als Vater für seine Rechte einzustehen. Manchmal fühlt es sich sogar so an, als wäre ich schon mein ganzes Leben im Kampf.«

199

Vor einigen Jahren schlug ihm das Leben mit Wucht ins Gesicht, er musste um das Sorgerecht für eine seiner Töchter kämpfen. Damals erinnerte sich Gerald an die Boxkämpfe von Mike Tyson, die er als Junge mit seinem Vater im Fernsehen gesehen hatte. Tyson war ein äußerst talentierter Boxer, der jedoch im Ring wie auch außerhalb des Rings immer wieder mit Skandalen Schlagzeilen machte. Einmal biss er seinem Gegner ein Stück des rechten Ohres ab. Trotz allem gilt »Iron Mike« bis heute als Typ, der niemals aufgibt. Seinetwegen begann Gerald, selbst zu boxen.

»Es ist eine schreckliche Entscheidung, dass du dir das Ding ausgerechnet heute stechen lässt«, sagt Tommy. »Wann ist der Kampf noch mal?«

»Morgen um 7:30 Uhr.«

»Du bist verrückt. Hättest du mir das vorher gesagt, hätte ich gar nicht angefangen. Das ist viel zu wenig Zeit, um zu heilen. Komm morgen vorbei, und wir verbinden es noch mal. Es darf auf keinen Fall Schweiß darankommen.«

»Das geht schon«, sagt Gerald trocken.

»Glaubst du, er hat trotz der Wunde am Arm eine Chance zu gewinnen?«, frage ich den Tätowierer.

»Ich habe ihn noch nie kämpfen sehen. Aber die Leute hier im Ort kennen ihn. Wenn es stimmt, was die Leute sagen, hat er ein gutes Herz und eine gute Faust. Ich hoffe, mein Tattoo bringt ihm Glück.«

Als Tommy sein Werk vollendet hat, wickelt er mit viel Druck Frischhaltefolie um Geralds Unterarm. Im Vorzimmer des Tattoostudios hat Geralds vierjährige Tochter Adalyn gewartet. Sie springt vom Sessel auf und lässt ihre Spielkonsole fallen, als Gerald durch die Tür kommt. »Darf ich es sehen?«, ruft sie aufgeregt. Liebevoll streichelt sie über die Frischhaltefolie, als könnten ihre Hände das blutige Fleisch auf wundersame Weise heilen.

Das alte Tattoo ihres Daddys scheint ihr besser zu gefallen. Ein Kreuz trägt er schon seit einigen Jahren auf dem Oberarm. Dazu der Schriftzug »Give me strength« (»Gib mir Kraft«). Aber Adalyn ist froh, dass es endlich nach Hause geht. Eine Landstraße führt vorbei an einem verdorrten Wald und Geisterhäusern, die zu West Virginia gehören wie die Palmen zu Florida. Ein grauer Schleier liegt hier über den Hügeln. Selbst die Sonne macht wohl lieber einen Bogen um den Bundesstaat in den Appalachen, schaut nur ab und an für einen lästigen Pflichtbesuch vorbei. Im Rest Amerikas werden die Bewohner oft als »Hillbillys« verspottet, als Hinterwäldler. Adalyn sieht die Landschaft von ihrem Kindersitz aus an sich vorbeiziehen. Sie singt den Refrain eines Countrysongs, den sie oft mit ihrem Daddy im Auto hört, »We don't have to be lonely tonight« (»Wir müssen heute Nacht nicht einsam sein«). Gerald parkt das Auto vor einem Wohncontainer.

»Das ist unser Zuhause«, sagt er. »Einige Boxer, die morgen auch an dem Turnier teilnehmen, haben sich in den sozialen Medien darüber lustig gemacht, dass ich in einem Trailer lebe. Aber ich lasse mich davon nicht provozieren. Mein Zuhause ist immer sauber, die Kids lieben es, und ich finde es auch gemütlich. Von den Beleidigungen der anderen Boxer lasse ich mich nicht einschüchtern. Ich bleibe so demütig wie möglich und werde es denen im Ring zeigen. Wir werden Gladiatoren sein. Ich werde alles geben, was ich in mir habe.« Auf der Veranda lässt sich Gerald auf einen Campingstuhl fallen. Auf dem Tisch liegt ein Helm mit Lampe. Er hat für Gerald eine ähnlich große Bedeutung wie die Boxhandschuhe. »Der Helm beschützt mich vor Gegenständen, die mir auf den Kopf fallen. Und ich mag meine Arbeit tief unten in der Kohlemine. Ich bin stolz auf das, was ich tue. Ich hangele mich zwar von Gehaltsscheck zu

Gehaltsscheck, aber ich kann damit meine Kinder ernähren. Ich bin nicht arm und nicht reich, aber ich überlebe und muss nicht wie ein Penner auf der Straße leben.«

Auch wenn Joe Biden sich als Anwalt der Arbeiter gibt, ist Gerald ein Fan von Donald Trump, den er 2016 und 2020 gewählt hat. Denn der habe seine schützende Hand über die Kohleminen gehalten. »Trump hat sein Versprechen eingelöst. Die Minen hier in West Virginia laufen wieder unter Volldampf. Er hat wirklich versucht, Amerika wieder großartig zu machen.« Die Demokraten mit ihrem Streben nach grüner Energie empfindet Gerald wie viele hier in West Virginia als Bedrohung. Einen Satz der damaligen Präsidentschaftskandidatin Hillary Clinton aus dem Jahr 2016 wird er nie vergessen. »Wir werden viele Kohlekumpel und Kohleunternehmen aus dem Markt drängen.« Als Clinton die Unterstützer von Donald Trump dann auch noch als »Deplorables« (»die Erbärmlichen«) bezeichnete, »die irgendwie glauben, dass Trump ein Amerika wieder restaurieren wird, das gar nicht mehr existiert«, brach Gerald endgültig mit der Demokratischen Partei. Da konnte Joe Biden noch so oft betonen, dass er der Sohn eines Gebrauchtwagenverkäufers ist. Seit Biden Präsident ist, überlegt Gerald, einen Job als Heizungsinstallateur anzunehmen. Denn er befürchtet, dass seine Mine wegen neuer Umweltrichtlinien schließen muss.

Adalyn ist gelangweilt von unserem Gespräch über Politik und hüpft zum Spielen ins Haus. Auch Gerald hat keine Lust mehr, über die (ferne) Zukunft nachzudenken, sondern will sich lieber auf seine konkrete Herausforderung morgen vorbereiten. Er beginnt sein Training mit Seilspringen. Das ist gut für Ausdauer und Koordination. Erstaunlich leichtfüßig bewegt er seinen bulligen Körper über das Seil. Nach zehn Minuten geht er in die Garage, zieht sich seine Boxhandschuhe an und dreht den Schirm seiner Baseballkappe nach hinten. Dann feuert er einige Links-rechts-Kombinationen auf einen schwarzen Sandsack ab, der von der Decke baumelt. Explosiv schnellen seine Fäuste hervor. Mit großer Ernsthaftigkeit schlägt Gerald auf seinen imaginären Gegner ein. Bei jeder Kombination entfährt seinem Mund ein Zischen. Er presst die Luft so schnell wie möglich aus seiner Lunge, um Platz zu schaffen für weiterer Sauerstoff. Das erhöht die Schlagkraft.

Am nächsten Morgen treffe ich Gerald in der Veranstaltungshalle eines Viersternehotels wieder. Hier wird das Turnier stattfinden, das unter dem Motto »Rough and Rowdy« (»Grob und halbstark«) steht. Der Wettkampf ist ausschließlich für blutige Boxanfänger gedacht. Kein Teilnehmer darf mehr als drei Amateurkämpfe absolviert haben. Laut der offiziellen Ausschreibung des Veranstalters sind »Straßenkämpfer, Boxer und Raufbolde« willkommen. Wer einen Kampf gewinnt, bekommt eine Siegprämie von 500 Dollar. Das ist in dieser Ecke Amerikas viel Geld. Die meisten Männer, die zur Anmeldung hierhergekommen sind, schauen sich in dem gediegenen Hotel um, als wären sie auf einem fremden Planeten gelandet. Für das Wiegen haben sie sich bis auf die Shorts entblößt. Tätowierungen auf dem Oberkörper sind eher die Regel als die Ausnahme. Die Schlange vor der Waage ist lang, etwa hundert Männer wollen in unterschiedlichen Gewichtsklassen gegeneinander antreten. Alles scheint bis ins Detail organisiert zu sein. Nach dem Wiegen kriegen die Teilnehmer Klemmbretter mit Formularen in die Hand gedrückt. Darauf müssen sie unterschreiben, dass sie für gesundheitliche Schäden selbst verantwortlich sind und den Veranstalter nicht haftbar machen können. Außerdem erklären sie sich einverstanden, bei den Kämpfen gefilmt zu werden. Das Turnier wird von professionellen

Kameraleuten per Livestream im Internet übertragen. Wer zusehen will, muss 20 Dollar bezahlen. Schon Tage vor Turnierbeginn wurden Hunderte Online-Tickets verkauft. Wer die Kämpfe live in der Halle verfolgen will, zahlt bis zu 40 Dollar Eintrittsgeld. 2000 Stühle stehen in der Halle bereit. Das Turnier gilt in der Region als »Event des Jahres«. Denn im Gegensatz zu den meisten anderen US-Bundesstaaten verfügt West Virginia über kein professionelles Baseball- oder Eishockeyteam. Die meisten Menschen hier haben einfach nicht genug Geld, um regelmäßig Sportereignisse besuchen oder Fanartikel kaufen zu können.

In der Warteschlange lerne ich Daniel McGilton kennen. Wie Gerald wird er in der Schwergewichtsklasse antreten. Bei nur 1,70 Meter Größe bringt er 92 Kilogramm auf die Waage. »In der zweiten Runde werde ich ihn umhauen«, sagt Daniel über seinen Gegner. »Ich habe härter trainiert als er und werde ihm zeigen, wer hier das Alphatier ist. Ich mache ihn fertig.« Der Gegner, über den Daniel spricht, ist sein Zwillingsbruder. Das bevorstehende Bruderduell ist in der Stadt eine Sensation. Die lokalen Medien berichten darüber wie über einen Profikampf. Hat Daniel keinen natürlichen Instinkt, der ihn hemmt, seinem eigenen Bruder mit der Faust ins Gesicht zu schlagen? »Nein, wir haben uns früher auch oft geschlagen. Und zwar auch mit der Faust, aber ohne Handschuhe«, entgegnet Daniel abgeklärt.

»Macht ihr wegen des Geldes bei dem Turnier mit?«

»Wegen des Geldes und wegen des Ruhms. Hier in der Stadt kennt schon jetzt jeder unsere Namen.«

Daniel lädt mich direkt nach dem Wiegen und den Formalien zu sich nach Hause ein. Auch er lebt in bescheidenen Verhältnissen, mit Mitte zwanzig wohnt er noch immer im Haus seines Vaters. Im Wohnzimmer stehen offene Kartons mit Krimskrams herum, in der Ecke steht ein alter

Autoreifen. An der Wand hängt der ausgestopfte Kopf eines Rehs. Es riecht nach nassem Fell. Ein übergewichtiger Hund starrt apathisch aus dem Fenster. Ordnung strahlen in diesem Wohnzimmer nur die gerahmten Fotos der beiden Zwillingsbrüder in einer Vitrine aus. Darauf tragen sie rote Talare und bekommen ihr Zeugnis von der Highschool überreicht. Nur mit Ach und Krach haben sie den Abschluss geschafft, erzählt Daniel.

»Ich habe mit den falschen Leuten rumgehangen und den ganzen Tag geschlafen.« Heute arbeitet er als Tellerwäsche bei einer Restaurantkette. Dort verdient er den Mindestlohn von 8,75 Dollar pro Stunde. Daniels Freundin kommt zur Tür herein, auf dem Arm trägt sie ein schlafendes Baby. Sechs Monate alt ist die Tochter der beiden. »Ich träume davon, Profiboxer zu werden. Dann kann ich meiner kleinen Familie ein gutes Leben ermöglichen. In letzter Zeit lief es leider nicht so gut.« Auf Nachfrage erzählt Daniel, dass er bei seinem letzten Job als Kassierer einer Tankstelle Geld aus der Kasse geklaut habe, 1250 Dollar. »Wenn ich das Geld nicht bis zu einem bestimmten Datum zurückzahle, komme ich in den Knast. Aber ich habe aus meinem Fehler gelernt und kämpfe mich da raus. Mit drei Siegen beim Turnier könnte ich die Summe auf einen Schlag begleichen.«

Vater Frank hat schweigend zugehört. Auch er ist von grobschlächtiger Gestalt. »Leider konnte ich in ihrer Kindheit und Jugend nicht für die Zwillinge da sein. Vielleicht hätte sie das vor mancher Dummheit bewahrt«, sagt er. »Ich saß mehrmals im Gefängnis. Zuletzt dreizehneinhalb Jahre am Stück. Für einen bewaffneten Raubüberfall. Ich brauchte Geld, um mir Drogen zu beschaffen.« Er schaut zerknirscht wie eine Bulldogge, die man gegen ihren Willen zum Spazierengehen in den Regen zerrt. »Eigentlich wollte ich auch immer Boxer werden, aber es kam eben anders. Auf meine

Jungs bin ich stolz. Sie versuchen, ihren Weg zu gehen. Sie haben vor nichts und niemandem Angst.«

Die Zwillingsbrüder schlurfen in die Küche, schieben einen Hocker herbei und ziehen sich ihre T-Shirts aus. Über Daniels Schulter verläuft eine gewaltige Narbe, die gemäß ihrer Länge und Breite eigentlich nur durch den Hieb einer Axt entstanden sein kann. Ich frage lieber nicht. Daniel schließt eine Haarschneidemaschine an der Steckdose an und lässt sie über den Kopf seines Bruders surren. Dicke Büschel fallen auf den Boden. Erstaunlich zärtlich streicht er immer wieder mit der Hand über den Kopf seines Bruders, auf den er einige Stunden später einprügeln will.

»So sieht ein richtiger Boxer aus«, sagt Daniel zufrieden, als er das Haar bis auf wenige Millimeter gestutzt hat. Dann zeigt er mir stolz seine Boxhose mit dem Muster des Sternenbanners, die er sich extra für das Turnier gekauft hat. Es ist das Modell, das Apollo Creed, der Weltmeister im Schwergewicht, als Gegner von Rocky in den legendären Boxfilmen trägt. Apollo Creed wurde von einem schwarzen Schauspieler gespielt. Genau das findet Daniel gut. »In Amerika sollten alle Menschen gleich sein. Deshalb mochte ich Präsident Obama und seinen Vizepräsidenten Joe Biden. Leider vermittelt Donald Trump nicht das Gefühl, dass für ihn alle Menschen gleich sind.« Als ich mich verabschiede, fällt mir draußen auf der Veranda neben allerlei Gerümpel eine ausgeblichene amerikanische Flagge auf. Sie ist von ihrer Befestigung abgerissen und hängt herunter. Regennass, schlaff und verkehrt herum.

Die Tatsache, dass die Zwillingsbrüder für eine Handvoll Dollar bereit sind, sich zur Belustigung der Menge im Ring zu verprügeln, stimmt mich nachdenklich. Die Armut hier ist überall unübersehbar. Immer wieder komme ich an Geisterhäusern und Trailerparks vorbei. Diese Wohnwagensiedlungen sind in den USA der Inbegriff von Armut. »Go back to your trailer park, will ya?« (»Geh zurück in deinen Trailerpark, okay?«) ist eine der gemeinsten Beleidigungen im amerikanischen Sprachgebrauch. West Virginia ist einer der ärmsten Bundesstaaten der USA. Denn viele Jobs im Kohlebergbau, die früher ein Leben in der Mittelklasse ermöglichten, sind für immer verloren gegangen. Während im benachbarten Bundesstaat Maryland das durchschnittliche Haushaltseinkommen 83 000 Dollar beträgt, liegt es in West Virginia mit 42 000 Dollar brutto pro Jahr nur knapp halb so hoch. Davon muss eine Familie sämtliche Kosten, von der Miete über das Auto bis hin zu Lebensmitteln, zahlen. Mitte des Jahres 2019 lebten 16 Prozent der Bürger von West Virginia unterhalb der Armutsgrenze von 12 880 Dollar pro Jahr für eine Person. Zu Beginn des Jahres 2020 hatten etwa 270 000 der rund 1,8 Millionen Einwohner von West Virginia nicht genug zu essen. McDowell County ist einer der ärmsten Landkreise Amerikas. Mit 10 000 Dollar liegt das Pro-Kopf-Einkommen nur knapp über dem von Venezuela. Die durchschnittliche Lebenserwartung ist so niedrig wie in Namibia. In West Virginia ist auch der Anteil von Schmerzmittel- und Drogensüchtigen besonders hoch. Aids und Hepatitis sind weit verbreitet.

Diesen Abgrund verbirgt Amerika gerne vor dem Rest der Welt hinter den glänzenden Fassaden von New York, San Francisco & Co. Doch auch in den USA insgesamt ist Armut viel weiter verbreitet, als ich je vermutet hätte. Im Jahr 2019 lebten in der größten Volkswirtschaft der Welt laut offiziellen Regierungsangaben 10,5 Prozent aller Bürgerinnen und Bürger in Armut. Dies entspricht der absoluten Zahl von 34 Millionen Amerikanern, davon sind 10,46 Millionen Kinder. Durch die Corona-Krise hat sich die Lage dramatisch verschlechtert. Laut einer Studie der Columbia University stieg die Armutsquote bis September 2020 auf 16,7 Prozent. Während der Corona-Epidemie war laut Schätzungen der Northwestern University jeder vierte Haushalt in den USA auf Lebensmittelmarken angewiesen, sogenannte »food stamps«. Dies entspricht mehr als siebzig Millionen Bürgern. Es sind Zahlen, die ich in einem der reichsten Länder der Erde niemals für möglich gehalten hätte. Zahlen, die Angst machen.

Es wird Abend in West Virginia. Die Veranstaltungshalle in dem Hotel ist fast bis auf den letzten Platz gefüllt. Erwartungsvolle Spannung liegt in der Luft. Rund 2000 Menschen lauern darauf, zu erleben, wie sich ihresgleichen gegenseitig umhauen. Auch hier im Publikum bekommt die Armut ein Gesicht. Bei vielen Zuschauern kommen schlechte Zähne zum Vorschein, wenn sie den Mund aufreißen, um eine Ermutigung oder Beleidigung in Richtung der Boxer zu grölen. Viele sind übergewichtig, auch das ein typisches Armutsmerkmal. In der Halle riecht es nach Bier, Fritten und Schweiß. »Wir werden Gladiatoren sein«, hatte Gerald gesagt. Brot und Spiele.

Der Ring in der Mitte der Halle ist in Scheinwerferlicht getaucht, als fände hier gleich ein Weltmeisterschaftskampf statt. Am Rande des Rings sitzen Punktrichter, Kommentatoren für die Internetübertragung und Nummerngirls. Aus den Lautsprecherboxen tönt die Titelmelodie aus den Rocky-Filmen. Der Veranstalter tut alles, damit sich die Straßenkämpfer wie Stars fühlen können.

Zum Auftakt des Turniers in der Mittelgewichtsklasse steigt ein gut durchtrainierter Blondschopf mit irrem Blick in den Ring. In der anderen Ecke steht ihm ein deutlich dünnerer Kerl mit Vollbart gegenüber, dessen Oberarm ein bunter Schmetterling ziert. Zwischen seinen Rippen prangt die Tätowierung einer Trauerweide, sein furchteinflößendstes

Merkmal. Der Gong ertönt. Mit den leichten Beinen eines Balletttänzers und der gewaltbereiten Oberkörperspannung eines Söldners schwebt der Blondschopf auf seinen Gegner zu. Der wirkt von der paranoiden Anmutung seines Gegners irritiert. Die Trauerweide erzittert unter dem ersten Treffer. Aus dem Blick des Bärtigen sprechen Überraschung, Entsetzen, Empörung. Sein Gehirn scheint überfordert. Seine Fäuste, gerade noch Deckung vor dem Gesicht, sinken auf unerklärliche Weise nach unten. Der Blondschopf lässt sich nicht zweimal bitten. Mit all seiner Kraft und beachtlicher Präzision schmettert er eine rechte Gerade mitten ins Gesicht seines Gegners. Dessen speichelnasser Mundschutz fliegt im hohen Bogen durch den Ring. Der Bärtige sinkt zu Boden wie von einem Elektroschock getroffen. Es reißt die Zuschauer von ihren Sitzen. Überall weit aufgerissene Münder, Gesichter, die sich zu Fratzen verzerren. »USA, USA, USA!«, skandiert die Menge unvermittelt, als befände man sich plötzlich gemeinsam in einem Kampf gegen einen ausländischen Gegner. Mit feierlich ernstem Blick streckt der Blondschopf seine Faust in die Höhe und lässt sich vom Ringrichter zum Sieger durch K. o. erklären. Sein Scheck (ein in den USA immer noch übliches Zahlungsmittel) über 500 Dollar wird im selben Moment vom Veranstalter an einem Campingtisch am Rande des Rings ausgefüllt.

Auch die nächsten Duelle sind schnell entschieden. Weil technische Fertigkeiten bei fast keinem Kämpfer vorhanden sind, siegt in der Regel der Stärkere, der Entschlossenere. Dargeboten werden Kneipenschlägereien im Scheinwerferlicht. Kein Sport, sondern Sozialdarwinismus. »USA! USA! USA!« Ein Kämpfer mit russischem Namen wird ausgebuht. Auch schwarze Boxer haben beim Publikum einen schweren Stand, ein Indiz für den in armen und ländlichen Regionen besonders weitverbreiteten Rassismus. Beliebt ist der

Wettbewerb der Nummerngirls. Junge Frauen in Bikinis oder Hotpants tänzeln mit Tafeln durch den Ring, auf denen die Zahl der nächsten Runde steht. Je lasziver der Auftritt, desto größer der Beifall. Die Lautstärke des Grölens der Menge wird in Dezibel gemessen. Das Nummerngirl, das den größten Lärmpegel erzeugt, bekommt einen Scheck.

Gerald lässt sich von diesem Rahmenprogramm nicht ablenken. Mit der Präzision einer Maschine wickelt er sich Bandagen um die Hände, um sie vor Überdehnung oder Stauchung zu schützen und seinen Schweiß aufzusagen. In seine Ohren dringt aus Kopfhörern laute Musik. Gerald will sich nicht von dem Gelaber der anderen Kämpfer und den Rufen des Publikums in seiner Vorbereitung stören lassen. Über seine Baseballkappe hat er noch die Kapuze seines Pullis gezogen. Zweieinhalb Monate hat er keinen Schluck Alkohol getrunken, um noch fitter für das Turnier zu sein. »Ich bin bereit. Ich habe ziemlich hart trainiert und fühle mich leicht auf den Füßen. Ich werde die Scheiße aus ihm rausprügeln, entweder in der ersten oder in der zweiten Runde.«

Dann wird es ernst.

»Hier kommt Gerald Plum. Er ist Vater von vier Kindern, alleinerziehend. Hier ist der Kohlekumpel«, ruft der Ansager in der Manier eines Marktschreiers, während Gerald in den Ring steigt. Doch er will mehr sein als der Kohlekumpel. Er will zum Helden werden. Wenigstens für diesen einen Abend. Geralds Gegner trägt ein gelbes Achselshirt und einen weißen Tiefschutz über der kurzen Hose. Seine geduckte Körperhaltung verrät Angst. Ring frei. Mit großen Schritten und entschlossenem Blick stürmt Gerald auf seinen Gegner zu.

»Hast du dieses Gesicht gesehen?«, fragt der Kommentator der Internetübertragung seinen Nebenmann. »Da ist eine Menge Wut in der Faust des Kohlekumpels«, sagt er anerkennend. Die ersten beiden Schläge kann der Boxer im gelben Shirt noch abwehren, dann trifft Gerald ihn mit voller Wucht am Kinn. Der Kohlekumpel treibt seinen Herausforderer durch den Ring wie ein Raubtier seine Beute. »Das wird schnell vorbei sein«, sagt der Kommentator. Kurz darauf geht Geralds Gegner tatsächlich chancenlos zu Boden. Die erste Runde ist da noch nicht mal vorbei. Gerald streckt den rechten Arm zur Siegerpose in die Höhe. Die frisch tätowierten Boxhandschuhe glänzen im Scheinwerferlicht. Das Publikum feiert ihn. Gerald blickt in die begeisterten Gesichter. Der Jubel ist tosend laut. Ganz kurz schließt er die Augen. Dann verlässt Gerald den Ring.

Die Menge singt »Country Roads«, die Hymne West Virginias. Christopher McCorkle Smith hat das Lied aufgelegt, er ist der Veranstalter des Turniers. Sein Erscheinungsbild fällt aus dem Rahmen. Hochgewachsen, rasiert, Smoking mit Fliege. Er ist nicht nur der Veranstalter, sondern übernimmt gleichzeitig auch noch die Rolle des DJs und Ansagers. Seine dramatisch vorgetragenen Vorstellungen der Boxer erinnern mich an den Ansager Michael Buffer, den ich als Kind im Fernsehen beobachtet habe. Buffer peitschte die Menge bei Profikämpfen immer mit seinem Schlachtruf »Let's get ready to rumble!« ein und bat dann »Henry Maaaaske« in den Ring. McCorkle Smith hat ein Respekt einflößendes Auftreten. Trotzdem wage ich es, ihm gleich zu Beginn eine kritische Frage zu stellen.

»Nutzt Ihr Geschäftsmodell nicht die finanzielle Not der Männer aus, die hier für 500 Dollar bereit sind, ihre Gesundheit zu riskieren?«

»Insgesamt ist der Sport doch relativ sicher. Auch beim Football sterben manchmal Menschen, oder sogar beim Joggen«, sagt er im Brustton der Überzeugung. Beim Boxen weiß jeder, dass es ein Kontaktsport ist. Es ist brutal, aber es gibt klare Regeln. Und wir haben immer zwei Ärzte und ein ganzes Team von Sanitätern in der Halle. Besser kann man nicht auf Verletzungen vorbereitet sein.«

»Wie erklären Sie sich, dass so viele junge Männer bereit sind, sich für Geld gegenseitig zu verprügeln?«

»Den Jungs geht es gar nicht so sehr ums Geld, wie jeder denkt. Es geht ihnen viel mehr um den Respekt. Stell dir vor, du hast keinen Job oder eine Arbeit, die niemand wertschätzt. Stell dir vor, du hast in deinem Leben noch nichts erreicht, worauf du stolz sein kannst. Durch mein Turnier hast du die Chance, dir auf einen Schlag den Respekt deiner ganzen Stadt zu verdienen. Wenn du gewinnst, bist du der Superstar in deiner Heimatstadt. Denn die Leute sprechen noch das ganze Jahr über das Turnier. Wenn du dich gut geschlagen hast, erkennen dich die Leute noch Monate später auf der Straße. Sie sagen: Guck mal, das ist doch der Typ, der beim ›Rough and Rowdy‹ so stark war. Deshalb nehmen die Jungs das Turnier so ernst. Es ist ein großes Ding für sie.« Natürlich bringe es kaum jemand zum Profi, aber immerhin würden die Teilnehmer oft zum ersten Mal in ihrem Leben die Erfahrung machen, sich etwas vorzunehmen und dieses Ziel auch zu erreichen.

McCorkle Smith versteht sich als Unternehmer mit sozialem Gewissen, der ein wenig Abwechslung in eine Region bringt, die so trostlos ist, dass immer mehr Menschen wegziehen. »Ich fahre mehrmals im Jahr vier oder fünf Tage kreuz und quer durch West Virginia, um Poster aufzuhängen und Werbung für die Turniere zu machen. Besonders im Winter ist das sehr deprimierend«, erzählt er. »Ich sehe jede Menge Drogensüchtige und Arbeitslose. Aber ich rede mit jedem. Und viele junge Männer freuen sich, mich zu sehen. Sie sagen: Chris, wir können es kaum erwarten, bis das nächste Turnier stattfindet. Du bringst so viel Freude in den Ort.« Es sei kein Zufall, dass die Begeisterung für seine Veranstaltungen in den vergangenen Jahren stetig gewachsen sei. »Boxen war schon während der Großen Depression in den USA besonders populär.«

Die Straßenkämpfer schauen zu Christopher McCorkle Smith auf. Er ist breit wie eine Eiche und auch mit Anfang fünfzig noch gut durchtrainiert. Der Unternehmer hatte selbst einmal den Traum, Profiboxer zu werden. In den 1980er-Jahren war es ihm gelungen, in das Camp eines berühmten Trainers aufgenommen zu werden, doch eine Schulterverletzung machte seine großen Pläne zunichte. Notgedrungen wurde McCorkle Smith Immobilienmakler.

»Aber meine Frau beobachtete, wie sehr es mir wehtat, wenn ich einen Kampf im Fernsehen sah, wie sehr mir die Welt des Boxens fehlte. So kamen wir auf die Idee, die Turniere zu veranstalten.« Er schwärmt von dem Adrenalinrausch, den er am Rande des Rings miterlebt. Von dem einen Moment, in dem du ganz auf dich alleine gestellt bist. »Es ist nicht wie beim Teamsport. Wenn du beim Boxen einen Fehler machst, bist du ganz allein dafür verantwortlich. Nur du kontrollierst dein Schicksal.«

Auch Daniel McGilton will heute sein Schicksal in die Hand nehmen und steigt tatsächlich gegen seinen Zwillingsbruder in den Ring. Für das Publikum ist das Duell das Highlight des Abends. »In der Geschichte des Boxens ist uns kein Kampf zwischen Zwillingsbrüdern bekannt. Das ist eine Weltpremiere«, frohlockt McCorkle Smith bei seiner Ansage. Selbst die weltbekannten Klitschko-Brüder waren trotz einer Mega-Gage, die ihnen gewinkt hätte, niemals gegeneinander angetreten, weil sie es ihrer Mutter versprochen hatten. Daniel trägt rote Boxhandschuhe, sein Bruder blaue. Sonst sind sie optisch kaum voneinander zu unterscheiden. Der Gong ertönt. Schon nach wenigen Sekunden kassiert Daniel den ersten Schlag, der seine Deckung wie die Zugbrücke einer Burg nach unten rasseln lässt. Sein Bruder kennt keine Gnade. Eine Salve von drei Links-rechts-Kombinationen trifft Daniel am Kopf. Er taumelt zu Boden, versucht, auf allen vieren in seine Ecke zu kriechen. Doch er bricht zusammen. Eine endlos wirkende Minute bleibt er auf der blauen Matte liegen. Der Ringarzt eilt herbei, versucht, Daniel aufzurichten. »Ich kann nicht richtig sehen«, murmelt Daniel verwirrt. Der Ringarzt prüft mit einer kleinen Taschenlampe die Reaktion der Pupillen. Doch Daniel starrt nur ins Leere, schüttelt mit dem Kopf. Mit viel Mühe und von seinem Bruder gestützt kann er auf eigenen Beinen den Ring verlassen. Neben dem Ring wartet bereits eine Trage. Sanitäter schieben Daniel in einen Krankenwagen und fahren davon.

»So was passiert«, sagt sein Bruder. »Mit den 500 Dollar werde ich ihn zu einer guten Party einladen. Ich bin nur froh, dass er okay ist.«

Doch Daniel ist nicht okay. Am Tag nach dem Kampf treffe ich seinen Vater. »Es geht ihm nicht gut. Sie haben einen Blutfleck auf seinem Gehirn gefunden. Er musste zwölf Stunden im Krankenhaus bleiben. Die Ärzte haben ihm Medizin gegeben und ihn nach Hause geschickt, damit er sich dort im Bett erholen kann.«

»Hat er wohl eine Gehirnerschütterung?«

»Das weiß ich nicht. Ich weiß nur eins. Das wird teuer.« Die Familie gehört zu den rund 15 Prozent der Bürger von West Virginia, die so arm und unzureichend versichert sind, dass sie sich eine medizinische Versorgung kaum leisten können.

Auch für Gerald endet das Turnier mit einer herben Niederlage. In der nächsten Wettkampfrunde trifft er auf einen

Gegner, dem er nicht gewachsen ist. Nach zwei Runden wirft er das Handtuch, um seine Gesundheit nicht aufs Spiel zu setzen. »Ich bin enttäuscht, hatte einfach nicht mehr genug Energie in mir. Beim Turnier im nächsten Jahr werde ich noch besser trainiert sein«, sagt Gerald.

Hinfallen und wieder aufstehen, im Ring und im Leben. Es bleibt ihnen nichts anderes übrig in diesem armen Teil Amerikas. Sie machen einfach weiter, die Überlebenskämpfer.

Der Rechtsextremismus

Die Proud Boys stürmen das Kapitol

Ein junger Mann spielt auf der Gitarre eine melancholische Melodie. Dazu singt er mit geschlossenen Augen. »Wenn die Fäuste fliegen, werden wir wieder eure Knochen brechen.« Um ihn herum sitzt ein halbes Dutzend anderer junger Männer auf Polstersofas und hört andächtig zu. An der Wohnzimmerwand hängt eine mannshohe amerikanische Flagge. Auf einer Kommode steht neben einer Buddha-Statue die Skulptur einer Hand, die ein Maschinengewehr hält. Ansonsten ist die Einrichtung des kleinen Hauses in einem unauffälligen Vorort von St. Louis ziemlich gewöhnlich. Die senffarbenen Gardinen sind zugezogen. Noch einmal erklingt der Refrain. »Wenn die Fäuste fliegen, werden wir wieder eure Knochen brechen.« Ein Gewaltaufruf, so leise und gefühlvoll gesungen wie eine Liebesballade. Hausmusik bei den »Proud Boys«.

Die Bruderschaft wird von Bürgerrechtsorganisationen als hasserfüllt und rassistisch eingestuft. Normalerweise scheuen die »Stolzen Jungs« das Licht der Öffentlichkeit. Es hat Wochen gedauert, bis sie diesem Treffen zugestimmt haben. Ich bin nach St. Louis gereist, um herauszufinden, wie gefährlich die berühmt-berüchtigte Gruppe wirklich ist und was sie antreibt. Mit dem martialischen Song stimmen sie sich auf ihre Versammlung ein. Es wird viel Flaschenbier getrunken, gelacht und geraucht. Das Haus gehört einem Mitglied. Alex Furman ist 28 Jahre alt und arbeitet für einen Schlüsseldienst. Als er vor drei Jahren zum ersten Mal hierherkam, zogen ihn die Proud Boys sofort in ihren Bann. »Was mir gefallen hat, ist das Wilde, die Lust am Raufen, der Stolz. Das alles gibt dir einen Schub. Früher hatte ich oft das Gefühl, mich dafür schämen zu müssen, ein weißer Mann zu sein. Als ich das hier sah, fand ich es supercool«, sagt Furman.

Um Mitglied der rechten Bruderschaft zu werden, muss man nicht nur ein Mann sein, sondern sich auch dazu bekennen, die westliche Zivilisation für überlegen zu halten. Die meisten hier sind grundsätzlich gegen die sogenannte politische Korrektheit und gegen Einwanderung. »Das Problem an der Demokratie ist, dass Immigranten hereinkommen. Es besteht die Gefahr, dass sie illegal Bürger werden und diese alten linken Ansichten aus Mexiko mitbringen. Dann dürfen sie auch noch wählen und verändern Amerika. Wenn diese Flut von Menschen über unsere Grenze kommt, verlieren wir Rechte und Geld«, sagt Furman in bemüht sachlichem Ton, als wollte er mir ein physikalisches Gesetz erklären. »Die Überlegenheit Amerikas wurde durch die Einwanderung der klügsten und produktivsten Menschen begründet. Aber heute haben wir ein System, das die Leute ohne Bedingungen ins Land lässt. Sie bekommen all diese Sozialhilfe von der Regierung und sind Konsumenten statt Produzenten. Das macht unser Land schwächer. Deshalb ist es völlig angemessen, dass wir die Grenze schließen wollen.«

Er sei kein Rassist, betont Alex immer wieder. Er könne nur die radikalen Linken nicht ausstehen. Dazu zählt er Teile der Black-Lives-Matter-Bewegung und der Antifa, die bei ihren Protesten immer wieder Gebäude anzünden würden. »Ich glaube, dass wir noch nie so nah an einem neuen Bürgerkrieg waren wie jetzt. Im Grunde sind in den USA zwei Kulturen entstanden, die sich immer feindseliger gegenüberstehen. Ich bin kein Experte und habe das alles nicht studiert. Aber ich kann die Schwingungen spüren«, sagt er mit düsterem Unterton.

»Würdest du im Ernstfall selbst zur Waffe greifen und für deine Überzeugungen in den Kampf ziehen?«, frage ich Furman.

»Wir Proud Boys sind keine Miliz. Aber wenn ich das Gefühl habe, dass es notwendig und moralisch richtig ist, würde ich das tun. Falls meine Familie in Gefahr gerät, gilt der Satz: Ein Mann muss tun, was ein Mann tun muss.«

Mit seinem streng zur Seite gekämmten Scheitel und seiner schwarzen Rahmenbrille könnte man Furman für einen Jurastudenten halten. Das amerikanische Justizsystem hat er allerdings nur aus der Perspektive eines Häftlings erlebt, wie er selbst offen erzählt. Am 24. April 2017 zog ihn die Polizei blutend aus dem Cockpit eines einmotorigen Flugzeugs des Typs Cessna 210. Bei einer Bruchlandung war der Hobbypilot mit dem Gesicht in die Kontrollinstrumente gekracht. An Bord des Flugzeugs fanden die Polizisten einen Koffer mit 6200 Gramm Haschöl und 700 000 Dollar in bar. Bei Furman zu Hause entdeckten die Beamten noch zwei nicht registrierte Waffen. Er wanderte für ein Jahr in den Knast. »Ich habe einen guten Deal bekommen, aber es war trotzdem hart. Diese Erfahrung hat mir gezeigt, wie ungerecht, seelenlos und böse das amerikanische Justizsystem ist. Seitdem bin ich überzeugt, dass die Rechte mit ihrer Ablehnung der Staatsgewalt richtigliegt«, sagt Furman und trinkt einen kräftigen Schluck Bier.

Nathan Rader hat aus anderen Gründen seinen Weg zu

den Proud Boys gefunden. Ihm gefällt, dass die Bruderschaft für die Werte der Familie und ein traditionelles Rollenverständnis eintritt. »In Amerika ist in den vergangenen Jahrzehnten ein Problem entstanden, das mit alleinerziehenden Müttern zu tun hat. Ich selbst wurde von einer Single Mom großgezogen, war das älteste von drei Kindern. Meine Mutter hat sich den Arsch abgearbeitet, um die Miete zu zahlen und etwas zu essen auf den Tisch zu stellen. Aber es wäre alles viel einfacher gewesen, wenn es einen zuverlässigen Mann im Haushalt gegeben hätte. Als ich ins Erwachsenenalter kam, fehlten mir die Moralvorstellungen und Glaubenssätze, die ein Vater mir hätte vermitteln müssen. Deshalb gefällt mir, dass die Proud Boys an die Idee der Kernfamilie glauben«, sagt Rader. Er empfindet die Bruderschaft wie eine Familie, die er selbst nicht hatte. »Wir helfen uns gegenseitig und machen uns zu besseren Männern. Und wir alle lieben unser Land.«

Ist er wirklich im Herzen noch ein kleiner Junge, der Aufmerksamkeit, Anschluss, Wärme sucht? Oder tischt er mir diese Geschichte auf, um zu verschleiern, dass vor mir ein knallharter Neonazi steht? Die Worte über seine Mutter klingen aufrichtig. Ich schaue mir seine hellblauen Augen genau an, in denen irgendetwas Liebes zum Vorschein kommt. In diesem einen Moment könnte ich mir Rader auch als Zivildienstleistenden in einem Altenheim vorstellen. Seine politische Haltung ist mir zutiefst zuwider, aber ich glaube jetzt immerhin verstehen zu können, warum er bei den Proud Boys gelandet ist.

Nach außen gibt er sich jedoch hart. Rader trägt ein schwarz-gelbes Poloshirt der Marke Fred Perry, das viele Proud Boys wie eine Art Uniform tragen. Die Firma hat den Verkauf dieser Shirts in den USA und Kanada inzwischen gestoppt, um sich nicht politisch vereinnahmen zu lassen.

Seine kurz rasierten Haare sind von einer schwarzen Baseballkappe bedeckt, auf der in gelber Schrift die Buchstaben »POYB« eingestickt sind. Die Abkürzung steht für »proud of your boy« – auch das ein Erkennungszeichen der Bruderschaft.

In ganz Amerika bekannt wurden die Proud Boys während eines TV-Duells zwischen Joe Biden und Donald Trump im Präsidentschaftswahlkampf 2020. Der Moderator hatte Trump aufgefordert, sich von rechtsextremen Gruppen zu distanzieren.

»Nennen Sie mir eine!«, gab Trump zurück.

»Die Proud Boys«, warf Biden ein.

Und dann sagte Trump einen Satz, der Millionen Amerikaner aufhorchen ließ und eine landesweite Debatte auslöste. »Proud Boys – stand back and stand by!« (»Proud Boys, tretet einen Schritt zurück und haltet euch bereit!«)

Kritiker warfen Trump vor, eine Prügeltruppe zu ermutigen. Mitglieder der Proud Boys waren zuvor nach Portland im US-Bundesstaat Oregon gereist, wo es monatelang Ausschreitungen zwischen Teilen der Black-Lives-Matter-Bewegung, linksextremen Gruppierungen und der Polizei gegeben hatte. Die Proud Boys wollten nach eigenem Bekunden »helfen, für Recht und Ordnung zu sorgen«.

Als ich die Proud Boys in St. Louis treffe, ist es noch eine Woche bis zur Präsidentschaftswahl. Nathan Rader hat sich über die Äußerungen von Präsident Trump gefreut. »Es war aufregend für mich und viele unserer Mitglieder. Trump hat uns damit einem Massenpublikum bekannt gemacht. Und er hat sich nicht direkt von uns distanziert.«

Die Proud Boys verehren Trump für seinen harten Kurs in der Einwanderungspolitik. »Wer illegal in die USA kommt, hat hier nichts verloren«, sagt Rader. »Denn er hat schon beim Grenzübertritt gezeigt, dass er unsere Gesetze nicht akzeptiert. Wenn du bei jemandem zu Besuch bist und er dich bittet, die Schuhe auszuziehen, machst du das doch auch und bittest ihn nicht, die Regel zu ändern.«

Auch die Freundinnen der Proud Boys sind Trump-Fans. Auf einer oberen Etage des Hauses malen sie Schilder für eine Kundgebung. Darauf werben sie unter anderem für Trumps Wiederwahl. Dessen Warnungen vor einem möglichen Wahlbetrug sind hier auf fruchtbaren Boden gefallen. Nathan Rader würde seinen Präsidenten notfalls verteidigen. »Es braucht Patrioten wie mich, um zu sagen: Wir werden Wahlergebnisse nicht einfach hinnehmen, wenn etwas faul ist«, sagt Rader entschlossen. »Wenn wir auf legale Weise aktiv werden können, würde ich das zu 100 Prozent tun.« Ich habe nicht den geringsten Zweifel, dass Rader ernst meint, was er sagt. Nur seine Beteuerung, auf »legale Weise« Widerstand leisten zu wollen, fällt mir schwer zu glauben. Denn an der Wand des Wohnzimmers lehnt ein Sturmgewehr.

Am Tag darauf fahren die Proud Boys und ihre Freundinnen mit einem gemieteten Kleinbus in die Innenstadt von St. Louis. Der Himmel ist grau und bewölkt, Regen kündigt sich an. In einem Park veranstalten die Proud Boys eine Kundgebung. Anlass ist ihr Widerstand gegen die Pflicht, Corona-Schutzmasken zu tragen. Gleichzeitig demonstrieren sie für das Recht, Waffen zu besitzen. Auch Verschwörungstheorien haben hier Platz. Eine junge Frau mit einem Revolver in der Manteltasche brüllt immer wieder einen Satz in ein Megafon: »Joe Biden ist ein Pädophiler.« Doch das hört kaum jemand, nur etwa zwanzig Teilnehmer sind gekommen. Schuld daran seien Facebook und Twitter, die ihre Seiten gesperrt hätten, erklären sie. Ein schwarzer Anwohner läuft mit seinem Hund vorbei und ruft: »Verpisst euch hier.« Die Frau mit der Knarre und dem Megafon brüllt

ihm entgegen, hier herrsche das Recht auf freie Meinungsäußerung und er solle sich gefälligst selbst verpissen. Die
gesamte Aktion wirkt ziemlich armselig.

Dafür freuen sich die Proud Boys über einen »prominenten« Besucher. Der USA-Chef der Proud Boys ist aus Miami
angereist. Enrique Tarrio ist Mitte dreißig und in der rechten Szene ein Star. Er hat die Highschool abgebrochen und
saß wegen Hehlerei für sechzehn Monate im Gefängnis. Inzwischen verdient er sein Geld mit einem Onlineshop, in
dem er Fanartikel von Trump und den Proud Boys verkauft.
Doch sein Geschäft wird immer wieder beeinträchtigt. Mehrere Unternehmen, die Zahlungen seiner Kunden im Internet abwickeln, haben die Zusammenarbeit mit Tarrio gekündigt, als sie merkten, mit wem sie es zu tun haben. Doch
gleich zu Beginn unseres Gespräches will Tarrio klarstel-
len, dass die Proud Boys nicht rechtsextrem seien. »Wer
mich einen Rassisten nennt, den nenne ich einen Idioten. So
einfach ist das.« Er selbst sei der lebende Beweis, dass die
Proud Boys keine Heimat für Rassisten böten. Schließlich
sei er dunkelhäutig und der Sohn kubanischer Einwanderer.
Trotzdem ist Tarrio grundsätzlich gegen Einwanderung.
»Ich will keine weiteren Immigranten«, sagt er trocken.
»Wir müssen erst mal das System reparieren, das Obama
kaputt gemacht hat.«

Tarrio hat eine sportliche Statur, trägt eine gelb verspie-
gelte Sonnenbrille, eine schwarze Baseballkappe und eine
schwarze militärische Schutzweste. Mit seinem Outfit sieht
er aus wie das Mitglied einer Spezialeinheit. Auch er ist stolz
darauf, dass Präsident Trump sich in der TV-Debatte nicht
sofort von den Proud Boys distanziert hat. »Er weiß, dass
wir keine Rechtsextremisten sind. Und er hat gesagt, wir
sollen uns bereithalten. Damit meinte Trump wohl nur,
dass wir zu ihm halten sollen«, sagt Tarrio. »Das haben wir

vom ersten Tag an getan. Weil wir konservativ sind. Trump stellt das amerikanische Volk an die erste Stelle. Darum unterstützen wir ihn.«

Die Mitgliederzahlen seien seit Trumps Äußerungen deutlich gestiegen, erklärt er weiter. Weltweit gebe es rund 22 000 Proud Boys, etwa 12 000 davon in den USA. Viele seien gleichzeitig Mitglieder bei den »Young Republicans«, der Jugendorganisation der Republikanischen Partei. Tarrio behauptet, er sei nicht der Anführer einer Miliz. Doch einige seiner Mitglieder sind mit Sturmgewehren und Pistolen in den Park gekommen. Voller Stolz trägt ein korpulenter junger Mann mit Milchbubi-Gesicht sein Gewehr des Typs AR-15 vor seinem Bauch.

»Wenn ihr keine Miliz seid, warum müsst ihr dann mit Waffen hier aufmarschieren?«, will ich wissen.

»Wir machen einfach gerne von unserem Recht hier in Missouri Gebrauch, in der Öffentlichkeit offen eine Waffe zu tragen. Außerdem demonstrieren wir damit für den Schutz des 2. Zusatzartikels zur Verfassung der Vereinigten Staaten. Dieser verbietet der Bundesregierung, das Recht auf Besitz und Tragen von Waffen einzuschränken.« Tarrio selbst trägt allerdings keine Waffe, denn ein Bundesgesetz verbietet verurteilten Straftätern den Besitz. »Das hier ist meine einzige Munition«, sagt er und zeigt grinsend auf zwei Dosen mit Energydrinks, die er sich in die Brusttasche seiner Militärweste gesteckt hat.

»Es gibt noch einen anderen Grund, warum wir bewaffnet hierherkommen«, wirft ein anderer Proud Boy ein, der unser Gespräch mitgehört hat. »Wenn Leute sehen, dass du eine Waffe trägst, sind sie weniger geneigt, Probleme zu machen. Verstehst du?«

Ich verstehe.

»Wenn ihr keine Miliz seid, warum seid ihr dann nach

Portland gereist und habt bei den Ausschreitungen dort Präsenz gezeigt?«, frage ich den Chef der Proud Boys.

»Der Bürgermeister von Portland hat monatelang dieses Chaos geduldet. Davon haben sich Leute in vielen anderen Städten inspirieren lassen und dort Aufstände gestartet. Das widerspricht doch den Regeln einer zivilisierten Gesellschaft. Wir sind in solchen Städten vor Ort, um friedlich zu protestieren. Aber wir zünden keine Autos an wie die Antifa«, sagt Tarrio, holt ein Feuerzeug aus der Tasche und zündet sich eine Zigarette an. Ganz so friedlich, wie er suggeriert, waren die Proud Boys allerdings nicht unterwegs. Videoaufnahmen zeigen, wie sie sich in Portland Straßenschlachten mit der Antifa lieferten. Die verfeindeten Gruppen prügelten mit Schlagstöcken aufeinander ein, bewarfen sich mit Flaschen und besprühten sich mit Tränengas.

All das sind keine Ausnahmeerscheinungen. Insgesamt gibt es in Amerika laut Expertenschätzungen inzwischen bis zu 300 Gruppen mit insgesamt 15 000 bis 20 000 aktiven Milizionären. Ihre Mitglieder sind meistens weiß und männlich. Etwa ein Viertel davon sollen Veteranen des US-Militärs sein, von denen die meisten über eine Schießausbildung verfügen. Dass Amerikaner bewaffnet gegen einen in ihrer Wahrnehmung übermächtigen, gar tyrannischen Staat demonstrieren, ist zudem kein neues Phänomen. Schon seit Jahrzehnten erfahren die Gruppen steigenden Zulauf. Als Zäsur gilt das Massaker von Waco im US-Bundesstaat Texas. Dort lieferte sich 1993 eine religiöse Sekte ein Feuergefecht mit dem FBI. Die Sekte und ihr Anführer David Koresh hatten Regierungsbeamten den Zutritt zu ihrem Anwesen verweigert, als diese nach illegalen Waffen suchen wollten. 51 Tage lang belagerten Sicherheitskräfte das Hauptquartier der Sekte. Bei der Erstürmung starben 82 Sektenmitglieder. Daraufhin entwickelte sich in rechtsextremen Kreisen eine Verschwörungstheorie: Die Regierung wolle eine neue Weltordnung schaffen, in der die USA ihre Souveränität an eine »Weltregierung« verlieren würden. Um Widerstand zu vermeiden, wolle die Regierung die Bürger entwaffnen.

Nicht nur bei Verschwörungstheoretikern, sondern auch in breiten Teilen der Bevölkerung hat die Skepsis gegenüber der Bundesregierung in den vergangenen Jahrzehnten zugenommen. Mitte der 1960er-Jahre sagten noch 77 Prozent der US-Bürger, sie hätten Vertrauen, dass die Bundesregierung in der Regel die richtigen Entscheidungen treffe. Im Jahr 2020 sagten das nur noch 17 Prozent. Ein Grundmotiv, sich einer Miliz anzuschließen, ist also die Sorge, dass der Staat gegen den Willen der Bürger zu sehr in deren Alltag eingreift und die Regierung einer Diktatur immer ähnlicher wird. Über die Ablehnung der Regierung hinaus verfolgen die vielen verschiedenen Milizen keine übergeordnete gemeinsame Ideologie, sie verfolgen vielmehr ganz unterschiedliche Motive und Ziele. »Manche bezeichnen sich als Christen, manche als Patrioten. Für die einen war die Sorge vor Einschränkungen des Waffenrechts der Anstoß, für andere die illegale Einwanderung, für wieder andere das Recht auf sexuelle Selbstbestimmung, der Widerstand gegen höhere Steuern oder generell einen übergriffigen Staat«, resümiert Christoph von Marschall vom *Tagesspiegel*. Auch Rassismus spielt eine große Rolle. Ausgerechnet nach der Wahl von Barack Obama schossen neue Milizen wie Pilze aus dem Boden.

In den vergangenen Jahren treten sie auf unterschiedliche Weise in Erscheinung. An der Grenze zu Mexiko präsentieren sie sich zum Beispiel als »Bürgerwehren«, die Jagd auf illegale Einwanderer machen. Weltweite Aufmerksamkeit erfährt eine rechtsradikale Demonstration in Charlottesville im Jahr 2017. Unter dem Motto »Vereinigt die Rechte« demonstrieren dort zahlreiche Gruppen gegen die Entfernung des Denkmals eines Südstaatengenerals. Ein rechtsextremer, bekennender Anhänger von Donald Trump rast mit seinem Auto in eine Gruppe von Gegendemonstranten. Eine junge Frau stirbt. Auch Enrique Tarrio von den Proud Boys ist damals vor Ort. Durch die Corona-Krise erfahren die Milizen weiteren Zulauf. In vielen Teilen des Landes wird bewaffnet gegen Lockdowns und Maskenpflicht demonstriert. In Michigan eskaliert die Lage, als Milizen den Sitz der Landesregierung belagern. Später werden dreizehn Männer verhaftet, die geplant hatten, die demokratische Gouverneurin Gretchen Whitmer zu entführen und ihr einen Schauprozess zu machen. Im Wahljahr 2020 kommt es auch immer wieder zu tödlichen Zwischenfällen. Die Täter gehören nicht immer einer Gruppierung an, aber oft sind sie vom Gedankengut der Milizen inspiriert und radikalisieren sich als »einsame Wölfe«. In Kenosha im US-Bundesstaat Wisconsin zum Beispiel erschießt ein Siebzehnjähriger zwei Demonstranten, als er nach eigener Aussage versuchte, Geschäfte vor Plünderern zu schützen.

Als Reaktion auf die strukturelle Polizeigewalt gegen Afroamerikaner bildeten sich in der jüngeren Vergangenheit auch schwarze Milizen. »Wir sind an einem kritischen Punkt der Geschichte. Entweder ihr gebt schwarzen Menschen ihre Rechte, oder wir brennen dieses Land nieder.« Mit diesen Worten wird Hawk Newsome, der Präsident von Black Lives Matter of Greater New York, in einem Artikel der *Zeit* zitiert. Die Autorin Kerstin Kohlenberg beschreibt darin diverse Gruppen, die nach eigenen Angaben jeweils bis zu 3500 weibliche und männliche Mitglieder haben und sich als »Schutztruppe der schwarzen Bevölkerung« betrachten. Sie patrouillieren etwa bewaffnet in schwarzen Vierteln, um die Bewohner vor Polizeigewalt zu beschützen. In Kentucky demonstriert eine Gruppe namens NFAC als Reaktion auf den Tod der schwarzen Notfallsanitäterin Breonna Taylor, die am 13. März 2020 von Polizisten erschossen wurde. Der Gründer der NFAC, John Fitzgerald Johnson, richtet sich mit folgenden Worten an seine Leute: »Unter keinen Umständen werdet ihr eure Waffen auf jemanden richten. Es sei denn, dass jemand seine Waffe auf euch richtet. Aber dann schießt nicht nur, sondern tötet sie.«

Schon im Jahr 2016 hatte ein junger Afroamerikaner bei einer Demonstration in Dallas fünf Polizisten getötet und sieben weitere verletzt. Seine Facebook-Seite machte deutlich, dass er von Milizen inspiriert wurde. Es grenzt an ein Wunder, dass bei den zahlreichen Demonstrationen, bei denen schwarze und weiße Gruppierungen aufeinandertrafen, noch kein Blutbad mit Hunderten Toten angerichtet wurde.

Die Proud Boys müssen sich den Vorwurf gefallen lassen, kräftig zu zündeln, wie ich am Abend selbst miterlebe. Ich treffe die Gruppe in einer Bar am südlichen Stadtrand von St. Louis wieder. Es ist eine trostlose Gegend. Viele der umliegenden Gebäude stehen leer. Nachts möchte man sich nicht hierher verlaufen. Doch die Bar namens »Tuckers« ist einer der wenigen öffentlichen Orte, an denen sich die Proud Boys treffen können. Denn in der Innenstadt von St. Louis, das mehrheitlich die Demokraten wählt, sind sie in den meisten Lokalen keine gern gesehenen Gäste und werden immer wieder rausgeworfen. Das »Tuckers« ist das Refugium der Proud Boys. Die Einrichtung scheint aus einer Zeit zu stammen, in der es noch keine Political Correctness gab. Hier darf auch noch geraucht werden, was in den USA selten ist. An der Theke sitzen ältere, fast ausnahmslos übergewichtige und tätowierte Gäste, die sich über die Anwesenheit der jungen Männer freuen. Es geht hoch her, Karaoke steht auf dem Programm. Der Proud Boy, der im Wohnzimmer so gefühlvoll die gebrochenen Knochen besungen hatte, gibt jetzt »That's Life« von Frank Sinatra zum Besten. Er hat eine gute, mitreißende Stimme. Das Bier gibt es aus der Dose, es kostet mit 2,50 Dollar nur etwa ein Drittel so viel wie in einer Bar in Washington und fließt in Strömen. Zwischendurch versickert Whisky aus Plastikbechern in den Kehlen der Proud Boys. Wir sind ein »Saufklub für Patrioten«, sagt Enrique Tarrio und grinst.

Diese harmlose Selbstdarstellung will ich dann doch noch einmal hinterfragen. Ich konfrontiere den USA-Chef der Proud Boys mit einem Foto, das ich im Internet gefunden und auf dem Handy abgespeichert habe. Darauf hält er ein Plakat mit der Aufschrift »Nur ein toter Kommunist ist ein guter Kommunist« in die Höhe. Als Antwort erzählt mir Tarrio eine Geschichte. »Zu Zeiten der kubanischen Revolution rückten Castros Truppen vom Westen aus Richtung Süden der Insel vor. Um sich auf die Eroberung einer Stadt vorzubereiten, wollten sie einen Außenposten auf dem Land errichten. Sie klopften an der Tür eines Bauernhofs und fragten die Familie, ob sie dort ihr Quartier errichten dürften. Die Familie sagte Nein. Sie verschwanden und fragten ihren Kommandanten, was zu tun sei. Als sie zu dem Bauernhof zurückkehrten, zogen sie die beiden männlichen Familienmitglieder aus dem Haus. Die Revolutionäre zwangen die beiden Männer auf die Knie, banden ihnen die Hände hinter dem Rücken fest und schossen ihnen in den Hinterkopf. Der Nachname der beiden getöteten Männer ist Tarrio. Das war meine Familie.« Tarrio macht eine Pause. Durch seine Sonnenbrille, die er auch in der Bar nicht abnimmt, schaut er mir tief in die Augen. »Kommunismus hat keinen Platz in Amerika, genauso wenig wie Faschismus. Wenn ich sage, ein guter Kommunist ist ein toter Kommunist, dann meine ich das so. Ob jemand das als Provokation versteht oder nicht, ist mir egal. Ich sehe sie lieber tot, als dass ihre Ideale den Weg in unsere Regierung finden.« Wie ernst er das meint, untermauert er mit seinem Zeigefinger, den er mir fast in die Brust sticht. Als Kommunisten betrachtet Tarrio neben der Antifa und der Black-Lives-Matter-Bewegung auch Teile der Demokratischen Partei. Joe Biden habe er an sich immer ganz okay gefunden, aber der linke Parteiflügel habe ihn unter seine Kontrolle gebracht, sagt Tarrio besorgt.

Dann geht er raus, um an der frischen, kalten Luft eine Zigarette zu rauchen. Ehrfürchtig fragt ihn ein jüngeres Mitglied der Proud Boys, ob er bereit wäre, an einem Aufnahmeritual für einen »neuen Bruder« mitzuwirken. Tarrio nickt und grinst wissend. Der »neue Bruder« heißt Adam Kahn, ist Ende dreißig und arbeitet für eine Sanitärfirma. Er ist klein, aber stämmig und trägt einen zotteligen Bart. Sein Blick ist treu und unterwürfig. Es ist jene Art von Blick, an dem tyrannische Chefs erkennen, wen sie immer die Drecksarbeit machen lassen können, ohne Widerstand erwarten zu müssen. Die Proud Boys umkreisen Kahn und verpassen ihm so lange Faustschläge, bis er ihre merkwürdige Aufgabe erfüllt hat, fünf Sorten Frühstücksflocken aufzuzählen. Die Proud Boys schlagen mit voller Kraft zu, treffen die Rippen, den Rücken und den Bauch des Neumitglieds. Kahn wird sicherlich ein paar blaue Flecken davontragen. Trotzdem strahlt er vor Glück, als er die Prozedur überstanden hat. Seine Augen leuchten selbstbewusst. »Ich fühl mich großartig, als Teil einer Gemeinschaft. Unschlagbar.«

Einer der Männer, der an dem Aufnahmeritual mitgewirkt hat, ist mir bisher nur dadurch aufgefallen, dass er mir den ganzen Tag schon aus dem Weg gegangen ist. Auch ich hatte kein gesteigertes Bedürfnis, mit ihm zu sprechen, denn er strahlt mit jeder Pore seines Körpers Aggressivität aus. Die anderen Proud Boys nennen ihn »Biggsy«. Er hat die breite Statur eines Türstehers, Tätowierungen übersäen seinen rechten Arm bis zu den Fingern. Es sind eigenartige Symbole und Buchstaben, die ich nicht entschlüsseln kann. Vermutlich Codes aus der rechten Szene. Nur eine Handgranate lässt sich klar erkennen. Bei der Kundgebung im Park war mir Biggsy wegen seines üppigen Pelzmantels ins Auge gestochen. Jetzt spannt auf seiner breiten Brust trotz der Abendkälte nur ein schwarzes T-Shirt mit der weißen Aufschrift »American Supremacist«. Laut Wörterbuch steht vor mir ein »amerikanischer Verfechter der Vorherrschaft einer insbesondere rassischen Gruppe«. Ich muss an Hunderassen denken, denn als sich unsere Blicke treffen, schaut mir der bullige Mann angriffslustig wie ein Pitbull-Terrier in die Augen. Ich weiche seinem Blick nicht aus, versuche, gelassen und souverän zu wirken. Ich habe mal gehört, dass Kampfhunde die Angst ihres Gegenübers spüren und sie das noch aggressiver macht.

»Hey, wie geht's?«, sage ich so locker wie möglich.

»Gut. Warum hängst du schon seit gestern mit uns rum?«, fragt Biggsy herausfordernd zurück.

»Ich bin hier, um herauszufinden, was für ein Club ihr eigentlich seid.«

»Wir sind ein Haufen Kerle, die gerne trinken und Spaß haben. Aber wenn jemand uns dumm anmacht, stehen wir füreinander ein. Das hier ist meine Familie. Wenn du einen von meinen Jungs anfasst, schlage ich dir den Kopf ein«, sagt er so aufbrausend, dass ich mich frage, ob er das »du« in seinem letzten Satz abstrakt oder konkret auf mich bezogen meint.

»Wann hat dich denn das letzte Mal jemand dumm angemacht?«, frage ich interessiert.

»Niemand ist dumm genug, mich anzufassen, denn ich bin kein kleiner Typ, und ich wiege 115 Kilo. Ich werde dich hochheben und gegen eine Wand werfen.« Er spricht tatsächlich im Futur und nicht im Konjunktiv. Und das »dich« in seinem Satz lässt mich befürchten, dass er vielleicht wirklich mich persönlich in seine Gewaltfantasien einbezieht. Außerdem baut er in jeden Satz mindestens einmal das Adjektiv »fucking« ein, was sich in diesem Kontext in etwa mit »beschissen« übersetzen lässt. Jemand, der so viel beschissen findet, scheint viel Wut in sich aufgestaut zu haben. Vielleicht wäre jetzt ein Themenwechsel angebracht. Reden wir besser über jemanden, den Biggsy mag.

»Würdest du auch für Präsident Trump einstehen?«, frage ich.

»Ich würde für jeden einstehen, der angegriffen oder ungerecht behandelt wird, weil er eine andere politische Meinung vertritt. Ich würde jedem in seinen beschissenen Arsch treten, der sich meinen Leuten in den Weg stellt. Man muss das Richtige tun.«

Biggsy, der sich inzwischen mit seinem bürgerlichen Namen Joe Biggs vorgestellt hat, ist ein glühender Anhänger von Trump. Der 37-Jährige lebt in Florida und hat dort schon an diversen Bootsparaden zu Ehren Trumps teilgenommen. Dabei werden unzählige Motorjachten mit Trump-Fahnen ausgestattet. Lautstark das Signalhorn betätigend tuckern die Trump-Fans an der Küste entlang, um möglichst viel Aufmerksamkeit zu erzeugen. Hingegen hält Biggs Joe Biden für einen Schwächling, dem es im Gegensatz zu Trump nicht gelinge, Tausende Anhänger für seine Wahlkampfveranstaltungen zu begeistern. Biden benutze das Coronavirus als Ausrede für seine Mini-Events, die meistens auf Parkplätzen mit Zuschauern in geschlossenen Autos stattfänden. Wer nur so wenige Menschen zu seinen Auftritten ziehe, könne niemals eine Präsidentschaftswahl gewinnen, ist Biggs überzeugt. Er glaubt an Trumps Voraussage, dass die Demokraten versuchen würden, die Wahl zu manipulieren. Dann stehe ein Kampf bevor. »Ich bin Realist. Und ich habe das Gefühl, dass du bei einem knappen Ergebnis Menschen auf den Straßen sehen wirst, die durchdrehen.«

Ich hake nach. »Wenn du also nach der Wahl das Gefühl hättest, dass etwas nicht mit rechten Dingen zugegangen ist – wie könnte dieser Kampf aussehen, in den du ziehen willst?«

Biggs guckt mir mit stechendem Blick in die Augen. »Propaganda und psychologische Kriegsführung. Du musst deinen Feind kennen und schlauer sein als er. Außerdem brauchst du Kampferfahrung.«

Dieser Satz kommt mir schlagartig wieder in den Sinn, als ich Joe Biggs knapp drei Monate später im Fernsehen sehe. Er ist verhaftet worden, weil er am Sturm auf das Kapitol in Washington beteiligt war. FBI-Dokumente zeigen, dass er sogar eine führende Rolle spielte. Biggs ist einer der Ersten, die sich am 6. Januar 2021 gegen 14:13 Uhr Ortszeit gewaltsam Zutritt zum Kapitol verschaffen. Den Weg bereitet ihm ein anderer Proud Boy: Dominic Pezzola wirft mit einem Schutzschild der Polizei eine Fensterscheibe ein. Mit einer Kamera dokumentieren die Aufständischen ihren Gewaltakt. Das Material liegt dem FBI vor. »Hey, Biggs, was sagst du dazu?«, hört man eine Stimme fragen, während Biggs das Kapitol betritt. »Das ist geil!«, antwortet dieser. Laut Anklageschrift habe Biggs für die Stürmung des Kapitols »andere rekrutiert, aufgehetzt, beraten und kommandiert«. Er habe die Aktion professionell organisiert und seine Proud Boys mit Funkgeräten ausgestattet. Außerdem habe er sie im Vorfeld angewiesen, auf die klassischen Erkennungsmerkmale wie die schwarz-gelben Outfits zu verzichten, um den Sicherheitskräften nicht aufzufallen. Biggs habe seine Kameraden auch angewiesen, sich nur in kleinen Einheiten in der Hauptstadt zu bewegen, statt wie sonst üblich in einer großen Gruppe zu marschieren. Er hat seinen Worten Taten folgen lassen. »Du musst deinen Feind kennen und schlauer sein als er.«

Der Tag, den Joe Biden später als »einen der düstersten in der Geschichte Amerikas« beschreiben wird, beginnt mit einer Großkundgebung des bereits abgewählten Präsidenten Trump. Noch immer weigert er sich, seine Niederlage einzugestehen, obwohl zahlreiche Klagen vor diversen Gerichten in mehreren US-Bundesstaaten bereits krachend gescheitert sind. Seine letzte Hoffnung ruht auf den Republikanern im Kongress, die nach Trumps Willen gegen die Bestätigung des Wahlergebnisses stimmen sollen – was üblicherweise ein rein formeller Akt ist. Um den Druck auf die Senatoren und Abgeordneten zu erhöhen, hat Trump zu einer Massenveranstaltung in Washington geladen. Ich habe an diesem Tag frei und spaziere aus purer Neugier zur Südseite des Weißen Hauses, wo Trump seine Rede halten wird. Mich interessiert, wie der Präsident sich präsentiert und wie viele Anhänger er noch mobilisieren kann. Tatsächlich ist die Begeisterung für Trump auch zwei Monate nach seiner Wahlniederlage bei vielen Amerikanern immer noch riesig. Von der Wiese auf der Südseite des Weißen Hauses bis zum Washington Monument stehen bereits Menschen, als ich dort ankomme. Ich schätze grob, wie viele es sein mögen. Ein kleines Fußballstadion würde man schon voll bekommen, ich tippe auf 20 000 bis 30 000 Trump-Fans. Dicht gedrängt stehen sie auf der Wiese und der abgesperrten Constitution Avenue. Manche tragen wegen der Corona-Pandemie eine Schutzmaske, viele auch nicht. Das Publikum ist bunt gemischt. Ich begegne einer Gruppe von Hausfrauen, die rote Baseballkappen mit der Aufschrift »Make America Great Again« tragen und aufgeregt herumhüpfen wie Teenager vor dem Auftritt ihres angehimmelten Popstars. Ein Rentner hat ein Plakat gebastelt, das Joe Biden mit Schnauzer und in Gardeuniform der Roten Armee als »Joseph Stalin!« diffamiert. Auf einem anderen Plakat reckt ein gezeichneter Trump kämpferisch die Faust in den Himmel. »Krieg zwischen Gut und Böse – wir sind bereit!«, ist die dazu passende Bildunterschrift. Auch erstaunlich viele junge Amerikaner sind gekommen, um ihre Treue zu Trump unter Beweis zu stellen. Die meisten Teilnehmer stammen nicht aus Washington und sind aus vielen verschiedenen Bundesstaaten angereist. Die Flugkosten zahlen sie natürlich selbst, doch für ihr Idol ist ihnen kein Preis zu hoch. Tausende Fahnen wehen im kalten Wind, von der amerikanischen Nationalflagge über schlichte blau-weiße Exemplare mit der unmissverständlichen Aufschrift »TRUMP« bis hin zu aufwendigeren Varianten, die Trump im Muskelshirt mit Maschinengewehr als Rambo zeigen, der Amerika den Weg zurück zur alten »Großartigkeit« ballert. Misstrauisch beäuge ich einige Männer mittleren Alters, die ausgerüstet sind, als würden sie gleich tatsächlich in den Krieg ziehen. Sie tragen Stahlhelm, Schutzbrillen, kugelsichere Westen, Funkgeräte und Rucksäcke. Ich frage mich, ob sich darin Waffen befinden.

Angesichts dieser Kulisse wirkt die Musik ziemlich skurril, die Trumps Team über die riesigen Lautsprecherboxen erklingen lassen wird. »Candle In The Wind« und »Tiny Dancer« von Elton John stehen auf der Playlist. Im krassen Gegensatz zu diesen Balladen stehen auch die aggressiven Töne, die Trump kurz darauf in seiner Rede anschlägt. Einmal mehr verbreitet er seine Verschwörungstheorie über einen vermeintlichen Wahlbetrug. Selbst Trumps eigener

Justizminister hat dem Präsidenten längst öffentlich widersprochen. Auch die Bundesbehörde für Cybersicherheit, die dem Heimatschutzministerium untersteht, bezeichnete die Präsidentschaftswahl 2020 als »eine der sichersten in der Geschichte Amerikas«. Aber Fakten werden vom Präsidenten und seinen Anhängern schon lange beiseitegewischt wie lästige Schmeißfliegen.

Trump gibt mal wieder den Einpeitscher. »Wir alle hier wollen nicht sehen, wie unser Wahlsieg gestohlen wird von radikalen Demokraten und von der Lügenpresse. Wir werden nie aufgeben. Man ergibt sich nicht bei Diebstahl.« Dann ruft Trump seine Anhänger unmissverständlich zum Widerstand auf. »Wir werden runter zum Kapitol laufen. Ihr werdet euch euer Land nie mit Schwäche zurückholen. Ihr müsst Stärke zeigen und stark sein.« Der geschlagene Präsident ahnt in diesem Moment wohl nicht, dass ihm diese Sätze später ein Amtsenthebungsverfahren einbringen und die Sperrung seines geliebten Twitter-Accounts zur Folge haben werden. Doch er muss wissen, ob seine treuen Anhänger ihm blind folgen. Trumps Worte fließen wie Öl ins Feuer. Die Menge marschiert Richtung Kapitol. Auch etwa hundert Proud Boys sind darunter, wie die Polizei später bei ihren Ermittlungen feststellen wird. Nur ihr Amerika-Chef Enrique Tarrio kann nicht dabei sein. Er wurde schon zwei Tage vor dem Sturm aufs Kapitol verhaftet, weil er ein Plakat mit der Aufschrift »Black Lives Matter« von einer Kirche abgerissen und auf der Straße verbrannt haben soll. Außerdem fand die Polizei in seinem Auto zwei große Magazine mit Munition. Als ich das lese, erinnere ich mich, wie er mir in St. Louis weismachen wollte, die einzige Munition in seiner militärischen Schutzweste seien zwei Energydrinks. Nach der Verhaftung in Washington entschied eine Richterin, dass Tarrio die Stadt zu verlassen hatte. Doch seinen Proud-Boys-Truppen gelingt auch ohne ihren Anführer das Unfassbare.

Gemeinsam mit anderen Gruppen durchbrechen sie Sicherheitsabsperrungen und schlagen Scheiben ein. Der Mob ist erstaunlich heterogen. Unter den Aufständischen befinden sich laut den Ermittlern Verschwörungstheoretiker, ein Olympiamedaillengewinner, eine Lehrerin, Neonazis, Holocaustleugner, aber auch der jüdische Sohn eines angesehenen New Yorker Richters. Nur eines verbindet sie alle: das Ziel, die Bestätigung des Ergebnisses der Präsidentschaftswahl im Kongress zu verhindern. Die Ereignisse lassen sich durch Fernsehbilder, vor allem aber durch beschlagnahmte Fotos und Videos der Aufständischen genau rekonstruieren. Sie ziehen durch das Gebäude und dringen sogar in die Kammern von Senat und Repräsentantenhaus ein. Die Politiker, die gerade ihr feierliches demokratisches Ritual vollziehen, werden im letzten Moment an einen sicheren Ort gebracht. Auch Mike Pence ist darunter. Als Vizepräsident ist er qua Amt auch Vorsitzender des Senats. Präsident Trump hatte ihn aufgefordert, die Zertifizierung des Wahlergebnisses, die eigentlich eine reine Formsache ist, zu blockieren. Weil Pence sich weigerte, hallt der Schlachtruf »Hängt Mike Pence!« durch die Hallen des Kapitols. Auf Pence' thronartigem Stuhl im Senat posiert ein Mann mit nacktem Oberkörper, blau-weißer Schminke im Gesicht und Wikinger-Hörnern auf dem Kopf. Ein anderer Aufständischer trägt Kabelbinder an seinem Gürtel. Später werden Ermittler herausfinden, dass offenbar geplant war, die Politiker zu fesseln, vielleicht sogar zu entführen oder zu töten. Der Mob zieht weiter durch das Gebäude und bricht in die Büros der Volksvertreter ein. Ein Mann mit Baseballkappe, Bart und Holzfällerhemd legt seine Füße auf den Schreibtisch von Nancy Pelosi, der Sprecherin des Repräsentantenhauses. Ein Foto davon geht um die Welt. Bei dem Mann wird später eine potenziell tödliche Elektroschockpistole sichergestellt. Zahlreiche Büros werden verwüstet, Gegenstände wie Laptops entwendet.

Die Aufständischen bringen nicht nur Chaos ins Kapitol, sondern auch den Tod. Es fallen Schüsse. Blut fließt über den Marmorboden. Eine 35-jährige Veteranin der US-Luftwaffe stirbt durch eine Polizeikugel. Sie ist extra aus Kalifornien nach Washington gereist, um Trump bei der Verteidigung des Weißen Hauses mit allen Mitteln zu unterstützen. Ihre Aktivitäten in sozialen Netzwerken zeigen, dass sie sich kontinuierlich radikalisierte. Zuletzt war sie eine Anhängerin von QAnon. Diese Gruppe verbreitet seit 2017 Verschwörungstheorien mit rechtsextremem Hintergrund im Internet. Eine davon ist die beleglose Behauptung, eine einflussreiche, weltweit agierende satanistische Elite entführe Kinder, halte sie gefangen, foltere und ermorde sie, um aus ihrem Blut eine Verjüngungsdroge zu gewinnen. Die tote Veteranin war offenbar davon überzeugt, dass Trump diese Kinderblut saugende Elite bekämpfe. Insgesamt fünf Personen kommen im Rahmen der Unruhen ums Leben. Unter den Toten ist auch ein Polizist, der nach Tagen im Krankenhaus seinen schweren Verletzungen erliegt.

Die Sicherheitskräfte sind beim Sturm aufs Kapitol heillos überfordert. Ein Foto von Polizisten, die mit einem Tisch die Tür zu einem Sitzungssaal verbarrikadieren und mit gezogenen Pistolen auf den Eingang zielen, wird bei den amerikanischen Nachrichtensendern immer und immer wieder gezeigt. Auch die Bilder von Parlamentariern mit Gasmasken, die sich unter Tischen verschanzen, bestimmen rund um den Globus die Nachrichten. Eine Freundin, die für einen demokratischen Senator arbeitet, schickt mir ein Foto aus dem Inneren des Kongresses. Sie sei in Sicherheit, aber man warte auf das Eintreffen der Nationalgarde. Doch es wird noch einige Zeit dauern, bis die Reservisten des US-Militärs eintreffen. Wieso waren die Sicherheitskräfte nicht besser auf gewaltsame Proteste vorbereitet? Es war doch ein Angriff mit Ansage. Nach meinen Gesprächen mit den Proud Boys drei Monate zuvor bin ich überhaupt nicht überrascht von ihrer Gewaltbereitschaft, ihrem hohen Organisationsgrad und ihrem Versuch, die Bestätigung einer von Gerichten als einwandfrei befundenen Präsidentschaftswahl zu stören. Das Einzige, was mich wirklich fassungslos zurücklässt, ist, wie leicht die Sicherheitskräfte es den Proud Boys und anderen Milizen machen, ins Kapitol einzudringen. Schließlich gibt es sogar eine Spezialpolizei, die »United States Capitol Police«, die einzig und allein mit dem Schutz des Kapitols betraut ist. Als ich einmal auf Inlineskates eine Tour ums Kapitol machte, wurde ich von einem dieser Spezialpolizisten sofort lautstark angepfiffen, ich solle der Treppe nicht zu nahe kommen, über die Abgeordnete das Gebäude betreten. Jetzt entdecke ich im Internet Videos, in denen Mitglieder der Capitol Police den Aufständischen die Sicherheitsgitter beiseiteräumen. Ein Beamter posiert sogar nachweislich für Schnappschüsse mit den Eindringlingen. Als Konsequenz daraus werden später zwei der Polizisten vom Dienst suspendiert, gegen zehn weitere wird ermittelt. Der Chef der Capitol Police tritt zurück.

Doch viele Fragen bleiben. Wie zum Beispiel konnte der Mob den Weg in die Büros von prominenten Politikern finden, die oft in einem der höheren Stockwerke untergebracht sind und teilweise gar nicht durch ein Namensschild zuzuordnen sind? Ich selbst habe mich schon einmal auf den labyrinthartigen Gängen des Kapitols verlaufen und daher Verständnis für den Verdacht der Kongressabgeordneten Pramila Jayapal. Sie glaubt, einige Mitglieder der Capitol

Police hätten den Aufrührern geholfen, den Weg zu bestimmten Büros zu finden, und das beunruhige sie an dem Angriff mehr als alles andere. Über die Möglichkeit der »Infiltration« der Sicherheitskräfte durch Extremisten spricht auch die Abgeordnete Maxine Waters in einem Radio-Interview. Einen noch größeren Zusammenhang berührt die Frage, warum die meisten gewalttätigen Demonstranten später von der Polizei einfach ziehen gelassen wurden. Als einige Monate zuvor schwarze Demonstranten gegen rassistisch motivierte Polizeigewalt auf die Straße gingen, reagierten die Sicherheitskräfte deutlich weniger zimperlich. »Wenn die sogenannten Protestierenden am Kapitol schwarz gewesen wären, hätte man sie mit Gummigeschossen und Tränengas beschossen oder sie getötet«, klagt der Abgeordnete Bennie Thompson.

Weitere Fragen wirft die Rolle der Strafverfolgungsbehörden und der US-Geheimdienste auf. Im Internet kursierten für jedermann sichtbar Aufrufe von Rechtsextremen mit dem Titel »Erobert das Kapitol«. Sogar Baupläne wurden verbreitet. Ein FBI-Lokalbüro in Virginia warnte in einem internen Bericht wörtlich vor einem »Krieg« in Washington, weil sie die Reisepläne von Milizen wahrnahmen. Doch dem Bericht wurde kaum Beachtung geschenkt. Waren die Sicherheitsdienste einfach nur unfähig, weil sie sich jahrelang ausschließlich auf islamistische Bedrohungen fokussiert und die Gefahren des inländischen Terrorismus vernachlässigt hatten? Oder drückten sie womöglich beide Augen zu, um einen Staatsstreich geschehen zu lassen? Mehrere Demokraten im Kongress fordern einen parteiübergreifenden Untersuchungsausschuss, die Republikaner verhindern die Einsetzung im Mai 2021 mit ihren Stimmen im Senat. Ob die ganze Wahrheit je ans Licht kommen wird, ist damit ungewiss. Fest steht allerdings, dass Vertraute von Donald

Trump Kontakte zu den Proud Boys pflegten. So gab Roger Stone, ein langjähriger Weggefährte und Berater Trumps, eine Wahlempfehlung für Nicolas Ochs ab, als dieser auf dem Ticket der Republikanischen Partei für das Landesparlament von Hawaii kandidierte. Politische Erfahrung hatte Ochs nicht vorzuweisen, aber als Gründer der Proud-Boys-Ortsgruppe Hawaii hatte er es zu fragwürdiger Bekanntheit gebracht. Auch Ochs war am Sturm auf das Kapitol beteiligt, wurde nach seiner Rückkehr auf Hawaii verhaftet und muss mit einer bis zu zehnjährigen Gefängnisstrafe rechnen.

Er hatte sich wohl Hoffnungen gemacht, dass Trump ihn für seinen aufopferungsvollen Kampf gegen die Demokratie mit einer Begnadigung belohnen würde. Denn kurz vor seinem Auszug aus dem Weißen Haus hatte der scheidende Präsident eine ganze Reihe von Begnadigungen angekündigt. In den USA ist der Präsident alleine befugt, Amnestien in Bundesstrafsachen auszusprechen. Die Verfassung erlaubt es ihm sogar, Begnadigungen noch vor einer erfolgten Verurteilung auszusprechen. Doch die Trump treu ergebenen Proud Boys Nicolas Ochs, Joe Biggs und Enrique Tarrio, die für ihr Idol sogar ins Gefängnis wanderten, gingen leer aus. Trump setzte seine Joker lieber für alte Geschäftspartner und Freunde der Familie ein, zum Beispiel für die Begnadigung von Roger Stone und dem Vater von Trumps Schwiegersohn.

Die Proud Boys fühlten sich in ihrem Stolz gekränkt und kochten vor Wut. Auf ihren Internetforen beschimpften sie den ehemaligen Präsidenten als »außerordentlich schwach« und riefen dazu auf, in Zukunft keine Veranstaltungen von Trump mehr zu besuchen. Plötzlich finden sie sogar lobende Worte für den einst so verhassten Joe Biden. Der neue Präsident sei »immerhin ehrlich in Bezug auf seine Intentionen«. Einige Proud Boys rufen inzwischen im Internet dazu auf, sich gar keiner Partei mehr zu verschreiben, sondern nur noch im Untergrund zu agieren. Man könne zum Beispiel eine Sezessionsbewegung anstreben, also die Loslösung einzelner Landesteile aus den USA, mit dem Ziel, einen eigenen unabhängigen und neuen souveränen Staat zu bilden. Sicherheitsexperten befürchten, dass Milizen wie die Proud Boys eine Welle von inländischem Terrorismus auslösen könnten wie einst die ETA in Spanien.

Der harmlose »Saufklub für Patrioten«, den sie mir in St. Louis vorgespielt haben, ist jedenfalls eine geeignete Tarnung für die Rekrutierung von Neumitgliedern. Außenseiter und einsame Wölfe finden eine Heimat bei den Proud Boys. Das Sammelbecken für gewaltbereite Rechtsextremisten wird immer größer. Die Mitgliederzahlen steigen. Die amerikanische Version des Rattenfängers von Hameln habe ich mit eigenen Augen erlebt. Statt einer Flöte spielte er Gitarre. Statt einer Sage entsprang er der Wirklichkeit. Noch immer habe ich den gefühlvoll gesungenen Refrain des Proud Boys genau im Ohr. »Wenn die Fäuste fliegen, werden wir wieder eure Knochen brechen.«

Die Heilung

Joe Biden und seine »Mission Impossible«

Ich stehe auf einem Parkplatz in Wilmington im US-Bundesstaat Delaware und frage mich, ob ausgerechnet hier Geschichte geschrieben wird. Der Ort ist mit 70 000 Einwohnern so groß wie Lüdenscheid und genauso verschlafen. In der Innenstadt reihen sich seelenlose Bürotürme aneinander. Viele amerikanische Banken und börsennotierte Unternehmen haben hier ihren Firmensitz, weil sie in Delaware Steuervorteile genießen. Trotzdem schaut die ganze Welt auf diesen Parkplatz eines Kongresszentrums.

Arbeiter bauen eine gigantische Bühne auf, für eine Fernsehübertragung in Hollywoodmanier werden mehrere Kamerakräne getestet. Ein Feuerwerk steht zum Abschuss bereit. Die Lautsprecherboxen sind so riesig wie bei einem Rockkonzert. Doch kein Musiker wird hier das Publikum mit seinen Songtexten begeistern, stattdessen soll ein 77 Jahre alter Mann Amerika eine neue Stimme geben, die auch im Rest der Welt zu hören ist. Der Mann, für den die Bühne aufgebaut wird, ist Joe Biden, der berühmteste Einwohner von Wilmington. Ganz bewusst hat er sich entschieden, in der wichtigsten Nacht seines Lebens in der Stadt aufzutreten, in der er seit mehr als fünfzig Jahren lebt. Wenn in der Wahlnacht alles nach Plan läuft, will Joe Biden hier als frisch gewählter zukünftiger US-Präsident seine Siegesrede halten. Selbst im Fall seines Triumphs wird es allerdings kein rauschendes Fest geben, sondern nur eine kleine Parkplatzparty. Wegen der Corona-Pandemie pocht Biden auf das Einhalten von Abstandsregeln. Gerade mal 300 seiner Unterstützer dürfen in ihren Autos auf den Parkplatz rollen. Statt tosendem Applaus von Menschenmassen wäre nur ein überschaubares Hupkonzert möglich.

Am äußersten Rand des Parkplatzes bauen hinter einem Absperrgitter Fernsehteams aus aller Welt ihre Kameras auf. Ich lerne Kollegen aus Japan, Großbritannien und Litauen kennen. Natürlich sind auch alle namhaften amerikanischen Sender vertreten. Nach meiner Schätzung stehen insgesamt wohl mehr als 150 TV-Journalistinnen und -Journalisten in einer langen Reihe auf kleinen Podesten seitlich nebeneinander, um in ihren Liveschalten ihre letzten Einschätzungen zu Joe Bidens Erfolgsaussichten zu verbreiten. Noch viel mehr Pressevertreter wären gerne dabei gewesen, doch das Wahlkampfteam von Joe Biden hat coronabedingt nur diese Auswahl zugelassen. Eine Akkreditierung bekommen zu haben gleicht einem Lottogewinn. »Das hier ist vielleicht das wertvollste Parkticket der Welt«, scherzt ein belgischer Kollege und wedelt mit der Presse-Akkreditierung, die ihm an einem Bändchen um den Hals baumelt. »Wahlnacht, 3. November 2020«, steht darauf. Zu diesem Zeitpunkt ahnen wir noch nicht, dass der Parkplatz auch über die bevorstehende Nacht hinaus im Blickpunkt der Welt bleiben wird.

Joe Biden nimmt am Morgen des Wahltags an einem Gottesdienst teil. Ein Kamerateam filmt ihn, wie er die katholische Kirche St. Joseph on the Brandywine verlässt. Das in freundlichem Gelb gestrichene Gotteshaus wurde 1841 für irische Arbeiter erbaut. Biden ist sehr stolz auf seine iri-

schen Wurzeln und kommt wohl auch deshalb regelmäßig
hierher. Sollte er die Wahl gewinnen, wäre er nach
John F. Kennedy erst der zweite katholische Präsident der
USA. Nach dem Gottesdienst besucht Biden das Grab seines
Sohnes Beau, der mit 46 Jahren an einem bösartigen Gehirn-
tumor starb. Der erstgeborene Beau galt als Bidens Lieb-
lingssohn und als politische Nachwuchshoffnung der Familie. Acht Jahre lang war er Justizminister von Delaware und
bereitete gerade eine Kandidatur für das Amt des Gouver-
neurs vor, als die Diagnose kam. Zum Stolz des Vaters hatte
Beau auch im Irakkrieg gedient. Seine militärischen Ver-
dienste sind auf einer Gedenktafel am Grab aufgelistet, darunter der »Bronze Star«, eine Auszeichnung der US-Streit-
kräfte, die für herausragende Leistungen im Kampfeinsatz
oder besonders verdiente Pflichterfüllung verliehen wird.
In seinem Buch *Promise Me, Dad* hat Joe Biden über das
schmerzhafte letzte Jahr des Abschiednehmens von seinem
Sohn geschrieben. Den eigenen Tod schon vor Augen, habe
Beau ihn immer wieder bestärkt, für die Präsidentschaft zu
kandidieren. Doch die Trauer habe ihn so übermannt, dass
er hauptsächlich deswegen 2016 auf eine Kandidatur verzichtet habe, schreibt Biden.

Schon einmal hatte das Schicksal sein Leben aus den Fugen geraten lassen. Joe Biden war mit 29 Jahren gerade zum
ersten Mal in den US-Senat gewählt worden und sah einer
rosigen politischen und familiären Zukunft entgegen. Im
Dezember 1972 war Bidens erste Frau Neilia mit den drei
gemeinsamen Kindern im Auto unterwegs, um Weihnachts-
einkäufe zu erledigen. Auf einer Landstraße in Delaware
geriet sie an einer Kreuzung in die Fahrbahn eines Last-
wagens. Laut einer späteren Untersuchung war sie wahrscheinlich von den Kindern auf dem Rücksitz kurz abge-
lenkt worden, bevor der Lastwagen das Familienauto mit

hoher Geschwindigkeit rammte. Neilia und die erst dreizehn Monate alte Tochter Naomi starben noch auf dem Weg ins Krankenhaus. Die beiden Jungen hatten Glück. Beau kam mit einem gebrochenen Bein davon, Hunter erlitt eine Schädelfraktur. Im Angesicht des unerträglichen Verlusts sei ihm Selbstmord wie eine verlockende Option erschienen, schrieb Joe Biden viele Jahre später. Allein das Pflichtgefühl, für seine Söhne da sein zu müssen, habe ihn davon abgehalten. Er dachte darüber nach, sich aus der Politik zurückzuziehen, doch Freunde stimmten ihn um. Am Krankenbett seiner Söhne leistete er den Amtseid als Senator. In den ersten Jahren nach dem Unfall nahm Biden in den Sitzungswochen jeden Abend den Amtrak-Zug von Washington nach Wilmington, um seine Jungs abends ins Bett bringen zu können. Dies brachte ihm unter Kollegen im Senat den Spitznamen »Amtrak-Joe« ein.

Drei Jahre nach der Tragödie arrangierte Bidens Bruder ein Treffen mit der Studentin Jill Jacobs. Bidens Söhne ermutigten ihren Vater, um Jills Hand anzuhalten. Kurz vor der Hochzeit fragte Biden seine zukünftige Frau, wie sie ihn in dem Wissen heiraten könne, dass er seine erste Frau so sehr geliebt habe. »Jemand, der einmal so tief geliebt hat, kann dies auch wieder«, habe sie geantwortet. »In diesem Moment realisierte ich, was Jills Liebe für mich getan hatte«, schrieb Biden in einem Buch. »Ihre Liebe hatte mir erlaubt, wieder ich selbst zu sein.« Im Jahr 1981 wurde ihre gemeinsame Tochter Ashley geboren, die sich heute als Sozialarbeiterin engagiert und das Licht der Öffentlichkeit scheut. Bidens Frau Jill arbeitete als Englischlehrerin an diversen Bildungseinrichtungen. Sie hat zwei Masterabschlüsse und wurde an der University of Delaware promoviert. Während ihrer Zeit als Second Lady an der Seite des damaligen Vizepräsidenten lehrte sie weiterhin an Volkshochschulen. In den letzten Wochen vor der Präsidentschaftswahl 2020 absolvierte Dr. Biden zahlreiche Wahlkampfauftritte für ihren Mann.

Es sind noch einige Stunden bis zur Schließung der Wahllokale. Ich nutze die Zeit, um mich in der Nachbarschaft von Joe Biden umzuschauen. Er lebt in Greenville, einem Vorort von Wilmington, der gemessen am Pro-Kopf-Einkommen die wohlhabendste Gemeinde im ganzen Bundesstaat ist. In einem Zeitungsartikel habe ich gelesen, in welchem Supermarkt Biden gerne einkauft. »Janssen's Market« sieht nur von außen aus wie ein gewöhnlicher Supermarkt. Drinnen entpuppt sich der Laden als Gourmettempel. Für die ernährungsbewussten Ostküstenbürger werden hier auch biologisch angebaute, vegane und glutenfreie Köstlichkeiten angeboten, zu einem stolzen Preis. Ein kleines Schälchen Oktopussalat kostet sage und schreibe 17 Dollar. Die Verkäuferin an der Fleischtheke hat den berühmtesten Kunden schon oft erlebt. »Nahbar, höflich und zuvorkommend« sei »Joe«. Immer stehe er für ein gemeinsames Foto mit Kunden zur Verfügung, erzählt die Verkäuferin freudig. Doch nicht jeder hier ist so angetan von dem Kandidaten der Demokraten. Als mich ein breitschultriger Mann mittleren Alters fragt, ob ich zufällig wisse, wo das Malzbier zu finden sei, muss ich verneinen. Aber ich nutze die Gelegenheit für die Gegenfrage, wie er Joe Biden finde. »Ich bin kein großer Fan«, antwortet er. »Ich arbeite als Techniker für die Eisenbahngesellschaft Amtrak und muss mein Geld hart verdienen. Joe Biden hat mithilfe seiner politischen Beziehungen vor einigen Jahren seinem Sohn Hunter einen Job im Kontrollgremium von Amtrak zugeschanzt. Was ihn dafür qualifiziert hat, weiß ich bis heute nicht«, sagt der Malzbierliebhaber, der sich als Steve vorstellt. »Außerdem gefällt mir nicht, dass Joe Biden sich immer als Anwalt der Arbeiter aufspielt, aber selbst auf großem Fuß lebt. Schau dir nur mal seine Villa an, die ist hier gleich um die Ecke.«

Steve hat mich neugierig gemacht, und ich versuche tatsächlich, einen Blick auf Bidens Wohnhaus zu erhaschen. Es liegt in einem idyllischen Waldgebiet. Doch das Gelände ist weiträumig umzäunt. Vor einem großen Tor blockieren gleich mehrere Fahrzeuge des Secret Service die Zufahrt. Im Internet finde ich immerhin eine Luftaufnahme. Das Grundstück liegt direkt an einem See, das Haus selbst verfügt laut US-Medienberichten über rund 630 Quadratmeter Wohnfläche und soll bis zu 2 Millionen Dollar wert sein. Vom Keller dieses Hauses aus hat Biden einen großen Teil seines Wahlkampfes bestritten. Wegen der Corona-Krise vermied er monatelang Auftritte außerhalb der eigenen vier Wände. Statt wie in US-Wahlkämpfen üblich kreuz und quer durchs Land zu fliegen und vor Zehntausenden Menschen in Stadthallen und Sportarenen zu sprechen, ließ Biden sich ein TV-Studio im Keller einbauen, um seine Reden auf virtuellem Wege zu halten. Auch zahlreiche Interviews führte er per Videokonferenz. Diese Form des Wahlkampfs war äußerst ungewöhnlich, aber erfolgreich. In den meisten Umfragen führte er deutlich vor Präsident Trump, der regelmäßig über den »Kellerwahlkampf« seines Herausforderers spottete. Doch Bidens reduzierte Präsenz bot ihm sogar Vorteile: Während Trump sich für sein mangelhaftes Corona-Krisenmanagement rechtfertigen musste, konnte Biden geradezu abtauchen – und eigene Fehler vermeiden. Er selbst bezeichnete sich einmal als »Fettnäpfchenmaschine«. Weil jeder große Auftritt die Gefahr eines Fettnäpfchens birgt, kam Biden der »Kellerwahlkampf« wirklich entgegen.

Und vielleicht dürfte die Tatsache, dass die besonderen Umstände das Haus zu einer Präsidentschaftswahlkampfzentrale gemacht haben, den Wert noch gesteigert haben.

Schon im Jahr 2019 schätzte das Magazin *Forbes* das Vermögen der Bidens auf 9 Millionen Dollar. Mit 4 Millionen davon wird der Wert ihrer Immobilien beziffert. Neben der Villa hier in Greenville besitzen sie noch ein Strandhaus mit sechs Schlafzimmern in Rehoboth Beach, das ebenfalls in Delaware liegt. Zu Reichtum gekommen ist Biden allerdings erst nach seiner Zeit als Vizepräsident – mit Honoraren als Redner und Buchautor. Viele Jahre hatte Biden als »der am wenigsten Wohlhabende« unter den US-Senatoren gegolten. Als sein Sohn Beau noch während seiner Zeit als Vizepräsident erkrankte, dachte Biden darüber nach, das Haus in Greenville zu verkaufen, um die besten Therapien bezahlen zu können. Präsident Obama hielt ihn damals davon ab und bot Biden an, ihm Geld zu leihen.

Ich mache mich auf den Rückweg zum berühmten Parkplatz mit der Biden-Bühne. Auch hier erwartet mich schon der Secret Service. Um auf das Gelände zu gelangen, muss ich meine Akkreditierung vorzeigen und mich einem aufwendigen Sicherheitscheck unterziehen. Meine Hosentaschen werden bis auf den kleinsten Papierschnipsel entleert. Dann laufe ich wie am Flughafen durch einen Metalldetektor. Zusätzlich überprüft mich ein Agent des Secret Service mit einem Handscanner auf Sprengstoffrückstände. Bombenspürhunde beschnüffeln Kameras und Stative. Weil diese Prozedur so gründlich ist und viel Zeit kostet, muss man sich gut überlegen, ob man das Gelände verlässt, um sich in dem nahe gelegenen Kongresszentrum ein Sandwich zu kaufen. Die Kollegen des amerikanischen Senders CBS haben eine pragmatische Lösung gefunden und einen Grill herbeigeschleppt, auf dem sie Würstchen und Hamburger brutzeln. Auch ein Dutzend Baustellentoiletten sollen uns ermöglichen, die Hochsicherheitszone so selten wie möglich verlassen zu müssen. Ich komme mir vor wie auf einem Festival.

Als der Wahlabend anbricht, beginnt unsere Sondersendung. In einer Liveschalte werde ich gefragt, ob Bidens fortgeschrittenes Alter im Wahlkampf eine Rolle gespielt habe. Ich erinnere mich an die Vorwahlen in New Hampshire, wo ich Biden noch vor Ausbruch der Corona-Pandemie bei mehreren Auftritten aus nächster Nähe beobachten konnte. Damals fiel mir auf, dass er im Gegensatz zu den anderen Kandidaten selbst seine Standardrede vom Teleprompter ablesen musste. Trotzdem versprach er sich immer wieder, suchte nach Worten, verlor den Faden. Er wirkte erschöpft, abgekämpft. Man merkte ihm sein Alter deutlich an. Wie soll er die physischen Strapazen eines Präsidentschaftswahlkampfes durchstehen, wenn er schon in der Frühphase völlig kraftlos wirkt, fragte ich mich. Es gelang Biden auch nicht, die Wähler in New Hampshire zu begeistern. Bei einer Veranstaltung in einer Sportarena, in der alle Kandidaten der Demokraten nacheinander auftraten und jeweils rund zehnminütige Reden hielten, bekam Biden sogar weniger Applaus als sein relativ unbekannter Konkurrent Andrew Yang. Kein Wunder, dass Biden bei den Vorwahlen der Demokraten, den sogenannten »Primaries«, in New Hampshire nur abgeschlagen auf dem fünften Platz landete. Bernie Sanders, Pete Buttigieg, Amy Klobuchar und Elizabeth Warren hatten ihn abgehängt. Deshalb dachten viele Journalisten, mich eingeschlossen, Biden fehle die Kraft, sich noch die Kandidatur der Demokraten zu sichern. Doch das Sprichwort »Totgesagte leben länger« scheint besonders für die Politik zu gelten. Beim »Super Tuesday«, einem Dienstag im März, bei dem in einer Vielzahl von US-Bundesstaaten gleichzeitig Vorwahlen stattfinden, gelang ihm ein spektakuläres Comeback, und er wurde am Ende doch noch Präsidentschaftskandidat.

In New Hampshire hatte ich auch Bidens vielleicht größte

Stärke beobachten können. Im direkten Kontakt mit Wählerinnen und Wählern vermag er es, Menschlichkeit, Mitgefühl und Wärme auszustrahlen. Zu einem Auftritt im ausgebauten Keller einer Kirche waren nur etwa achtzig interessierte Bürger gekommen. Doch Biden schien dieser kleine Rahmen mehr zu liegen als die Sportarena mit Tausenden von Zuschauern. Gerade noch hatte er über Steuerpolitik gesprochen, als die ersten Leute im Publikum begannen, auf ihren Handys zu daddeln. Da erblickte Biden einen Teenager im Publikum, den er kurz zuvor kennengelernt und zu der Veranstaltung in die Kirche eingeladen hatte. »Braydon, komm doch mal kurz zu mir auf die Bühne«, sagte Biden großväterlich. Etwas schüchtern stellte sich der Dreizehnjährige neben den ehemaligen Vizepräsidenten. »Als Braydon und ich uns zum ersten Mal ansahen, schienen wir uns sofort zu kennen. Denn wir beide sind mit demselben Problem aufgewachsen. Als ich ein Kind war, stotterte ich«, sagte Biden und schaute den Jungen aufmunternd an. »Braydon, du sprichst viel besser als ich in deinem Alter. Aber ich habe viel geübt und mir das Stottern abgewöhnt. Heute halte ich Reden. Um dir zu zeigen, dass auch du das schaffst, habe ich dich heute eingeladen. Das Stottern definiert dich nicht als Mensch.« Der Teenager lächelte etwas verlegen, aber er schien sich über die Worte zu freuen. Natürlich verknüpfte der Politprofi Biden die rührende Begegnung mit Braydon mit einer politischen Botschaft. »Wir haben einen Präsidenten, der Menschen herabwürdigt«, sagte Biden mit Bezug auf Trump, der sich vor einiger Zeit vor Publikum über einen körperbehinderten Reporter lustig gemacht und diesen nachgeäfft hatte. »Aber Braydon hat mehr Mut und mehr Anstand in seinem kleinen Finger als Donald Trump in seinem ganzen Körper.«

Joe Biden beendete seine Rede. Die meisten Zuhörer und

die Presse verließen den Raum. Doch Biden blieb. Eine Frau hatte ihn angesprochen und ihm erzählt, dass sie gerade einen geliebten Menschen verloren habe. Obwohl seine Mitarbeiter ihn zum Aufbruch drängten, nahm der Kandidat sich einige Minuten Zeit, um ihr zuzuhören. Es waren keine Kameras in der Nähe, auf die er schielen konnte. Trotzdem legte er seine Hände auf die Schultern der Frau und erzählte von seinem eigenen tragischen Verlust.

Diese Anekdote erzähle ich in einer Liveschalte auf dem Parkplatz, als ich gefragt werde, wie ich persönlich Biden erlebt habe. Es ist kalt geworden in Wilmington. Ich bin viel zu dünn angezogen, doch zum Glück leiht mir mein lieber Kollege Oliver Richardt eine Weste. Die Nacht droht lang zu werden, denn als die Hochrechnungen aus den einzelnen Bundesstaaten hereinkommen, zeichnet sich etwas unerwartet ab, dass es so schnell keinen klaren Sieger geben wird. Biden liegt zwar in Führung, aber es reicht noch nicht. Weit nach Mitternacht betritt er die Bühne. Seine Unterstützer, die in ihren Wagen ausgeharrt haben, hupen euphorisch. Die Szene wirkt surreal, wie ein Autokino, in dem der Film kein Ende hat. »Eure Geduld ist vorbildlich«, sagt Biden in seiner Ansprache. »Es wird eine Weile dauern. Wir müssen geduldig sein, bis die harte Arbeit des Stimmenauszählens beendet ist. Es ist nicht vorbei, bis jede Stimme gezählt ist.« Das Feuerwerk kommt nicht zum Einsatz, die Party ist abgesagt oder zumindest verschoben. »Wir werden gewinnen«, sagt Biden zum Schluss und winkt den Menschen in ihren Autos zu.

Die Auszählung dauert in diesem Jahr besonders lange, weil viele Millionen Amerikaner ihre Stimme wegen der Corona-Pandemie per Briefwahl abgegeben haben. Es sind vor allem Wähler der Demokraten, die das Risiko nicht eingehen wollten, sich in einer dicht gedrängten Warteschlange vor dem Wahllokal zu infizieren. Präsident Trump muss dementsprechend fürchten, dass sich der Vorsprung seines Herausforderers noch vergrößert, wenn alle Briefwahlstimmen ausgezählt werden. Einmal mehr tut Trump etwas völlig Unglaubliches.

»Ganz ehrlich, wir haben diese Wahl gewonnen«, sagt der Präsident in einem kurzen Statement im Weißen Haus am späten Abend, kurz nachdem Biden in Wilmington aufgetreten ist. Angesichts der Verzögerung beim Wahlergebnis spricht er von einem »großen Betrug am amerikanischen Volk«. Er werde vor den Supreme Court ziehen, um eine weitere Auszählung der Stimmen in den Bundesstaaten Wisconsin, Michigan und auch Pennsylvania zu stoppen, die als wahlentscheidend gelten. »Wir wollen, dass alles Wählen aufhört. Wir wollen nicht, dass sie um 4 Uhr morgens noch irgendwelche Wahlzettelboxen finden und zur Liste hinzufügen«, poltert Trump. »Das ist ein sehr trauriger Moment.« Millionen Wähler würden gerade von einer »traurigen Gruppe von Menschen« ihrer Stimmen beraubt.

Drei Tage nach der Wahl liegt immer noch kein Endergebnis vor. Trump indessen verbreitet weiter seine Verschwörungserzählung vom Wahlbetrug. Twitter sieht sich gezwungen, einige seiner Kurznachrichten mit dem Warnhinweis zu versehen, dass diese »umstritten und möglicherweise irreführend« seien. Als Trump an Tag drei nach der Wahl mehrere Minuten lang von Manipulationen bei der Wahl und der Auszählung spricht, ohne Beweise zu liefern, brechen die US-Fernsehsender ABC, CBS und NBC ihre Übertragung der Pressekonferenz ab. Selbst der Trump normalerweise weitgehend unkritisch gegenüberstehende Sender Fox News geht in seinen Kommentaren auf Distanz. Als ich von meinem Hotelzimmer in Wilmington aus Trumps haltlose Behauptungen im Fernsehen sehe, komme ich mir nicht nur vor wie in einer Bananenrepublik. Es ist wieder einer dieser Momente, in denen Amerika mir Angst macht. Die Tatsache, dass der amtierende Präsident der USA von »Wahlbetrug« spricht, ohne Beweise zu präsentieren, rüttelt in meiner Wahrnehmung an den Grundfesten der Demokratie. Trump erschüttert mutwillig das Vertrauen von Millionen Amerikanern in den Wahlprozess, um von seiner bevorstehenden Niederlage abzulenken. In der Manier eines Autokraten will er wohl eine Art Dolchstoßlegende begründen, um sich auch nach seiner Zeit im Weißen Haus Gehör verschaffen zu können. Ich befürchte, dass in den USA Unruhen ausbrechen könnten. Denn schon vor der Wahl hatte Trump immer wieder gesagt, wenn er verlieren sollte, könnte es nicht mit rechten Dingen zugehen. Rechte Milizen wie die Proud Boys hatten daraufhin erklärt, im Zweifel auch mit Waffengewalt »ihren Präsidenten« zu verteidigen. Deshalb wurden vor dem Wahltag in Großstädten wie Washington und New York unzählige Schaufenster von Geschäften, Banken und Bürogebäuden mit Holzplatten verbarrikadiert. Sicherheitsbehörden und Polizei hatten vielerorts Notfallpläne erarbeitet. Laut einer Umfrage des amerikanischen Psychologenverbandes sagten mehr als zwei Drittel der befragten Amerikaner, der Wahltag löse in ihnen ein signifikantes Maß an Stress aus. Am Ende bleibt es zwar ruhig, aber was sagt es über einen westlichen Staat, den einstigen »Leuchtturm der Demokratie«, aus, wenn im Zuge einer Wahl mit Unruhen in größerem Ausmaß gerechnet werden muss? Das alles hätte ich persönlich in den USA niemals für möglich gehalten.

An Tag vier nach der Wahl stehe ich wieder auf dem Parkplatz in Wilmington und telefoniere gerade mit einem guten Freund aus meiner Heimatstadt Iserlohn, als ich um mich herum plötzlich Schreie höre. Jubelschreie! Überall schauen Menschen strahlend auf ihre Handys. Mehrere US-Nachrichtensender haben gerade gemeldet, dass Biden den Bundesstaat Pennsylvania gewonnen hat. Damit ist ihm die Präsidentschaft nicht mehr zu nehmen. Schnell beende ich das Telefonat, und kurz darauf ruft auch schon die Redaktion der *Tagesschau* aus Hamburg an. Sie heben eine Sondersendung ins Programm, ich soll in einer Liveschalte über die ersten Reaktionen berichten. Wenige Minuten später schildere ich die Jubelszenen auf dem Parkplatz und erkläre, welche emotionale Bedeutung es für Biden hat, dass ausgerechnet Pennsylvania ihm den Weg ins Weiße Haus bereitet. Dort wurde er in der Stadt Scranton geboren. Im sogenannten »Rust Belt«, dem »Rostgürtel«, wo einst das industrielle Herz der USA schlug, verbrachte Biden seine ersten Lebensjahre in bescheidenen Verhältnissen. Seinem Elternhaus stattete er noch kurz vor der Wahl einen Besuch ab und schrieb einen Satz an die Wand: »Aus diesem Haus ins Weiße Haus – mit dem Segen Gottes«. Es war kein vorgezeichneter Weg. Bidens Vater hatte mit finanziellen Schwierigkeiten und Alkoholproblemen zu kämpfen, teilweise wuchs Joe bei seinen Großeltern auf. Erst als die Familie später nach Wilmington zog, brachte Biden senior es als Gebrauchtwagenhändler zu einem gewissen Wohlstand.

Jetzt laufen die Vorbereitungen für Bidens Siegesrede an. Der Ton wird getestet, amerikanische Fahnen auf der Bühne zurechtgezupft, ein Lichtdouble probt winkend den Gang zum Rednerpult. Es sind immer noch fünf Stunden bis zum ersten Auftritt des frisch gewählten Präsidenten, doch nach fünf Tagen auf dem Parkplatz kommt es darauf jetzt auch nicht mehr an. Ich vertreibe mir die Wartezeit, indem ich mir im Kongresszentrum ein Sandwich hole und dafür erneut die Sicherheitschecks hinnehme. Nach und nach füllt sich der Parkplatz wieder mit Unterstützern. Es herrscht gespannte Vorfreude.

Um 20 Uhr Ortszeit betritt Kamala Harris die Bühne, die zukünftige Vizepräsidentin. Ihre Mutter war aus Indien, ihr Vater aus Jamaika nach Amerika eingewandert, sie lebten den amerikanischen Traum. Mit Fleiß und Bildung reüssierten sie als Brustkrebsforscherin und Wirtschaftsprofessor. Ihrer Tochter gaben sie den unbedingten Aufstiegswillen mit. Jetzt schreibt Kamala Harris gleich doppelt Geschichte, sie wird die erste dunkelhäutige Vizepräsidentin der USA und ist die erste Frau überhaupt, die zur Vizepräsidentin gewählt wurde. »Ich mag die erste Frau in diesem Amt sein, aber nicht die letzte. Denn jedes kleine Mädchen, das heute Abend zuschaut, sieht, dass dies ein Land der Möglichkeiten ist«, sagt sie in ihrer Rede. Eine schwarze Frau, die sich auf das Dach ihres Autos gesetzt hat, um Harris besser sehen zu können, hat Tränen in den Augen. »Als meine Mutter mit neunzehn Jahren aus Indien hierherkam, hat sie sich vielleicht nicht diesen Moment vorgestellt. Aber sie hat fest an Amerika geglaubt, wo ein Moment wie dieser möglich ist.« Als ich im Jahr 2008 ähnliche Sätze von Barack Obama hörte, fiel es mir bei aller gebotenen journalistischen Distanz schwer, nicht etwas gerührt zu sein. Doch Harris' Worte lassen mich erstaunlich kalt. In den vergangenen Jahren als USA-Korrespondent habe ich so viel tief verwurzelten Rassismus erlebt, so viele geplatzte Träume von sozialem Aufstieg, dass Harris' Worte in meinen Ohren nur noch wie der Zweckoptimismus einer Politikerin klingen.

Ähnlich ergeht es mir bei Bidens Rede. Amerika habe ihn gewählt, um die »großen Schlachten unserer Zeit« zu schlagen. »Den Kampf, um das Coronavirus unter Kontrolle zu bringen, den Kampf für wirtschaftlichen Wohlstand, den Kampf, um die Krankenversicherung für Familien zu sichern, den Kampf, um die Wurzeln des systemischen Rassismus in diesem Land zu beseitigen.« Damit nicht genug. Biden verspricht auch »den Kampf, um unseren Planeten zu retten und das Klima unter Kontrolle zu bringen. Den Kampf, um Anständigkeit zurückzubringen, die Demokratie zu verteidigen und jedem in diesem Land eine faire Chance zu geben.« Wieder muss ich an Barack Obama denken, der bei seiner Wahl wie ein Messias gefeiert wurde und schnell die Erfahrung machen musste, dass die Republikaner im Kongress den Großteil seiner Projekte mit aller Macht blockierten. Joe Biden ist wohl bewusst, wie schwer auch er es haben wird. Deshalb wendet er sich direkt an die Wähler von Präsident Trump, der im Vergleich zu 2016 sogar noch sechs Millionen Wähler hinzugewonnen hat. »An all diejenigen, die Präsident Trump gewählt haben: Ich verstehe eure Enttäuschung heute Abend. Ich habe selbst ein paarmal verloren. Aber jetzt sollten wir uns gegenseitig eine Chance geben. Es ist Zeit, die scharfe Rhetorik wegzulassen, die Temperatur herunterzufahren und uns wieder zu sehen, uns wieder zuzuhören.« Mich überrascht, mit welcher Nüchternheit ich diese Sätze, diesen ja eigentlich historischen Augenblick wahrnehme. Die Jahre in Amerika, die unzähligen Gespräche mit Menschen aus unterschiedlichen politischen Lagern, die sich schon lange nicht mehr zuhören, haben mich pragmatischer gemacht, vielleicht sogar pessimistisch.

Erst als Biden seine Rede längst beendet hat und er umringt von seiner Frau Jill, seinen Kindern und Enkelkindern auf der Bühne steht, empfinde ich plötzlich doch noch einen Gänsehautmoment. Ein prachtvolles Feuerwerk wird abgeschossen. Ein Schwarm von mit Speziallichtern ausgestatteten Drohnen schreibt die Buchstaben BIDEN in den Himmel über Wilmington. Und obwohl um ihn herum großer Trubel herrscht, blickt Joe Biden minutenlang ganz ruhig nach oben. Die Augen dieses alten Mannes leuchten wie die eines kleinen Jungen. Ich stehe nah an der Bühne und kann ihn gut beobachten. Außerdem zeigen mehrere Monitore sein Gesicht in Nahaufnahme. Ungläubiges Staunen liegt in seinem Blick, als könne er kaum fassen, dass der Himmel extra für ihn in bunte Farben getaucht wird. Der stotternde Junge aus einfachen Verhältnissen hat es zum Präsidenten der USA gebracht. Der Mann, der Frau und Kinder verlor, hat sich durchs Leben gekämpft. Der Politiker, der 1988 und 2008 schon zweimal vergeblich versucht hatte, Präsident zu werden, hat mit 77 Jahren am Ende doch noch sein Lebensziel erreicht. Als ich die leuchtenden Augen des alten Mannes betrachte, gewinne ich für einen Moment meinen Glauben zurück. Den Glauben an die unbegrenzten Möglichkeiten Amerikas.

Am nächsten Morgen kehrt wieder Sachlichkeit ein. Ich möchte Bidens in der Siegesrede geäußertes Versprechen, »die Seele Amerikas zu heilen«, einem Realitätscheck unterziehen. An einer Schnellstraße am nördlichen Stadtrand von Wilmington liegt das Restaurant »Charcoal Pit«, eine Institution. Seit 1956 ist der Diner bekannt für seine saftigen Burger. Viele Menschen aus dem Umkreis sind als Kind zum ersten Mal hier eingekehrt und bringen inzwischen ihre Enkelkinder mit, so auch Joe Biden. Seit er in der Highschool Football spielte, gehört er zu den Stammgästen. Damals herrschte noch die Rassentrennung. Als man einen schwarzen Teamkollegen nicht bedienen wollte, habe er aus Protest das Restaurant verlassen, erzählte Biden einmal. Doch er kam immer und immer wieder.

»Ich arbeite seit fast dreißig Jahren hier, und so lange kenne ich auch Joe«, sagt Oberkellner Joseph Grabkowski sichtlich stolz, während er Eiscreme in einen Becher füllt.

»Was ist denn das Lieblingsgericht des zukünftigen Präsidenten?«, möchte ich wissen.

»Meistens bestellt er ein Cheesesteak«, sagt Joseph und bietet mir an, mir die Zubereitung zu zeigen. Die Küche ist blitzblank, Flecken von Frittierfett oder Abfälle auf dem Boden sucht man hier vergeblich. Joseph schneidet Steakfleisch in sehr kleine Stücke, die er auf einer heißen Platte kurz anbrät. Darauf legt er zwei Scheiben Käse, die schnell schmelzen. Fleisch und Käse kommen in ein längliches, weiches Weizenbrötchen – fertig ist das Cheesesteak. Wer es gern scharf mag, bekommt separat dazu ein kleines Töpfchen mit einer Soße aus Paprika und Chili serviert. »Doch Joe mag es schlicht, also ohne Soße.« Dazu trinke der prominente Gast in der Regel einen »Black and White«, einen Shake bestehend aus Vanilleeis und Schokoladensirup.

Allüren seien Biden fremd, berichtet Joseph. Selbst wenn er mit seinen Enkelkindern herkomme, nehme er sich die Zeit, um anderen Gästen für gemeinsame Fotos zur Verfügung zu stehen. Er bestehe nicht mal auf einem Stammplatz. Und er empfehle freundlicherweise das »Charcoal Pit« auch ortsfremden Gästen. So war es kein Zufall, dass im Jahr 2014 sogar der damals amtierende Präsident Barack Obama zur Tür hereinspazierte und einen Burger mit Fritten bestellte. Noch heute hängen Fotos der Besuche von Obama und Biden an der Wand. Nach einer Renovierung ist der Diner fast wieder eingerichtet wie in den 1950er-Jahren. Im Eingangsbereich steht eine Jukebox, der Boden ist rot-weiß gekachelt, die Gäste machen es sich in Nischen auf Ledersitzen bequem. Joseph kommt aus dem Schwärmen für Biden gar nicht mehr heraus. »Joe ist ein leidenschaftlicher, integrer und respektvoller Politiker«, der allerdings vor riesigen Herausforderungen stehe. Er müsse als Krisenmanager die Ausbreitung des Coronavirus in den Griff bekommen und die Demokraten endlich wieder zu einer Partei der Arbeiter machen. »Ich selbst bin ein Arbeiter, und Joe setzt sich für Leute wie mich ein. Von seiner Politik wird abhängen, wann ich in Rente gehen kann«, sagt Joseph, dessen Alter sich angesichts seiner blondierten Haare kaum schätzen lässt.

Terry Lynn Rogers und ihr Mann haben das Renteneintrittsalter bereits erreicht. Jeden Sonntag essen sie hier im Diner Rippchen. »Joe Biden ist die bodenständigste, offenste und ehrlichste Person, die man sich vorstellen kann. Ich hoffe, er hat vier wundervolle Jahre als Präsident.« Bei aller Bewunderung für Biden hält Terry Lynn eine zweite Amtszeit aus Altersgründen für ausgeschlossen. Ihr Mann hat vor seiner Pensionierung als Journalist für eine große Regionalzeitung gearbeitet und kannte Biden schon seit seinen Anfangsjahren als Senator. Regelmäßig rief er bei den Rogers zu Hause an und hielt dabei oft auch Small Talk mit Terry Lynn, bevor der Journalist ans Telefon kam, um sich von Biden über die neuesten politischen Entwicklungen informieren zu lassen. Als Biden bereits Vizepräsident war, traf er Mister Rogers zufällig am Bahnhof.

»Komm, wir rufen mal kurz deine Frau an«, sagte er spontan. Terry Lynn fiel aus allen Wolken, als der Vizepräsident plötzlich am Telefon war.

»Ich sagte ›Hallo, Herr Vizepräsident. Was für eine Ehre, dass Sie anrufen.‹«

»Nach all den Jahren kannst du mich jetzt auch Joe nennen«, antwortete er.

Terry Lynn bekundete ihr Beileid, weil Bidens Sohn Beau kurz zuvor gestorben war. »Ich hoffe, in vier Jahren haben Sie die Kraft, noch mal zu kandidieren. Sie wären so ein großartiger Präsident«, sagte sie damals am Ende des Telefonats.

Jetzt ist Terry Lynn glücklich, dass ihr Wunsch in Erfüllung gegangen ist. Sie glaubt zwar nicht, dass Joe Biden jeden Amerikaner auf seine Seite bringen kann. »Aber er wird sein Bestes geben. Er wird auch denen zuhören, die Trump gewählt haben. Auch wenn es noch so aussichtslos erscheint, müssen wir die Spaltung des Landes überwinden. Wir waren doch schon immer eine Nation, die aus völlig unterschiedlichen gesellschaftlichen Gruppen entstanden ist. Deutsche, Spanier und Menschen aus aller Herren Länder sind hierhergekommen und haben die Vereinigten Staaten aufgebaut. Daran müssen wir uns erinnern. Wir sind doch alle Amerikaner.« Terry Lynn klingt fast ein wenig verzweifelt, als sie das sagt. Dann macht sie sich wieder über ihre Rippchen her.

Auch einen Tisch weiter macht man sich Gedanken, ob Joe Bidens Wahlversprechen, »die Seele Amerikas zu heilen«, nicht vielleicht etwas zu hoch gegriffen war. »Mehr als siebzig Millionen Amerikanerinnen und Amerikaner haben Donald Trump gewählt«, sagt Janet Glennon und trinkt einen Schluck Cola. »Es wird wahrscheinlich lange dauern, bis die sich hinter dem neuen Präsidenten versammeln. Aber Biden besitzt die Fähigkeit zu heilen, er hat Einfühlungsvermögen und Führungserfahrung. Wenn es jemandem gelingen kann, uns Amerikaner wieder zusammenzubringen, dann ihm.«

»Warum genau glaubst du, dass ihm das gelingen kann?«, hake ich nach.

»Ich fühle einfach, dass Biden ein sehr tiefgründiger Mensch ist. In seinem Leben hat er schwere Schicksalsschläge hinnehmen müssen. Und diese Lektionen des Lebens haben ihn zu dem Mann gemacht, der er ist – ein Mann mit großartigem Charakter. Es ist nicht selbstverständlich, dass er hier im Ort auf jeden zugeht. Immer steht er bereitwillig für Fotos im Restaurant oder im Supermarkt zur Verfügung. Seine Fähigkeit, sich in die Menschen hineinzuversetzen, wird unserem Land helfen.«

Den versöhnlichen Ton, auf den Janet, Joseph und Terry Lynn so große Hoffnungen setzen, hatte Biden ja tatsächlich schon am Abend zuvor in seiner Siegesrede auf der Parkplatzbühne angeschlagen. Doch sein Appell an die Trump-Anhänger, ihm eine Chance zu geben, verhallt schon wenige Stunden später in seinem Lieblingsdiner. Jerry Krammer ist Republikaner und teilt Trumps unbewiesenen Verdacht, dass die Demokraten nur durch Wahlbetrug gewonnen haben. Er werde Biden nie als Präsidenten akzeptieren.

»Ich verfolge Bidens politische Laufbahn seit 47 Jahren, und er beeindruckt mich überhaupt nicht. Durch Trump habe ich zu mir selbst gefunden. Auf ihn bin ich stolz, ich halte zu ihm«, sagt Jerry und beißt in seinen Burger.

»Wäre es nicht fair, Biden die Chance zu geben, um die er in seiner Siegesrede gebeten hat?«, möchte ich wissen.

Jerry schüttelt entschieden mit dem Kopf. »Weißt du, was viele Leute gesagt haben, als Präsident Trump gewählt wurde? Sie sagten: Das ist nicht mein Präsident. Genauso handhabe ich das jetzt auch bei Biden.« Jerry ist Mitte fünfzig, arbeitet in einer Druckerei. Er ist davon überzeugt, dass die Medien gar nicht oder nicht genug über die vermeintlich krummen Geschäfte von Bidens Sohn Hunter berichtet hätten. »Die versuchen, das unter den Teppich zu kehren. Das gefällt mir nicht. Hat Hunter Geld von ausländischen Unternehmen, zum Beispiel aus China, erhalten oder nicht? Das amerikanische Volk hat ein Recht, das zu erfahren!« Selbst in seinem Heimatort Wilmington wird es also schwer für Biden, alle Menschen versöhnlich zu stimmen. Für den Rest des Landes gilt das erst recht – wie bereits bei seiner Amtseinführung für die ganze Welt sichtbar wird.

Ein schwarzer, etwa 2,50 Meter hoher Sicherheitszaun

muss den Ort schützen, an dem Joe Biden als 46. Präsident der Vereinigten Staaten vereidigt werden soll. Das Kapitol in Washington ist abgeriegelt wie eine Festung. Das Herz der amerikanischen Demokratie schlägt hinter Stacheldraht. Wegen der Erstürmung des Kapitols zwei Wochen zuvor sind die Sicherheitsvorkehrungen so hoch wie nie zuvor. Die Stadt ist unterteilt in eine »rote Zone« (zu der nur Einsatzkräfte und Menschen mit Sondergenehmigung Zutritt haben) und eine »grüne Zone« (in der das Leben verhältnismäßig normal weiterlaufen soll). Die Einteilung einer Hauptstadt in verschiedene Sicherheitszonen kannte ich bisher nur im Zusammenhang mit Bagdad oder Kabul. Aber auch die Militärpräsenz auf den Straßen von Washington erinnert unweigerlich an ein Kriegsgebiet.

Die Zufahrtsstraßen zur National Mall, dem Nationalpark zwischen Lincoln Memorial und Kapitol, werden von Militärlastwagen versperrt. Davor stehen Soldaten mit Stahlhelmen und Maschinengewehren Wache. Als ich mit dem Auto durch die Stadt fahre, werde ich von einem Soldaten angehalten und nach meinem Ziel gefragt. Erst als ich meinen Presseausweis vorgezeigt habe und der Soldat einen prüfenden Blick in den Wagen geworfen hat, darf ich meine Fahrt fortsetzen. Seit vier Jahren lebe ich jetzt in Washington, und hier sind auf den Straßen immer viele Polizisten und Agenten des Secret Service zu sehen. Aber dass das Militär die Innenstadt hermetisch abschirmt, habe ich noch nie erlebt. Rund 25 000 Mitglieder der Nationalgarde wurden mobilisiert, um die Amtseinführung zu schützen. Sie übernachten sogar auf den Fluren des Kapitols. Doch auch von den Soldaten selbst geht offenbar Gefahr aus. Mindestens zwölf Nationalgardisten wurden von ihrem Einsatz hier abgezogen, weil sie offenbar mit rechten Milizengruppen in Verbindung gebracht wurden.

Weil ich mehr über die Hintergründe erfahren möchte, treffe ich einen Sprecher der Nationalgarde zum Interview. Brendan Cassidy nimmt für unser Interview zwar seinen Stahlhelm ab, unter dem kurze rote Haare zum Vorschein kommen, aber er bleibt hinter dem Sicherheitszaun stehen.

»Hat das Militär genug getan, um die Bedrohung in den eigenen Reihen zu erkennen?«, frage ich. Dass ich ihn auf die abgezogenen Kameraden anspreche, ist ihm sichtlich unangenehm. Er antwortet mit dem Duktus eines Roboters.

»Alle Nationalgardisten sind verpflichtet, an Spezialtrainings teilzunehmen, um sicherzustellen, dass sie, wenn sie eine Bedrohung sehen, auch etwas sagen. Denn Extremismus hat keinen Platz im US-Militär«, sagt Cassidy. Auch deshalb sei es in der Geschichte der Amtseinführungen amerikanischer Präsidenten noch nie zu ernsthaften Zwischenfällen gekommen, betont er.

Aus einem kastenartigen, gepanzerten Militärfahrzeug, einem Humvee, höre ich überraschende Töne. Sergeant Jacob Kohut spielt Flöte. Die Nationalgarde besteht aus Reservisten. Kohut ist eigentlich Lehrer und gibt in seiner Pause am Laptop Online-Musikunterricht. Ich darf einsteigen und einige Minuten zusehen. Das finde ich aufregend, denn als Jugendlicher habe ich die Humvees immer mit großer Begeisterung in Spielfilmen betrachtet. Wie finden Sergeant Kohuts Schüler es wohl, ihren Lehrer in Uniform zu sehen?

»Ich glaube, sie finden das ziemlich cool. Ich zeige aus Sicherheitsgründen nicht, wo genau wir sind. Aber gleichzeitig zeige ich ihnen gerne viel von diesem gepanzerten Wagen hier. Sie sagen dann: ›Wow, das ist cool.‹«

Ich frage Sergeant Kohut auch nach den abgezogenen Nationalgardisten. Schmerzt es ihn, dass das FBI nun viele seiner Kameraden genauer unter die Lupe nimmt?

»Mir persönlich tut das nicht weh. In jeder Organisation

gibt es ein paar faule Äpfel. Und die Überprüfungen sind nötig, um sicherzustellen, dass wir alle auf derselben Seite stehen. Besonders in diesem politischen Klima. Das sind notwendige Vorsichtsmaßnahmen.«

Wie angespannt die Stimmung ist, erlebe ich auf der Rückseite des Kapitols. Während die Amtseinführung in vollem Gange ist, taucht wie aus dem Nichts ein Mann in einer Art Jesusgewand auf und überschüttet sich mit einer großen Menge grauem Pulver. Dann verreibt er das Pulver sorgfältig in seinem Gesicht und ruft dabei lautstark irgendwelche Parolen über die Sünden amerikanischer Politiker. Sofort richtet sich etwa ein Dutzend Kameras auf ihn. Im ersten Moment befürchte ich, er könnte sich publikumswirksam in Brand setzen wollen wie der Mönch Thich Quang Duc, der sich 1963 in Saigon selbst tötete, um gegen die Diskriminierung von Buddhisten in Südvietnam zu protestieren. Die Polizisten reagieren merklich nervös. Ein wenig unsanft drängen sie die Kamerateams etwa fünfzig Meter zurück und sperren den Bereich um den verdächtigen Mann mit gelbem Plastikband ab. Funksprüche werden durchgegeben. Anfangs scheint niemand so recht zu wissen, wie man mit der Situation umgehen soll. Erst eine ganze Weile später rückt eine Spezialeinheit an, um zu prüfen, ob es sich bei dem verdächtigen Pulver um einen chemischen Kampfstoff handelt. Es gibt Entwarnung. Später erfahre ich, dass es zeitgleich eine Bombendrohung gegen den Obersten Gerichtshof gegeben hat, der sich in unmittelbarer Nähe zum Kapitol befindet. Offenbar befürchteten die Sicherheitskräfte, dass der Mann mit dem Pulver ein Ablenkungsmanöver vollzog, um Einheiten auf sich zu ziehen, die eigentlich für den Schutz des Supreme Court abgestellt waren.

Während ich mit eigenen Augen erlebe, wie groß die

Angst vor einem von Hass auf Biden getriebenen Anschlag ist, beschwört der gerade vereidigte Präsident einmal mehr die Einheit des Landes. »Mit meiner ganzen Seele versuche ich, Amerika zusammenzubringen, unser Volk zu einen, unsere Nation zu vereinigen. Und ich bitte jeden Amerikaner und jede Amerikanerin, mich darin zu begleiten. Finden wir zueinander, um gegen unsere Widersacher zu bestehen – gegen Wut, Groll und Hass, Extremismus, Gesetzlosigkeit, Gewalt, Krankheit, Arbeitslosigkeit und Hoffnungslosigkeit«, sagt Biden vor dem Kapitol. Doch die Amerikaner hören ihm nicht zu, zumindest nicht vor dem Kapitol. Wo sonst Hunderttausende Menschen gebannt den Worten des neuen Präsidenten lauschen, wehen dieses Mal nur 200 000 kleine Fahnen. Wegen der Corona-Schutzmaßnahmen ist kein Massenpublikum zugelassen. Natürlich wird die Rede live im Fernsehen übertragen. Aber für mich passt die Menschenleere vor dem Kapitol ins Bild eines Präsidenten, der es schwer hat, sich Gehör zu verschaffen. Biden wirkt auf mich wie ein gutherziger Großvater, der einen letzten, verzweifelten Versuch unternimmt, einen Familienstreit zu schlichten – der aber insgeheim ahnt, dass seine Anstrengungen vergeblich sein könnten. Und Biden selbst scheint sich der Gefahr dieser Wahrnehmung bewusst zu sein: »Ich weiß: Wenn ich von Einigkeit spreche, könnte das für manche in diesen Tagen wie eine närrische Träumerei klingen. Ich weiß: Die Kräfte, die uns voneinander trennen, sind stark und real. Ich weiß aber auch, dass sie nicht neu sind. Unsere Geschichte ist ein ständiger Kampf zwischen dem amerikanischen Ideal, dass wir alle gleich geschaffen sind – und der harschen, hässlichen Realität, dass uns nämlich Rassismus, Nativismus und Angst auseinandergerissen haben. Diese Schlacht dauert an, und der Sieg ist niemals sicher«, sagt der neue Präsident langsam, laut und deutlich. Dann gibt er noch ein Versprechen ab: »Ich werde ein Präsident für alle Amerikaner sein. Für jene, die mich nicht unterstützt haben, werde ich genauso kämpfen wie für jene, die an meiner Seite waren.«

Doch schon Stunden später stößt Biden viele der rund 74 Millionen Wähler, die für Trump gestimmt haben, vor den Kopf. Zum ersten Mal nimmt er im Oval Office hinter dem »Resolute Desk« Platz, dem hölzernen Schreibtisch des Präsidenten. Dort greift er zum Kugelschreiber, um einen großen Teil des politischen Vermächtnisses seines Vorgängers mit einer Reihe von präsidialen Verfügungen rückgängig zu machen. Er führt zum Beispiel die USA zurück ins Pariser Klimaabkommen und stoppt den Bau der Mauer an der Grenze zu Mexiko. Die wütende Reaktion der Republikaner im Kongress lässt nicht lange auf sich warten. Einer wirft Biden vor, er helfe lieber illegalen Einwanderern als notleidenden Amerikanern. Und angesichts der Rückkehr ins internationale Klimaabkommen wettert der republikanische Senator Ted Cruz, Biden kümmere sich mehr um Paris als um Pittsburgh. All das klingt nicht nach der Einheit und überparteilichen Zusammenarbeit, die Biden versprochen hat.

Am Abend der Amtseinführung finden wegen der Corona-Schutzmaßnahmen auch die traditionellen Bälle nicht statt, auf denen der frisch vereidigte Präsident und die neue First Lady das Tanzbein schwingen und hofiert werden wie ein Königspaar. Stattdessen soll eine Fernsehshow dem Abend etwas Glanz verleihen. Der Schauspieler Tom Hanks moderiert, Musikstars wie Bruce Springsteen, John Legend oder Katy Perry treten ohne Publikum vor dem Lincoln Memorial auf. Von der Säulenhalle des Denkmals aus hält Biden eine weitere, kurze Ansprache an die Nation. Die Show ist, wie in Amerika üblich, perfekt choreografiert. Zum krönenden Abschluss wird wie schon bei der Siegesfeier in Wilmington ein gigantisches Feuerwerk abgeschossen, das der Präsident und die First Lady vom »Truman Balcony« aus verfolgen, dem Balkon auf der Südseite des Weißen Hauses.

Ich beobachte vom Dach unseres Studios im Stadtteil Georgetown aus, wie der Himmel über Washington in bunten Farben erstrahlt. Doch als die letzte Rakete ihr feuriges Werk vollbracht hat, starre ich nachdenklich auf den grauen Rauch, der noch eine Weile in der Luft hängt. Habe ich gerade vielleicht ein Täuschungsmanöver miterlebt? Das Feuerwerk simuliert einen Festtag der Demokratie, eine Normalität, die es nicht mehr gibt. Die USA sind im Ausnahmezustand. Die amerikanische Demokratie hat sich mit der geglückten Amtseinführung zwar als wehrhaft erwiesen, aber auch als verletzlich. Überall war die Angst vor Anschlägen oder Aufständen spürbar. Kaum jemand traute sich noch auf die Straße, Washington wirkte wie eine Geisterstadt. Tausende Soldaten mussten die Amtseinführung schützen. Mir führt das einmal mehr vor Augen, wie tief gespalten und verunsichert die Vereinigten Staaten gerade sind. Bidens blumige Worte von Einheit und Versöhnung erscheinen mir wie das Feuerwerk zu seinen Ehren – wie Schall und Rauch.

Epilog

Lebe wohl, Amerika!

Die Koffer sind gepackt, der Schiffscontainer mit den Möbeln bahnt sich bereits seinen mühsamen Weg über den Atlantik nach Deutschland. Nach vier Jahren heißt es Abschied nehmen von Amerika. Ich mache einen allerletzten Spaziergang zu den Orten, die mir etwas bedeuten. Die weiße Kuppel des Kapitols zieht so begierig die Sonnenstrahlen an wie unter ihr die Politiker das Licht der Scheinwerfer. Erhaben thronen Senat und Repräsentantenhaus auf ihrem Hügel über der Stadt. Die amerikanische Fahne weht stolz im kalten Wind. Mehrmals täglich werden die Flaggen des Kapitols ausgetauscht. Eine Freundin, die für einen Senator arbeitete, schenkte mir ein Exemplar, das an genau dem Tag dort wehte, als unsere Tochter in Washington geboren wurde. Eigentlich hatte ich einmal vor, diese Fahne einzurahmen und ins Kinderzimmer zu hängen. Heute beschleichen mich leise Zweifel, ob das so eine gute Idee ist. Denn sind die USA wirklich noch das leuchtende Vorbild für Freiheit, demokratische Werte und ein Miteinander unterschiedlicher Kulturen, für das ich sie lange gehalten habe?

Ich kann das Kapitol nicht mehr anschauen, ohne an den 6. Januar 2021 zu denken. Die Bilder von Rechtsextremisten, Verschwörungstheoretikern, Holocaustleugnern,

Trump-Anhängern, die, aufgehetzt vom damaligen Präsidenten, die Scheiben des Kapitols einschlagen und in das Gebäude eindringen, haben sich in das kollektive Gedächtnis eingebrannt. Einige Beamte der Capitol Police, die den Aufständischen die Absperrgitter beiseiteräumten und sich mit ihnen fotografieren ließen, warfen die Frage nach einer Beteiligung der Staatsgewalt an dem Umsturzversuch auf. Die Bilder von Blut auf den Fluren des Kapitols führten der ganzen Welt vor Augen, wie entschlossen der rechte Mob seinen Angriff auf die amerikanische Demokratie verübte. Ich denke an mein Zusammentreffen mit einigen Mitgliedern der Proud Boys in St. Louis wenige Wochen vor dem Sturm aufs Kapitol zurück, an mein Gespräch mit Joe Biggs. Schon damals hatte er angekündigt, eine knappe Niederlage von Donald Trump »nicht kampflos« zu akzeptieren. Und tatsächlich gehörte Biggs zu den Ersten, die dann am 6. Januar gewaltsam in die Herzkammer der Demokratie eindrangen, um die Bestätigung des Wahlsiegs von Joe Biden durch den Kongress zu verhindern. Der Sturm aufs Kapitol war kein bedauerlicher Einzelfall, keine Verkettung unglücklicher Umstände, sondern die logische Konsequenz einer Überhitzung des politischen Klimas in den USA.

Schon lange hatte ich das Gefühl, auf einem Pulverfass zu leben. Und Donald Trump schlug den entscheidenden Funken. Doch mit dem Machtwechsel im Weißen Haus ist kein Ende dieser furchteinflößenden Entwicklung in Sicht, im Gegenteil. Das US-Heimatschutzministerium warnt in einem Bericht vor inländischen Terroranschlägen als Reaktion auf die Präsidentschaft Joe Bidens. Genährt werde diese Bedrohung durch gewalttätige Extremisten von ihrer »Ablehnung der Ausübung staatlicher Autorität« sowie von »falschen Erzählungen«. Trump hat die Mär vom Wahlbetrug wie ein Gift in die Gehirne von Millionen Amerikanern eingeträufelt, wo es weiterhin seine Wirkung entfaltet. Selbst einhundert Tage nach der Amtseinführung von Joe Biden waren laut *New York Times* 70 Prozent der republikanischen Wähler davon überzeugt, die Wahl sei ihnen »gestohlen« worden. Trump gelang es sogar, seine Verschwörungstheorie in bare Münze umzuwandeln. Er rief zu Spenden auf, um die Anwaltskosten für seine zahlreichen Klagen gegen das Wahlergebnis bezahlen zu können. Und tatsächlich lenkten seine Unterstützer in den acht Wochen nach der Wahl mehr als 250 Millionen Dollar in die Kassen von Trump und der Republikanischen Partei. Der Glaube an Verschwörungstheorien, die Ablehnung des politischen Systems insgesamt und der Hang zu einer autoritären Staatsführung vereint zahlreiche Amerikaner, die Trump im Jahr 2020 ihre Stimme schenkten. Trump selbst ist aber nicht die alleinige Ursache, sondern vor allem ein Symptom für den besorgniserregenden Verlust des Vertrauens vieler Amerikaner in die Demokratie.

Diese Entwicklung hat schon vor Jahrzehnten eingesetzt, bevor der Immobilienunternehmer und Reality-TV-Star aus New York die politische Bühne stürmte. Trump eroberte das Weiße Haus, indem er Ängste schürte. Ängste, die das politische Establishment viel zu lange nicht ernst genommen hatte. Die weitverbreitete Furcht der weißen Mittelschicht vor wirtschaftlichem und sozialem Abstieg wurde von vielen wichtigen Vertretern der Demokratischen Partei belächelt. Man könne die Hälfte der Unterstützer Donald Trumps in einen »Sack von Erbärmlichen« stecken, hatte Hillary Clinton im Wahlkampf 2016 gesagt, statt deren Sorgen um Arbeitsplätze aufzugreifen. Stattdessen kümmerten sich die Demokraten eher um identitätspolitische Herzensprojekte wie das Recht von Transgender-Personen, im Militär dienen zu dürfen. Auch die meisten linksliberalen Massenmedien räumten Zeitgeistsujets Priorität ein und bemerkten kaum, wie Trump an ihnen vorbei per Twitter die Themen traf, die Millionen Menschen aus allen gesellschaftlichen Schichten wirklich bewegten. Und noch immer machen viele Journalisten den fatalen Fehler, Trumps Anhänger pauschal als ungebildete Rassisten abzustempeln, die von der Globalisierung überfordert sind und deshalb die Simplizität einer nationalistischen Führungsfigur herbeisehnen. Viele friedliebende, hart arbeitende Amerikaner, die ich auf meinen zahlreichen Reisen quer durch das Land traf, fühlten sich und ihre Lebenswirklichkeit von der politischen und medialen Elite nicht mehr repräsentiert. Trump gab ihnen ihren Nationalstolz, ihr Selbstwertgefühl und manchmal sogar ihre Jobs zurück. Während seiner Präsidentschaft sank die Arbeitslosenquote zeitweise auf den niedrigsten Stand seit fünfzig Jahren. Deshalb stand er in vielen Umfragen glänzend da. Ohne den Ausbruch der Corona-Pandemie und den damit verbundenen Einbruch der Wirtschaft wäre Trump wohl wiedergewählt worden.

Die Spaltung der USA ist auch eine Konsequenz der stark polarisierten Medienkultur. Grob gesagt beschränkten sich erzkonservative Medien wie Fox News auf eine weitgehend unkritische Hofberichterstattung über Trump. Der Marktführer unter den US-Nachrichtensendern lebte lange gut von den Einschaltquoten, die Trumps Anhänger ihm bescherten. Sender wie CNN oder MSNBC hingegen punkteten bei ihrem Publikum mit offen zur Schau gestellter Verachtung für Trump und seine Wählerbasis. Die Tatsache, dass auch 2020 rund 74 Millionen Menschen Trump ihre Stimme schenkten, scheint bei linksliberalen Medienmachern und Politikern allerdings kaum selbstkritische Reflexion ausgelöst zu haben. Noch immer wird in den Salons von Washington über die Bewohner der ländlichen Regionen gespottet. Die »Hillbillys« und ihre Sorgen werden als rückständig abgetan. Fortschritt hingegen sehen die Eliten in der Identitätspolitik, die unter Präsident Biden Hochkonjunktur hat.

Zwei Beispiele: In Oakland können arme Familien eineinhalb Jahre lang 500 Dollar Unterstützung pro Monat erhalten. Die Voraussetzung dafür: Die Antragsteller müssen Schwarze oder Indigene sein. Arme Weiße, von denen es in Oakland viele gibt, sind ausgeschlossen. In Chicago gab die schwarze und offen homosexuelle Bürgermeisterin Lori Lightfoot anlässlich ihres zweiten Jahrestags im Amt ausschließlich nicht weißen Journalisten Einzelinterviews. Die Politikerin der Demokratischen Partei erklärte, sie sei schon seit Jahren darüber »schockiert«, dass die überwältigende Zahl der Medienvertreter in der US-Großstadt »weiß und männlich« sei. Wer solche Identitätspolitik als ungerecht kritisiert, droht sozial geächtet und beruflich sanktioniert zu werden. Die Leiterin einer öffentlichen Schule in Vermont etwa wurde entlassen, weil sie kundtat, sie unterstütze zwar das Leben der Schwarzen, aber nicht Black Lives Matter. Feministinnen, die öffentlich äußern, dass es biologische Unterschiede zwischen Mann und Frau gibt, werden mit Shitstorms traktiert. Schüler und Studenten bekommen vielerorts schlechte Noten, wenn sie keine gendergerechte Sprache verwenden. Wer in Bildungseinrichtungen, Medienhäusern, Hollywood oder Technologieunternehmen gegen die ungeschriebenen Gesetze der »Wokeness« verstößt, riskiert es, an den virtuellen Pranger gestellt zu werden. Wörtlich bedeutet *woke* »wach« oder »erwacht«, im gegenwärtigen Sinn bezeichnet Wokeness aber das Streben nach einem erhöhten Bewusstsein für soziale Ungerechtigkeiten und Rassismus. Vordergründig soll Wokeness also dem Ziel der Gleichberechtigung dienen. Doch diese gute Absicht ist zu einem Kulturkampf eskaliert, dem die Meinungsfreiheit zu oft zum Opfer fällt. Der Chef der Meinungsseite der *New York Times* etwa druckte einen Gastbeitrag des republikanischen Senators Tom Cotton, in dem dieser für den Einsatz der Nationalgarde zur Niederschlagung von Unruhen wie in Minneapolis plädierte. Daraufhin kritisierten 800 Redakteurinnen und Redakteure der *New York Times* den Beitrag in einem offenen Brief. Der für die Veröffentlichung von Cottons Text verantwortliche Redakteur musste seinen Hut nehmen.

»In der linken Cancel Culture wird Überzeugungskraft durch den Pranger ersetzt, freie Rede durch Blockade«, schreibt die Journalistin Bari Weiss. Sie zitiert eine Studie des konservativen Washingtoner Thinktanks Cato Institute, laut der 62 Prozent der Amerikaner inzwischen Selbstzensur üben. »Im blauen Amerika [so werden die Teile des Landes genannt, in denen die Mehrheit die Demokraten wählt], wo ich lebe, fürchten sich Leute, die den Mund halten, nicht vor Trump-Anhängern. Sie haben Angst vor der illiberalen Linken«, so Weiss. Die Journalistin, jüdischen Glaubens und mit einer Frau verlobt, geriet selbst ins Fadenkreuz der Woke-Bewegung. Sie gab ihre Position als Redakteurin bei der *New York Times* auf, weil sie den Meinungskorridor als zu eng empfand und das Klima in der Redaktion als illiberal. Die Grenzen zwischen Journalismus und Aktivismus verschwimmen immer öfter; statt über Politik zu berichten, wollen viele Medienschaffende Politik *machen* – indem sie Wokeness verordnen. Bari Weiss hat sich mutig widersetzt, als Kolumnistin fand sie bei der *Welt* in Deutschland eine neue journalistische Heimat. Den Aufstieg der Woke-Bewegung erklärt sie mit dem Wunsch vieler Menschen nach Zugehörigkeit und dem Bedürfnis nach dem Gefühl, »gut« zu sein. Der Nährboden, auf dem die Ideologie wuchs, waren laut Weiss das Zerreißen des sozialen Gefüges in den USA, der Verlust der Religion und der Niedergang bürgerlicher Institutionen. Auch die Drogenkrise, der Zusammenbruch traditioneller amerikanischer Industrien, der Aufstieg der Big-Tech-Unternehmen, der Verlust des Glaubens an Aufstieg durch Leistung und die Arroganz der Eliten trugen dazu bei. Die Woke-Orthodoxie verspreche »revolutionäre Gerechtigkeit, aber sie droht uns in eine Epoche zurückzuziehen, wo Stamm gegen Stamm kämpft«.

Der »Stamm« der Trump-Anhänger, die Aufständischen am Kapitol, konnte die Beglaubigung des Wahlsieges von Joe Biden durch den Kongress nicht verhindern. Die amerikanische Demokratie hat sich als wehrhaft, aber auch als verletzlich erwiesen. »Wir haben in einen Abgrund von Aufstand und Autokratie gestarrt«, sagte Joe Biden einhundert Tage nach seinem Amtsantritt in einer Rede vor dem Kongress und machte mit einer Frage deutlich, dass sich die Vereinigten Staaten gerade an einer Weichenstellung ihrer Geschichte befinden: »Kann unsere Demokratie die Lügen, die Wut, den Hass und die Ängste überwinden, die uns auseinandergerissen haben?«

Die Glaubwürdigkeit der USA als »Leuchtturm der Demokratie« ist dauerhaft beschädigt. Eine Kritik aus dem Weißen Haus an zukünftigen Wahlfälschungen in Russland oder anderen autoritären Staaten dürfte bei den dortigen Machthabern wohl nur noch ein müdes Lächeln auslösen. Die Bedeutung des Sturms auf das Kapitol für die USA fasste die Sprecherin des Repräsentantenhauses, Nancy Pelosi, mit diesen Worten zusammen: »Wir haben unsere Unschuld verloren.« In meiner Wahrnehmung hat auch die Fahne, die am Geburtstag unserer Tochter auf dem Kapitol wehte, ihre Unschuld verloren. Vielleicht hänge ich sie später einmal im Kinderzimmer auf.

Noch aus einem anderen Grund hat das Kapitol für mich seinen Zauber eingebüßt. Ein Blick hinter die Kulissen zeigt: Im Kongress lassen sich Gesetze mehr oder weniger kaufen. So hatte es mir der Lobbyist Mark Bloomfield schonungslos offen erklärt. »Wer hohe Summen an die Politiker spendet, bekommt Zugang. Und Zugang bedeutet Einfluss.« Das Ziel des Lobbyisten war, so hatte er wörtlich gesagt, »dass die Gesetze am Ende von uns geschrieben werden«. Lange war ich so blauäugig gewesen, an die Worte Abraham Lincolns zu glauben, der die demokratische Staatsform definiert hatte als »Regierung des Volkes, durch das Volk und für das Volk«. Von diesem alten Ideal haben sich die USA Lichtjahre entfernt. Die Chance, Volksvertreter zu werden, bekommen heute anscheinend nur noch Millionäre. Allein der Wahlkampf in Kalifornien für einen Senatssitz in Washington hat mehr als 100 Millionen Dollar verschlungen. Wer nicht über ein eigenes Vermögen oder ein Netzwerk an reichen Spendern verfügt, ist vom politischen Wettbewerb praktisch ausgeschlossen. Den »Sumpf Washington« auszutrocknen, hatte Donald Trump versprochen. Doch als Präsident machte er den Sumpf schlammiger denn je. Er ernannte Lobbyisten zu Ministern und setzte Ethikregeln nicht durch. Sein Nachfolger Joe Biden macht es kaum besser. Auch in seinem Weißen Haus stehen die Türen für politische Einflussnehmer weit offen. Rund 1 Milliarde Dollar hat Joe Biden 2020 für seine Wahlkampfkasse eingesammelt. Mancher Megaspender dürfte ihn inzwischen bereits freundlich um einen Gefallen gebeten haben. Der »Sumpf Washington« aus Klüngel, Korruption und halbseidenen Hinterzimmerdeals wird wohl niemals austrocknen.

Nachdenklich spaziere ich vom Kapitol aus die Pennsylvania Avenue herunter. Hier erinnere ich mich an den »March For Our Lives«. Als Hunderttausende Jugendliche für strengere Waffengesetze demonstrierten, traf ich Cameron Kasky, den Überlebenden des Amoklaufs an der Highschool von Parkland in Florida, dem es gelungen war, sich mit zahlreichen Fernsehauftritten im ganzen Land Gehör zu verschaffen und eine Zeit lang nennenswerten Druck auf die Politik zu erzeugen. Ich war beeindruckt von seiner Energie und seiner tief empfundenen Hoffnung, dieses Mal wirklich die Waffengesetze ändern zu können. Inzwischen scheinen die Stimmen von Cameron und anderen »Parkland-Kids«, die ich damals durch die Lautsprecherboxen auf der Pennsylvania Avenue hörte, verstummt zu sein. Noch immer sind Sturmgewehre in vielen US-Bundesstaaten frei verkäuflich. Noch immer gibt es rechtliche Schlupflöcher, die es selbst Vorbestraften und psychisch Kranken erlauben, Waffen zu kaufen. Joe Bidens Bemühungen, schärfere Waffengesetze auf den Weg zu bringen, liefen bisher weitgehend ins Leere. Er biss sich am Kongress die Zähne aus. Die hauchdünne demokratische Mehrheit reichte für einen großen Wurf nicht aus. Denn selbst unter den Demokraten herrscht die Angst, sich mit der Waffenlobby NRA anzulegen. Biden bleiben nur präsidiale Verfügungen. Mit diesen »Executive Orders« geht er etwa gegen die sogenannten Geisterwaffen vor, die als Bausätze online bestellt werden können und oft keine Seriennummer haben, was eine Nachverfolgung unmöglich macht. Doch Bidens Initiativen sind vor allem Symbolpolitik. Ziemlich resigniert räumte der vermeintlich mächtigste Mann der Welt die Grenzen seiner Befugnisse als Präsident ein. Er bezeichnete die Waffengewalt in den USA als eine »Epidemie und eine internationale Blamage«. Während der Corona-Krise stiegen die landesweiten Waffenverkäufe sogar auf ein Rekordhoch. Die Angst vor sozialen Unruhen trieb viele Amerikaner dazu, sich hochzurüsten. Es ist nur eine Frage der Zeit, bis der nächste Amoklauf das wiederkehrende, zermürbende Ritual aus Schock, Trauer und ergebnisarmer Diskussion über strengere Waffengesetze auslöst. Zu mächtig ist der Einfluss der NRA, die mit Wahlkampfspenden Politiker gefügig macht und ihre fünf Millionen Mitglieder gegen Kritiker in Stellung bringt. Zu tief verwurzelt ist der Waffenfetisch in der DNA der Amerikaner, als dass Amokläufe mit zahlreichen Toten irgendwann verhindert werden könnten.

Auf der Ecke zwischen Pennsylvania Avenue und 14th Street halte ich kurz an einer Baustelle inne. Hier wird ein Denkmal zu Ehren der US-Soldaten errichtet, die im Ersten Weltkrieg gekämpft haben. Erst im Jahr 2024 soll es fertiggestellt werden. Ob auch den Soldaten, die in Afghanistan und im Irak ihr Leben riskiert oder sogar verloren haben, jemals ein Denkmal gebaut wird? Ich denke an meine Begegnung mit Andre Rush zurück, dem Koch des Weißen Hauses und Afghanistan-Veteranen, der täglich 2222 Liegestütze macht, um der etwa 22 Kameraden zu gedenken, die sich pro Tag das Leben nehmen. Auch Andre Rush selbst hatte Selbstmordgedanken, weil er an einer posttraumatischen Belastungsstörung litt. Er personifizierte in meinen Augen Amerikas aktuellen Zustand in der Weltpolitik: Mit seinen baumstammdicken Armen wirkte er nach außen stark und unbesiegbar, doch im Inneren war er verängstigt und verunsichert. Amerika kann und will kein Weltpolizist mehr sein. Diese Entwicklung setzte schon unter Obama ein, der Assads Schlachten in Syrien keinen Einhalt gebot, und verstärkte sich unter Trump, der den Truppenabzug aus Afghanistan und dem Irak einleitete. Joe Biden setzte Trumps Kurs fort und beschloss, alle verbliebenen US-Truppen bis zum 11. September 2021 aus Afghanistan abzuziehen – dem zwanzigsten Jahrestag der Terroranschläge auf das World Trade Center in New York und das Pentagon in Washington.

Wie Trump kritisiert auch Biden die Pipeline Nord Stream 2, weil sie Europa spalte und Deutschland abhängig von russischem Gas mache. Wie Trump fordert Biden von Deutschland mehr sicherheitspolitische Eigenverantwortung ein. Die Erinnerung an die Verpflichtung der Bundesrepublik im Rahmen der NATO, 2 Prozent des Bruttoinlandsprodukts für die eigene Verteidigung auszugeben, äußert Biden nicht so lautstark, kritisch und publikumswirksam wie sein Vorgänger. Doch seine Botschaft ist die gleiche: Deutschland und Europa wären gut beraten, die Zeichen der Zeit zu erkennen und sich angesichts internationaler Bedrohungen nicht blind darauf zu verlassen, dass es die USA am Ende schon richten werden.

Es ist schwer vorhersehbar, wie das Weiße Haus etwa auf einen Einmarsch Russlands in der Ukraine reagieren würde. Biden geht zwar rhetorisch auf Konfrontationskurs und nennt Putin indirekt einen »Killer«. Zugleich ist es ihm gelungen, das START-Abrüstungsabkommen mit Russland zu verlängern. Die größte militärische und wirtschaftliche Herausforderung für die USA stellt aber China dar. Biden zeigt wie Trump klare Kante gegenüber unfairen Handelspraktiken und Urheberrechtsverletzungen. Die Ängste seiner Landsleute vor einer außenpolitischen Eskalation befeuert Biden ebenso geschickt wie sein Vorgänger, um seine innenpolitische Agenda voranzutreiben. Den Wettbewerb der Systeme gegen China könnten die USA nur gewinnen, wenn man Billionen Dollar in Bildung, Forschung und Infrastruktur investiere, betont Biden. Wie er eine Annexion Taiwans oder einen Zusammenstoß im Südchinesischen Meer beantworten würde, ist allerdings ungewiss. Denn in Wahrheit will Amerika nichts weniger als neue militärische Konflikte. Die Supermacht ist müde und zunehmend mit sich selbst beschäftigt. Mehr als genug Feinde, die es zu bekämpfen gilt, lauern im eigenen Land – und die haben es auf die Demokratie abgesehen.

Meine nächste Station ist das Willard Hotel. In Washington heißt es »The Residence of the Presidents«, weil hier schon Präsidenten die Nacht vor ihrer Amtseinführung verbracht oder sogar wochenlang genächtigt haben, während sie auf den Auszug ihres Vorgängers aus dem Weißen Haus warteten. Doch selbst in diesem geschichtsträchtigen und stilvollen Ambiente hat sich in jüngster Vergangenheit gezeigt, wie abgrundtief gespalten sogar die feine amerikanische Gesellschaft ist. 2019 fanden in den Festsälen zeitgleich eine Veranstaltung der Organisation »Frauen für Trump« und die Hochzeit eines hochkarätigen Mitglieds der Demokratischen Partei statt. Auf den Fluren und Toiletten trafen Teilnehmer beider Veranstaltungen aufeinander und bedachten sich im Vorbeigehen mit Beleidigungen. Je später der Abend, desto hässlicher die Äußerungen. Am Ende arteten die Wortgefechte in eine handfeste Schlägerei aus. Der Trauzeuge des Demokraten geriet mit dem Gastredner des weiblichen Trump-Fanclubs aneinander. Der Trauzeuge zog den Kürzeren. Sein Gegenüber: ein ehemaliger Navy-SEAL- und FBI-Agent. Die Polizei musste anrücken, die Party war zu Ende.

Heute möchte ich mich hier von meinem Freund Markus Platzer verabschieden, dem österreichischen Direktor des Hotels. Oft haben wir »Ausländer« stundenlang unsere Beobachtungen über die amerikanische Politik und Gesellschaft ausgetauscht. Bei unserem vorerst letzten Treffen zeigt mir Markus die Suite, in der Martin Luther King in der Nacht vor seinem legendären Auftritt vor 250 000 Menschen am 28. August 1963 schlief. In den gediegen eingerichteten Räumen arbeitete der Bürgerrechtler an seiner Rede, die unter dem Titel »I have a dream« weltbekannt wurde. Ich erfahre, dass in dieser Suite noch eine zweite, eine dunkle Geschichte geschrieben wurde. Das FBI soll die Räume während des Aufenthalts von Martin Luther King verwanzt haben. FBI-Direktor J. Edgar Hoover persönlich hatte den Auftrag für eine weitgehende Bespitzelung gegeben, darunter das Abhören von Kings Telefonleitung zu Hause. Autorisiert wurde die Überwachung vom damaligen Justizminister Robert F. Kennedy, dem jüngeren Bruder des amtierenden Präsidenten. Ziel der Aktion war es, King mit Enthüllungen aus seinem Privatleben zu erpressen und ihn zur Aufgabe seines Engagements für Bürgerrechte und gegen den Vietnamkrieg zu bewegen. Doch Martin Luther King blieb unbeugsam bis zu seiner Ermordung. Bis heute ist nicht eindeutig auszuschließen, dass die US-Regierung das Attentat zumindest billigend in Kauf genommen hat.

Meine Gedanken schweifen kurz ab nach Memphis, Tennessee. Dort habe ich das Lorraine Motel besichtigt, auf dessen Balkon King 1968 von einem weißen Rassisten erschossen wurde. Auch das Grab des Bürgerrechtlers in Atlanta habe ich einmal besucht. Für mich ist King eine der faszinierendsten Gestalten der amerikanischen Geschichte. Immer wieder habe ich seine legendäre Rede vor dem Lincoln Memorial gelesen. »Ich habe einen Traum, dass meine vier kleinen Kinder eines Tages in einer Nation leben werden, in der sie nicht nach der Farbe ihrer Haut, sondern nach ihrem Charakter beurteilt werden«, sagte er damals. Was würde er heute sagen angesichts der strukturellen Polizeigewalt gegen Schwarze? Welche Worte würde er wählen, um Unruhen wie nach dem gewaltsamen Tod von George Floyd in Minneapolis zu kommentieren? Würde er immer noch zur Versöhnung aufrufen und die Hoffnung auf eine bessere Zukunft artikulieren? Oder hätte er längst resigniert wie Joey Crutcher, dessen Sohn ohne erkennbaren Anlass von einer Polizistin getötet wurde, ohne dass die Tat gesühnt wurde? »Ich habe überhaupt keinen Glauben mehr an dieses Land. Egal, wer der Präsident ist. Alles ist scheinheilig«, hatte der vom Tod seines Sohnes gebrochene Mann mir gesagt. Pfarrer Crutcher rief seine Gemeinde nicht mehr zur Verständigung auf wie Martin Luther King, sondern stimmte sie auf Ausschreitungen ein. Nie werde ich vergessen, wie Crutcher aus dem Matthäusevangelium zitierte: »Ihr werdet von Kriegen hören, und Nachrichten über Kriege werden euch beunruhigen. Es wird Gewalt geben.«

Wie hatte ich ernsthaft denken können, der Rassismus in den USA sei überwunden? Als ich 2008 schon einmal länger in Washington arbeitete und den Aufstieg von Barack Obama zum ersten schwarzen Präsidenten der USA aus nächster Nähe miterleben durfte, hatte ich geglaubt, der strukturelle Rassismus in den Vereinigten Staaten sei überwunden. Heute muss ich einsehen, dass ich mich damit getäuscht habe. Als Reaktion auf Obamas Einzug in das Weiße Haus gründeten sich damals rechtsextreme Milizengruppen. Trump ermutigte sie, aus den Wäldern, in denen sie heimlich Schießübungen machten, ins Licht der Öffentlichkeit zu treten. »Stand back and stand by«, hatte er während eines TV-Duells gegen Joe Biden im Herbst 2020 zu den Proud Boys gesagt, »haltet euch bereit«. Der Sturm auf das Kapitol war weder Zufall noch Unfall.

Im Willard Hotel erzähle ich Markus diese Geschichte auf dem Weg zum Ausgang. Unsere Gespräche werden mir fehlen, denke ich gerade, da entdecke ich draußen an der Fassade eine Gedenktafel, die mir vorher noch nie aufgefallen ist. Sie erinnert an die Friedenskonferenz von 1861, die hier im Hotel stattfand. In geheimen Sitzungen trafen sich 131 führende Politiker zu einem letzten großen Versuch, zwischen Nord- und Südstaaten einen Kompromiss in Fragen der Sklaverei zu finden und die Abspaltung der Südstaaten zu verhindern. Alle Bemühungen blieben vergebens – und kurz darauf brach der Bürgerkrieg aus. Beim Betrachten der Gedenktafel frage ich mich, ob in diesem tief gespaltenen Land irgendwann ein neuer Bürgerkrieg ausbrechen könnte – oder ob in den Köpfen vieler Amerikaner vielleicht der letzte nie richtig geendet hat. Die USA befänden sich in einem »Kalten Bürgerkrieg«, beurteilt der Historiker David W. Blight die aktuelle Situation. Obwohl der zentrale Konflikt von damals, das Ende der Sklaverei, am Ende der militärischen Auseinandersetzungen im Jahr 1865 beigelegt worden sei, seien andere Kernfragen aus der Zeit des Bürgerkriegs heute noch immer ungelöst: »Wer ist ein Amerikaner? Was ist Gleichheit? Was ist das richtige Verhältnis zwischen den US-Bundesstaaten und der Regierung in Washington?« Trotz technologischer und wirtschaftlicher Fortschritte falle es der Politik heute nach wie vor schwer, für die Demokratie zu werben, während es leichtfalle, rassistische Hetze zu betreiben.

Nicht nur der Konflikt zwischen schwarzen und weißen Amerikanern droht weiter zu eskalieren. Auch die Tatsache, dass die Reichen immer reicher werden und die Armen immer ärmer, könnte die USA irgendwann vor eine Zerreißprobe stellen. Auf meinem Abschiedsspaziergang durch die Hauptstadt laufe ich an gut besuchten Restaurants vorbei, in denen ein Steak gerne mal 50 Dollar oder mehr kostet. Direkt davor bitten Obdachlose um Kleingeld. Manche liegen in Schlafsäcken mitten auf dem Bürgersteig, weil dieser ein trauriges Versprechen von Wärme bietet. Aus den Gullys tritt heißer Wasserdampf aus. Andere Bedürftige haben ihre kleinen Zelte auf Verkehrsinseln aufgebaut. Durch die Corona-Pandemie sind Millionen Menschen arbeitslos geworden. Ein ausgeprägtes soziales Netz wie in Deutschland fehlt. Die Arbeitslosenhilfen sind befristet, der Aufprall auf der Straße ist hier nicht selten. Jahrzehntelang haben die wirtschaftliche und politische Elite der USA erfolgreich den Sozialstaat so klein wie möglich gehalten, indem sie den Stolz der Unterschicht instrumentalisierten. »Jeder ist seines Glückes Schmied« war das Mantra, das mir selbst Obdachlosen sagten. »Wer hart genug arbeitet und sich an die Regeln hält, wird ein gutes Leben haben«, lautete das Versprechen des amerikanischen Traums. Doch die Realität ist schon lange eine andere. Die amerikanische Gesellschaft mutiert immer offensichtlicher zu einem undurchlässigen Kastensystem. Millionen Bürger strampeln sich Tag und Nacht ab, ohne dass sich der Traum vom Eigenheim mit weißem Gartenzaun jemals erfüllt. Einmal lernte ich in Detroit einen Taxifahrer kennen, der schon frühmorgens in einer Großbäckerei geschuftet hatte, bevor er seine Schicht als Fahrer antrat. Am Abend stand ihm noch ein schweißtreibender Einsatz am Pizzaofen bevor. Trotz dieser drei Jobs mit rund achtzehn Stunden täglicher Arbeit konnte er gerade einmal die Miete und die bescheidenen Lebenshaltungskosten decken.

Auch das Versprechen vom Aufstieg durch Bildung erfüllt sich nicht mehr zwangsläufig. Da die meisten Universitäten sehr hohe Studiengebühren verlangen, starten viele Amerikaner mit einem Schuldenberg ins Berufsleben. Die coronabedingte Wirtschaftskrise hat die Jobaussichten einer ganzen Generation von jungen Akademikern massiv verschlechtert, teilweise zerstört. Der amerikanische Traum ist für viele gestorben, er ist zur Floskel verkommen wie der Werbeslogan für ein Rubbellos.

Ich denke zurück an meine Reise nach West Virginia, wo die Arbeitslosigkeit besonders hoch ist. Für eine Handvoll Dollars schlugen sich hier junge Männer im Boxring die

Köpfe ein. Danach kehrten sie in ihre trostlosen Trailerparks zurück. Diese dunklere Seite von Amerika bekommen die meisten Touristen nicht zu sehen. Die glitzernden Wolkenkratzer von New York, die Monumente der Macht in Washington und die bunt beleuchteten Art-déco-Häuser auf dem Ocean Drive in Miami Beach dominieren das Amerikabild der meisten Deutschen. Doch je länger ich in den USA lebte, desto mehr hatte ich das Gefühl, in einem großen Disneyland zu leben. Es wird eine Scheinwelt der unbegrenzten Möglichkeiten vorgegaukelt. Hinter den Fassaden der Märchenschlösser verbirgt sich jedoch eine unromantische und deprimierende Wirklichkeit für die Massen. Studenten, die gerade noch im Micky-Maus-Kostüm die Kinder reicher Gäste bespaßten, um ihr Studium zu finanzieren, standen während des Corona-Lockdowns schnell vor dem Nichts. Viele Studenten in den USA verkaufen regelmäßig ihr Blutplasma, um ihre Kühlschränke füllen zu können. Auf der Achterbahn Amerikas ist mir manches Mal schwindelig geworden. Ich habe extremen Reichtum gesehen und extreme Armut, die Macht der Eliten und die Ohnmacht der Habenichtse.

Einen radikalen Ausweg aus dem Mangel an Chancengleichheit, Aufstiegsmöglichkeiten, Zugang zu Bildung und sozialstaatlicher Absicherung wagt ausgerechnet der Mann, der im Wahlkampf noch als »Sleepy Joe« (»verschlafener Joe«) verspottet wurde und vielen Demokraten maximal als Übergangslösung galt. Nicht weniger als den Umbau Amerikas zu einem Sozialstaat nach europäischem Vorbild strebt Präsident Biden an, und das, obwohl das Wort »sozial« in den Ohren vieler Amerikaner kontaminiert ist und Assoziationen mit dem real existierenden Sozialismus des Ostblocks und seinen Plattenbauten weckt. Für deutsche Verhältnisse hingegen klingen Bidens Bestrebungen nicht nur harmlos, es überrascht eher, dass bestimmte Errungenschaften des Sozialstaates in Amerika noch keine Selbstverständlichkeit sind. Erstmals in der Geschichte der USA will das Weiße Haus nun allen Eltern dauerhaft und unabhängig vom Einkommen ein Kindergeld von bis zu 300 Dollar pro Monat zahlen. Außerdem möchte Biden eine bezahlte Elternzeit von bis zu drei Monaten einführen, Kita- und Studiengebühren für Volkshochschulen teilweise abschaffen und die Lohnfortzahlung im Krankheitsfall ausweiten. Bidens historisches Vorbild ist Franklin D. Roosevelt, von dem er sich ein Porträt ins Oval Office gehängt hat und den er in zentralen Reden regelmäßig erwähnt. Roosevelt bekämpfte in der Großen Depression der 1930er-Jahre Armut und Hunger, indem er erstmals eine Art staatlichen Basisschutz für Rentner, Arbeitslose, Behinderte und Alleinerziehende einführte. Dieses als »New Deal« bekannt gewordene sozialpolitische Paket war für amerikanische Verhältnisse geradezu revolutionär. Doch Roosevelt war überzeugt, die amerikanische Demokratie befinde sich in großer Gefahr. Schließlich hatte die Weltwirtschaftskrise auf der anderen Seite des Atlantiks Diktatoren wie Hitler und Mussolini an die Macht gespült. Kein Preis schien Roosevelt zu hoch, um die Republik zu retten. Und die Ergebnisse seiner kostspieligen Maßnahmen lassen sich noch heute betrachten. Unzählige Straßen, Brücken, Schulen und öffentliche Gebäude wurden von »FDR« gebaut, um den Menschen Arbeit zu geben. In genau diesem Geiste handelt nun auch Biden. In Deutschland erntet er dafür viel Beifall. Von einem »Traumstart« des »Franklin D. Biden« schreibt der *Spiegel*. Die *Süddeutsche Zeitung* betitelt Biden in einer Überschrift anerkennend als »Der Sozialdemokrat«. Doch in den USA ist Bidens Neuauflage des »New Deal« höchst umstritten. In großen Teilen der Bevölkerung herrscht noch immer die Überzeugung Ronald Reagans vor, der Staat sei nicht die Lösung, sondern das Problem. Reagan setzte auf niedrige Steuern und maximale Freiheit der Märkte. Er war überzeugt, dass der Wohlstand der Oberschicht nach und nach durch deren Konsum und Investitionen in die unteren Schichten der Gesellschaft durchsickern und zu Wirtschaftswachstum führen würde. Dieser sogenannte Trickle-down-Effekt habe noch nie funktioniert, konstatierte Biden. Sein Sozial- und Konjunkturprogramm will er durch Steuererhöhungen für Spitzenverdiener mit einem Jahreseinkommen von mehr als 400 000 Dollar finanzieren. Doch damit zog er den Zorn vieler Amerikaner auf sich, die Umverteilung und eine explodierende Staatsverschuldung für ein Werk des Teufels halten. Nach Bidens ersten einhundert Tagen im Weißen Haus waren laut Umfragen gerade mal 52 Prozent der Bevölkerung mit seiner Amtsführung zufrieden. Nur Gerald Ford im Jahr 1974 und Donald Trump 2017 hatten zu diesem Zeitpunkt ihrer Präsidentschaft schlechtere Werte.

Auch ein von Biden geplantes gigantisches Infrastrukturprogramm stößt auf Widerstand. Der Präsident will 2 Billionen, also 2000 Milliarden Dollar investieren, um zum Beispiel 500 000 neue Ladestationen für Elektroautos zu schaffen. Den Republikanern im Kongress, wo viele den Kampf gegen den menschengemachten Klimawandel immer noch mit Skepsis betrachten, ist das zu grün. Schon eher können sie sich mit Bidens Vorhaben anfreunden, 10 000 Brücken und 20 000 Straßenmeilen zu erneuern. Mir erscheint das sinnvoll. Bei meinem letzten Streifzug durch Washington fällt mein Blick manches Mal auf die kochtopfgroßen Schlaglöcher in den Straßen. Nicht nur einmal ist mir beim Autofahren der Kaffee aus dem Becher über die Hose geschwappt, wenn ich ein Schlagloch übersehen hatte. Solche Straßenschäden sind aber mehr als nur ein Ärgernis, sie sind ein Symbol für den maroden Zustand vieler amerikanischer Städte. Während die Schlaglöcher für die Hauptstadt eher eine Peinlichkeit und ein Luxusproblem darstellen, kämpfen andere Städte mit einstürzenden Brücken oder einer bleiverseuchten Wasserversorgung. Mir erscheint Amerika oft wie ein riesiges Potemkinsches Dorf. Der Legende nach stellte Feldmarschall Potemkin Kulissen von Dörfern auf, um Katharina die Große auf einer Reise nach Neurussland über die Entwicklung und den Wohlstand der neu besiedelten Gegend zu täuschen. Der amerikanische Potemkin heißt Elon Musk. Vom Silicon Valley aus lässt er Raketen ins All schießen, die schon in absehbarer Zukunft Menschen zum Mars transportieren sollen. Die USA und der Rest der Welt schauen mit großen Augen zu und übersehen angesichts dieser Hightech-Zukunftsvisionen gerne die extremen strukturellen Probleme der Gegenwart. Elon Musk investiert auch Milliarden in Forschungsprojekte, die ihm und seinen Oligarchenfreunden ein ewiges Leben bescheren sollen. Wie ernsthaft an der Unsterblichkeit gearbeitet wird, haben mir die Stickstofftanks im Silicon Valley vor Augen geführt, in denen sich verstorbene Superreiche in der Hoffnung auf zukünftige Wiederauferstehung einfrieren ließen. Für Hunderttausende Durchschnittsamerikaner hingegen brachte die Pandemie einen qualvollen und ewigen Schlaf. Sie starben auch deshalb, weil das ineffiziente und auf Gewinnmaximierung ausgerichtete amerikanische Gesundheitssystem angesichts der Corona-Krise überlastet war.

Ich laufe zum Lincoln Memorial, das ich hauptsächlich mit wunderschönen Erinnerungen verbinde. Hier habe ich meiner Frau den Heiratsantrag gemacht und für unsere Tochter zu Füßen des großen Abraham Lincoln Ostereier versteckt. Jetzt denke ich aber auch an die perfekt inszenierten Fernsehbilder von Joe Biden, der hier am Abend vor seiner Amtseinführung eine Gedenkzeremonie für die Corona-Toten veranstaltete. Genau an jenem Tag, an dem in den USA die Schwelle von 400 000 Corona-Toten überschritten wurde, erleuchteten 400 Lichter das Wasserbecken vor dem Denkmal. Zu diesem Zeitpunkt waren die Vereinigten Staaten das Land mit der höchsten Zahl registrierter Ansteckungen und Todesfälle weltweit.

Bidens Vorgänger hatte zu Beginn der Pandemie mehr als zwei für die Bekämpfung des Virus wertvolle Monate verschwendet, indem er die Gefahren herunterspielte. Trump hatte Angst, mit eindringlichen Warnungen und Lockdowns die bis dahin glänzende amerikanische Wirtschaftslage zu verschlechtern und damit auch seine Aussichten auf die Wiederwahl. Demonstrativ trug Trump keine Maske, um eine vermeintliche Immunität der Supermacht gegen das Virus zu symbolisieren. Seinen eigenen Berater, den Immunologen Anthony Fauci, diffamierte er öffentlich. Sogar Wahlkampfveranstaltungen mit Tausenden von Menschen wie in Tulsa zog Trump inmitten der Pandemie durch, diese erwiesen sich später als Superspreader-Events. Sein Parteifreund Herman Cain trug in Tulsa keine Maske und starb Wochen später an den Folgen von COVID-19. Als sich die Situation überall im Land zuspitzte, gab es keine landesweite Strategie zur Pandemiebekämpfung. Es fehlte an Tests, Schutzmasken und Beatmungsgeräten. Die Menschen starben so schnell, dass die Beerdigungsunternehmen nicht hinterherkamen. Die Bilder von Kühllastern mit Leichen im New Yorker Central Park gingen um die Welt.

Die sozialen Klassenunterschiede wurden so sichtbar wie nie zuvor. Schwarze Amerikaner und Latinos starben häufiger an Corona als Weiße. Während Gutverdiener sich ins Homeoffice zurückziehen konnten, hielten schlecht bezahlte Hilfskräfte unter Einsatz ihres Lebens die Grundversorgung aufrecht, indem sie weiter im Krankenhaus arbeiteten, an der Supermarktkasse saßen, Busse und Bahnen steuerten oder den Wohlhabenderen ihr Essen nach Hause lieferten. Im Gegensatz zu Deutschland gibt es in den USA für viele Menschen im Servicesektor keine bezahlten Krankentage. Auch dieser Umstand mag zur Verbreitung der Pandemie beigetragen haben.»Wir leben in einem gescheiterten Staat«, resümierte der Publizist George Packer in einem Essay. »Als das Virus in den USA eintraf, fand es ein Land mit schweren Vorerkrankungen vor und nutzte sie skrupellos aus. Chronische Leiden – eine korrupte politische Klasse, eine erstarrte Bürokratie, eine herzlose Wirtschaft, eine gespaltene, abgelenkte Bevölkerung – waren seit Jahren nicht behandelt worden.«

Nach früheren nationalen Katastrophen wie den Terroranschlägen vom 11. September 2001 hatten sich die Amerikaner noch in Solidarität vereint. Die Corona-Krise hingegen löste eher einen Kulturkampf aus. Die Frage des Maskentragens wurde zum Glaubenskrieg, der entlang der parteipolitischen Linien geführt wurde und das gesellschaftliche Klima weiter vergiftete. Eine Krise bringt das Schlechteste und das Beste in den Menschen hervor, heißt es. Auch dieses Mal konnte man viel Hilfsbereitschaft erleben. Restaurantbesitzer, die Essen an Bedürftige verteilten. Ärzte, die ihre Patienten kostenlos behandelten. Und ein Staat, der sich vom Loser zum Musterschüler der Pandemiebekämpfung wandelte. Während die EU-Kommissionspräsidentin zaudernd und geizig wie eine schwäbische Hausfrau monatelang um Impfstoffpreise und Haftungsfragen feilschte, griff Noch-Präsident Trump entschlossen in die Staatskasse, um mit 12 Milliarden Dollar Entwicklung und Beschaffung der Vakzine voranzutreiben. Sein Nachfolger Biden profitierte von dieser Forschungs- und Beschaffungspolitik und legte nach.

Auch beim Impfen selbst offenbaren sich System- und Mentalitätsunterschiede. Während in Deutschland eine ausufernde Bürokratie und Kompetenzstreitigkeiten die Impfoffensive nur schleppend anlaufen ließen, krempelten die USA schnell die Ärmel hoch. Gesunder Menschenverstand und Pragmatismus wurden bei der Planung an den Tag gelegt. Selbst mitten in amerikanischen Supermärkten wurde schon fleißig geimpft, als in der Bundesrepublik noch nicht mal Haus- und Betriebsärzte ans Werk gehen durften. Joe Biden hatte 100 Millionen gespritzte Impfdosen in seinen ersten einhundert Tagen als Präsident versprochen. Nach Ablauf der Frist konnte er sogar mehr als 200 Millionen verkünden. In seiner Ansprache bei der Gedenkzeremonie am Lincoln Memorial trat Biden fast etwas großväterlich auf und appellierte an Vernunft und Einheit der Amerikaner. »Manchmal ist es hart, sich zu erinnern, aber so werden wir gesund«, sagte er. »Es ist wichtig, das als Nation zu tun.«

Doch selbst die Erfolge im Kampf gegen Corona werden die Spaltung des Landes wohl kaum überwinden. Mit seinen 36 Säulen erinnert mich das Lincoln Memorial an einen römischen Tempel. Auch der Sitz des US-Kongresses wurde wohl nicht zufällig dem Kapitolshügel in Rom nachempfunden. Ich muss an das Buch *Aufstieg und Fall der großen Mächte* des Historikers Paul Kennedy denken. Es hatte meinen Vater, der Geschichtslehrer war, nachhaltig beeindruckt. Der Autor Kennedy erkannte bei allen Großmächten vom 16. bis zum 20. Jahrhundert einen immer wiederkehrenden Rhythmus: Aufstieg – Überdehnung – Erschöpfung – Abstieg. Ich frage mich, ob die USA gerade noch in der Phase der Erschöpfung verharren oder ob der Abstieg längst begonnen hat.

Mein nächstes Ziel ist das Weiße Haus. Hier denke ich zurück an eine meiner ersten Pressekonferenzen im Zentrum der Macht. Staunend wie ein kleiner Junge saß ich im East Room, einem prachtvollen Ballsaal, wo ich einen Platz in der zweiten Reihe ergattert hatte. Damals, im Jahr 2017, musste ich mich einmal kneifen, um mir zu vergegenwärtigen, dass ich keine zwei Meter vom Präsidenten der Vereinigten Staaten entfernt saß. Mich überraschte, wie hochgewachsen Trump mit seinen 1,90 Meter war und wie verhältnismäßig klein seine Hände auf dem Rednerpult wirkten. Außerdem fiel mir auf, dass Trumps Gesichtsfarbe in natura genauso orangefarben wirkte wie im Fernsehen. In Erinnerung geblieben sind mir allerdings auch die Auftritte, bei denen Trump uns Journalisten als »Fake News« (»Lügenpresse«) oder »Feinde des amerikanischen Volkes« beschimpfte. Viele dieser Ausfälle liefen später im Fernsehen. Man konnte Trumps angriffslustige Art als Realityshow belächeln, aber eines hat er mit seinen Attacken auf die Pressevertreter geschafft: Er hat das Vertrauen vieler Amerikaner in die konventionellen Medien tief erschüttert, zum Teil zerstört. »Fakten« ist ein dehnbarer Begriff geworden, Verschwörungsmythen salonfähig. Meine Vermieterin erzählte mir, sie sei aus ihrem Bridge-Club ausgetreten. Ihre Mitspielerinnen, allesamt gut betuchte Damen, hätten sie auch Monate nach der Präsidentschaftswahl mit der Behauptung fast in den Wahnsinn getrieben, Biden habe Trump den Wahlsieg auf betrügerische Weise »gestohlen«.

Vom Sicherheitszaun aus blicke ich jetzt auf die Fenster im ersten Stockwerk des Weißen Hauses, wo Präsident Biden mit seiner Frau Jill und den beiden deutschen Schäferhunden wohnt. Er ist mit dem Versprechen angetreten, »die Seele Amerikas zu heilen«. Doch schon zu Beginn seiner Amtszeit hat er die Seele der rund 74 Millionen Amerikaner, die Trump ihre Stimme gegeben hatten, zum Kochen gebracht. Er stoppte das Lieblingsprojekt vieler Trump-Anhänger, den Weiterbau der Mauer an der Grenze zu Mexiko, und bereitete elf Millionen illegalen Einwanderern den Weg zur US-Staatsbürgerschaft. Er kümmere sich mehr um illegale Immigranten als um das Wohl von Durchschnittsamerikanern, brüllten ihm die Republikaner entgegen. Auch auf zahlreichen anderen Politikfeldern schlug Biden den entgegengesetzten Kurs seines Vorgängers ein, etwa in der Klimapolitik. Die ausgestreckte Hand gegenüber dem politischen Gegner, die ja zu einer Versöhnung dazugehört, war vor allem rhetorischer Natur. Biden sprach wie ein Versöhner, doch er handelte wie ein knallharter Parteipolitiker. Auch wenn er im Gegensatz zu seinem Vorgänger zumindest kein Öl ins Feuer gießt und einen ruhigen, sachlichen Ton anschlägt, könnten sich durch seine Klientelpolitik die gesellschaftlichen Gräben vertiefen. So werden die Geister, die Trump rief, nicht so schnell verschwinden.

Und Trump selbst? Der lauert in seinem Golfclub Mar-a-Lago in Florida auf sein mögliches Comeback bei der Präsidentschaftswahl 2024. Seine Unterstützerbasis ist nach wie vor so groß, dass sich die Republikanische Partei ihm weiterhin unterwirft. Das wird am Beispiel von Liz Cheney deutlich. Die Kongressabgeordnete und Tochter des ehemaligen Vizepräsidenten Dick Cheney wurde im Mai 2021 – also ein halbes Jahr nach der Wahl – aus der Fraktionsführung geworfen, weil sie sich geweigert hatte, die Lüge von der gestohlenen Präsidentschaftswahl zu stützen.

Vom Weißen Haus schweift mein Blick auf den Teil der Pennsylvania Avenue, der direkt vor dem Machtzentrum vorbeiläuft. Seit dem Bombenanschlag von Oklahoma City ist die Straße für Autos gesperrt. Seitdem wird hier, direkt vor dem Amtssitz des Präsidenten, auf Inlineskates Hockey gespielt. Angesichts der extremen Sicherheitsmaßnahmen grenzt es an ein Wunder, dass das erlaubt ist, aber Bill Clinton persönlich gab einst sein Okay für die »White House Hockey League«. So kam auch ich jahrelang an den Wochenenden in den Genuss, unter den wachsamen Augen des Secret Service an diesem einzigartigen Ort auf Torejagd gehen zu dürfen. Touristen hielten gerne an und machten Fotos von uns. Vorbeilaufende Schulklassen jubelten lautstark, wenn vor ihren Augen ein Tor geschossen wurde. Es machte immer großen Spaß. Meine Mitspieler waren ein bunter Haufen vom Regierungsangestellten bis zum Bauarbeiter. In den Pausen wurde auch mal über Politik geredet, aber das Spiel stand im Vordergrund. Doch am Ende der Ära Trump geriet selbst der Sportsgeist der White House Hockey League aus dem Gleichgewicht. Wir hatten verabredet, dass alle Spieler Masken tragen müssten. Eines Sonntags weigerte sich jedoch ein Mitspieler. Als ihn jemand an das gemeinsame Versprechen zum Schutz aller erinnerte, beschimpfte der Maskenverweigerer ihn als »Weichei«. Er sei Sportler und könne deshalb gar nicht an Corona erkranken, so eines der abstrusen Argumente des Störenfrieds, der auch Präsident Trump zitierte. Zwanzig Minuten redete der Mitspieler beschwichtigend auf ihn ein, doch er verschärfte nur seine Beleidigungen. Um ein Haar hätten sich die beiden geprügelt, gerade noch rechtzeitig ging jemand dazwischen. Für mich ist diese Anekdote ein Beispiel dafür, dass sich der politische Streit in jeden Lebensbereich eingeschlichen hat und eine Verständigung mit Argumenten oft nicht mehr möglich ist. Jedes Lager kennt nur noch seine eigene Wahrheit.

»Liebe deinen Nächsten«, steht in einem Schaukasten vor der St. John's Church direkt gegenüber dem Weißen Haus. Sie wird die »Kirche der Präsidenten« genannt, weil fast alle Präsidenten der jüngeren Geschichte hier schon einmal einen Gottesdienst besucht haben. Ein kleines Messingschild weist eine Kirchenbank als die des Präsidenten aus. Die Kniekissen von Bill Clinton, George W. Bush und Barack Obama liegen immer noch dort. Wenn ich im Weißen Haus zu tun hatte, betrat ich manchmal die kleine Kirche, um im hektischen Tagesgeschäft einen Moment der Ruhe zu finden, eine Kerze zu entzünden und zu beten. Traurige internationale Bekanntheit erlangte das von außen gelb und weiß angestrichene Gotteshaus, als Donald Trump sich mitten während der Black-Lives-Matter-Proteste vor dem Weißen Haus den Weg von Militärpolizei mit Tränengas freiräumen ließ, um vor der Kirche eine Bibel in die Kameras zu halten. Wie unverzichtbar die Religion für die Politik in den USA ist, habe ich in Gänze erst im Zuge meiner Recherche über die Fellowship Foundation erfahren. Die geheimnisvolle »Familie« hat nicht nur Einfluss auf den Kongress und das Militär, sondern auch auf das Weiße Haus. Dass die »Familie« in der Vergangenheit schwulenfeindliche und diktatorenfreundliche Politikziele verfolgt hat, scheint ihr nicht geschadet zu haben. Auch Präsident Biden ist auf ihre Gunst angewiesen und gibt sich beim National Prayer Breakfast die Ehre.

Das Taxi zum Flughafen ist bestellt, der Moment des endgültigen Abschiednehmens naht. Ein Gefühl von Demut und Dankbarkeit überkommt mich. Während meiner Jahre als Korrespondent für die ARD in den USA durfte ich Einblicke hinter die Kulissen der Weltmacht gewinnen und Amerikaner aus allen Lebensbereichen treffen – vom Obdachlosen bis zum Milliardär, vom Mörder bis zum Präsidenten. Die große Politik durfte ich an kleinen Beispielen ergründen. Inmitten eines Hurrikans in Florida und in den brennenden Wäldern Kaliforniens ließen sich die Auswirkungen des Klimawandels beobachten, in den brennenden Häuserschluchten von Minneapolis die gewalttätigen Reaktionen auf strukturellen Rassismus bei der Polizei. Mein Besuch bei den Proud Boys in St. Louis hat mir vor Augen geführt, dass die amerikanische Demokratie in Gefahr ist. Als ich auf den Straßen von Washington Panzerwagen und Soldaten sah, bekam ich Angst vor dem Ausbruch eines Bürgerkriegs. All die Bilder und Begegnungen meiner Reisen kreuz und quer durch die USA fügen sich nun zu einem großen Mosaik zusammen. Sichtbar wird ein Land im emotionalen Ausnahmezustand. Die Angst regiert Amerika. Lange bin ich auf eine Illusion hereingefallen. Die Oberfläche der USA ist kraftstrotzend und selbstbewusst, im Inneren ist das Land tief verunsichert und verängstigt. Amerika hat seine Selbstverständlichkeit als Land der unbegrenzten Möglichkeiten, als vorbildlicher Schmelztiegel der Kulturen, als unerschütterlicher Leuchtturm der Demokratie verloren. Sogar Präsident Biden gestand dies vor dem Kongress mit leiser Stimme ein: »Wir müssen beweisen, dass Demokratie noch funktioniert.«

Biden könnte diese Beweisführung gelingen – sollte Trump 2024 erneut gewählt werden, könnte es mit der westlichen Wertegemeinschaft bergab gehen. Amerika ist ein Experiment mit ungewissem Ausgang. Viel steht auf dem Spiel, auch für Deutschland. Scheitert Amerika, dann scheitert Europa. Denn keine andere Nation der Erde hat die wirtschaftliche und militärische Macht, um die westlichen Werte der Menschenwürde, Freiheit und Rechtsstaatlichkeit zu verteidigen. Chinas ökonomische Stärke wird nicht zuletzt durch eine totalitäre Staatsführung ermöglicht. Deutschland und Europa sollten aus dem ureigensten Interesse des Selbsterhalts keinen Zweifel daran erkennen lassen, auf welcher Seite sie stehen. Die USA führen den Wettkampf der Systeme gegen China stellvertretend für den ganzen Westen – und brauchen starke Partner. Will Amerika seine Rolle als demokratische Supermacht auf der Weltbühne verteidigen, sollte es sich schnell auf seine Stärken besinnen. Immer wieder wurde den USA der Niedergang prophezeit. Doch die Geschichte zeigt, dass der Triumph der Hoffnung über die Angst möglich ist. »Unsere Feinde haben immer denselben Fehler gemacht. Zu meiner Lebenszeit, während der Wirtschaftskrise und während des Krieges, haben sie unsere Niederlage erwartet. Jedes Mal kam aus den geheimen Orten des amerikanischen Herzens der Glaube, den sie nicht sehen und den sie sich nicht vorstellen konnten. Dieser Glaube hat uns den Sieg gebracht. Und es wird wieder so sein«, sagte Präsident Lyndon B. Johnson in seiner Amtseinführungsrede. Er war als Vizepräsident durch die Ermordung John F. Kennedys ins Amt gekommen. In einem Museum in Texas konnte ich den Anzug betrachten, den er während seiner Vereidigung an Bord der Präsidentenmaschine Air Force One auf dem Flug von Dallas nach Washington trug, wenige Stunden nach Kennedys Tod. Johnson ist ein Musterbeispiel für die Fähigkeit der USA, sich selbst in düstersten Zeiten neu zu erfinden. Er setzte die Bürgerrechtsgesetze durch, mit denen die rechtlichen Grundlagen zur Diskriminierung der schwarzen Bevölkerung beseitigt wurden. Damit bewirkte Johnson die größte Veränderung der US-Gesellschaft seit der Abschaffung der Sklaverei durch Abraham Lincoln. Johnson erzielte außerdem große Fortschritte in der Bildungs-, Sozial- und Umweltpolitik. Dabei befanden sich die USA während seiner Präsidentschaft in einer schweren Krise: JFK war erschossen worden, die USA kämpften im Vietnamkrieg und daheim mit eskalierendem Rassismus. Später löste die Ermordung des Bürgerrechtlers Martin Luther King Rassenunruhen aus. Schon in seiner berühmten Amtseinführungsrede hatte Johnson zugegeben, sein Land habe sich vom Ideal einer perfekten Einheit, einer

»more perfect union«, weit entfernt. Ihm blieb nicht viel mehr übrig, als den Glauben an eine bessere Zukunft zu beschwören. »Denn darum geht es in Amerika. Es ist die nicht durchquerte Wüste und der nicht erklommene Bergrücken. Es ist der unerreichte Stern und die Ernte, die im ungepflügten Boden schläft. Ist unsere Welt verschwunden? Wir sagen Lebewohl. Kommt eine neue Welt? Wir werden sie den Hoffnungen des Menschen beugen.« Diese Sätze hat der Staat in den US-Reisepass unserer auf amerikanischem Boden geborenen Tochter gedruckt. Die Hoffnung stirbt zuletzt. Lebe wohl, Amerika!

Dank

Mein besonderer Dank gilt Martin Janik, Christian Schnieder-
mann und Anne Stadler vom Piper Verlag für die professionelle, inspirierende und sehr angenehme Zusammenarbeit.
Erik Kirschbaum von der RIAS Berlin Kommission hat meinen Blick auf die amerikanische Sicht der Dinge geschärft.
Meine Eltern sowie Karin Dißmann-Schmidt, Dr. Hildegard
Boucsein, Prof. Christian Hacke und Prof. Eckard Jesse haben
mein Interesse an den USA schon vor vielen Jahren geweckt
und gefördert. Dem Team des ARD Studios Washington
danke ich für die unvergesslichen gemeinsamen Jahre. Obwohl der Atlantik lange zwischen uns lag, waren meine
Freunde Dr. Helge Fuhst, Jörg Henke, Dr. Reinald Kühle, Gre-
gor Lautwein und Marcel Walde immer ganz nah. Meiner
Frau Anna-Maria danke ich von ganzem Herzen für all ihre
Unterstützung, ihre klugen Kommentare als Erstleserin –
und für ihre Liebe.

Der lächelnde Unbekannte

Stefan Aust / Adrian Geiges

Xi Jinping – der mächtigste Mann der Welt

Piper, 288 Seiten
€ 22,00 [D], € 22,70 [A]*
ISBN 978-3-492-07006-5

China wächst weiter unaufhaltsam, ist aus der Corona-Pandemie sogar noch gestärkt hervorgegangen. Der Westen hingegen versinkt in Krise und Chaos. Mächtigster Mann der Welt ist heute nicht mehr der Präsident der USA, sondern Xi Jinping, Generalsekretär der Kommunistischen Partei und Staatspräsident Chinas. Wie funktioniert der Funktionär, der eine Machtfülle auf sich vereint wie vor ihm nur Mao? Wie wurde er, wer er ist? Was hat er vor? Wie hält er es mit der Ökologie? Was bedeuten seine Pläne für uns?

PIPER

Leseproben, E-Books und mehr unter **www.piper.de**

Deutschland will klima-neutral werden. Aber was bedeutet das?

Bernhard Pötter

Die Grüne Null

Der Kampf um Deutschlands
Zukunft ohne Kohle, Öl und Gas

Piper, 288 Seiten
€ 20,00 [D], € 20,60 [A]*
ISBN 978-3-492-07088-1

»Kenntnisreich und schonungslos beschreibt Bernhard Pötter Herausforderungen, Chancen und Instrumente auf dem Weg zur Klimaneutralität. Dabei wird deutlich: Gefordert sind Mut, Weitblick und ein langer Atem, doch am Ziel lockt ein Zugewinn an Lebensqualität.«

Annalena Baerbock, Bundesvorsitzende BÜNDNIS 90/DIE GRÜNEN